T0270584

Ecología como nueva Ilustración

PENSAMIENTO HERDER · FUNDADA POR MANUEL CRUZ
DIRIGIDA POR MIQUEL SEGURÓ

Fernando Broncano La melancolía del ciborg
Carlos Pereda Sobre la confianza
Richard Bernstein Filosofía y democracia: John Dewey
Amelia Valcárcel La memoria y el perdón
Victoria Camps El gobierno de las emociones
Manuel Cruz (ed.) Las personas del verbo (filosófico)
Jacques Rancière El tiempo de la igualdad
Gianni Vattimo Vocación y responsabilidad del filósofo
Martha C. Nussbaum Las mujeres y el desarrollo humano
Byung-Chul Han La sociedad del cansancio
F. Birulés, A. Gómez Ramos, C. Roldán (eds.) Vivir para pensar
Gianni Vattimo y Santiago Zabala Comunismo hermenéutico
Fernando Broncano Sujetos en la niebla
Judith Shklar Los rostros de la injusticia
Gianni Vattimo De la realidad
Byung-Chul Han La sociedad de la transparencia
Alessandro Ferrara El horizonte democrático
Byung-Chul Han La agonía del Eros
Antonio Valdecantos El saldo del espíritu
Byung-Chul Han En el enjambre
Byung-Chul Han Psicopolítica
Remo Bodei Imaginar otras vidas
Wendy Brown Estados amurallados, soberanía en declive
Slavoj Žižek Islam y modernidad
Luis Sáez Rueda El ocaso de Occidente
Byung-Chul Han El aroma del tiempo
Antonio Campillo Tierra de nadie
Byung-Chul Han La salvación de lo bello
Remo Bodei Generaciones
Byung-Chul Han Topología de la violencia
Antonio Valdecantos Teoría del súbdito
Javier Sádaba La religión al descubierto
Manuel Cruz Ser sin tiempo
Judith Butler Sentidos del sujeto
Byung-Chul Han Sobre el poder
Cass R. Sunstein Paternalismo libertario
Byung-Chul Han La expulsión de lo distinto
Maurizio Ferraris Movilización total
Étienne Balibar La igualibertad
Daniele Giglioli Crítica de la víctima
Miranda Fricker Injusticia epistémica
Judith Shklar El liberalismo del miedo
Manuel Cruz Pensar en voz alta
Byung-Chul Han Hiperculturalidad
Antonio Campillo Mundo, nosotros, yo
Carlos Thiebaut y Antonio Gómez Ramos Las razones de la amargura
Éric Fassin Populismo de izquierda y neoliberalismo
Byung-Chul Han Buen entretenimiento
Tristan García La vida intensa
Lluís Duch Vida cotidiana y velocidad
Yves Charles Zarka Metamorfosis del monstruo político
Byung-Chul Han La desaparición de los rituales
Eva Illouz y Dana Kaplan El capital sexual en la Modernidad tardía
Catherine Colliot-Thélène Democracia sin demos
Hartmut Rosa Lo indisponible
Byung-Chul Han La sociedad paliativa
Lorenzo Marsili Tu patria es el mundo entero
Zhao Tingyang Tianxia: una filosofía para la gobernanza global
Miquel Seguró Mendlewicz Vulnerabilidad
Luis Sáez Rueda Tierra y destino
Antonio Valdecantos Noticias de Iconópolis
Roberto Esposito Institución
José Antonio Pérez Tapias Imprescindible la verdad
Alain Minc Mi vida con Marx

Corine Pelluchon

Ecología como nueva Ilustración

Traducción de
Antoni Martínez Riu

Herder

Título Original: Les lumières a l'âge du vivant
Traducción: Antoni Martínez Riu
Diseño de la cubierta: Herder

© 2021, *Éditions du Seuil, París*
© 2022, *Herder Editorial, S.L., Barcelona*

ISBN: 978-84-254-4835-5

Imprenta: QPPrint
Depósito Legal: B-15059-2022

Herder
www.herdereditorial.com

Índice

A François Cambien

No se trata de conservar el pasado,
sino de cumplir sus esperanzas. [...]
La crítica que en él se hace a la
Ilustración tiene por objeto preparar un
concepto positivo de esta, que la
libere de su cautividad en el ciego dominio.

THEODOR W. ADORNO y MAX HORKHEIMER,
Dialéctica de la Ilustración

Introducción

Se le puede atribuir un sentido a esa interrogación crítica sobre el presente y sobre nosotros que Kant ha formulado al reflexionar sobre la *Aufklärung*. [...] La ontología crítica de nosotros mismos no hay que considerarla, ciertamente, como una teoría, una doctrina, ni siquiera un cuerpo permanente de saber que se acumula; hay que concebirla como una actitud, un *éthos*.

MICHEL FOUCAULT, *¿Qué es la Ilustración?*

LA ILUSTRACIÓN COMO PREGUNTA CRÍTICA Y COMO PROCESO

La Ilustración se caracteriza por la afirmación de la autonomía de la razón y por la decisión de los individuos de tomar el destino en sus propias manos. «Ilustración» expresa esencialmente una actitud, un *«éthos* filosófico» que consiste en interrogarse de manera crítica sobre el presente y que constituye la propia época en objeto de su pregunta para identificar los desafíos que ella debe abordar.[1] Al reconocerse como parte de la historia de la modernidad, la Ilustración se opone a las actitudes de contra-

---

1 Es el sentido que Foucault da a la definición de «Ilustración» planteada por Kant como proceso de salida de un estado de minoría de edad de la que se es responsable, y que consiste en aceptar la propia responsabilidad como guía en los diversos ámbitos de la vida donde hay que usar la razón. I. Kant, *Contestación a la pregunta: ¿Qué es la Ilustración?*, Madrid, Taurus, 2015; M. Foucault, «Qu'est-ce que les Lumières?», en *Dits et Écrits,* París, Gallimard, 1984, t. IV, pp. 562-578 (trad. cast., «¿Qué es la Ilustración?», en *Sobre la Ilustración,* Madrid, Tecnos, 2006, p. 79).

modernidad que ya se manifestaron en el momento de su aparición.

Concebir así la Ilustración implica que nuestra identidad depende de cómo ratificamos o rechazamos su herencia y el hecho de que esta todavía esté inacabada. Las nociones que la Ilustración ha colocado en el corazón de la filosofía, de las ciencias, de la moral, de la educación, de la política y de la estética constituyen sin duda un núcleo identificable, pero su contenido evoluciona. La Ilustración no es estática; cambia con el paso del tiempo y en función del lugar donde se difunde, absorbiendo y reorganizando elementos nuevos en función de los acontecimientos o los descubrimientos y por la influencia de sus detractores. Aunque casi nadie se atreve hoy a hablar de un progreso de la civilización y que, desde el siglo xx, la modernidad parece ser la expresión de una razón que se ha vuelto loca, la Ilustración tiene que hacer su propia autocrítica.[2] La idea central de esta obra es que, en el contexto ecológico, tecnológico y geopolítico actual, una revisión de sus fundamentos que lleve a la superación de su antropocentrismo y de sus dualismos, en particular el que opone naturaleza y cultura, es la única manera de prolongar su obra de emancipación individual y social. Es también el único medio de evitar el colapso y la guerra que aparecen como consecuencias inevitables de un modelo de desarrollo aberrante y deshumanizador.

Podemos seguir presentando la Ilustración si insistimos en su unidad, que descansa sobre un cuerpo doctrinal que subraya su coherencia,[3] o, al contrario, si destacamos su heterogeneidad e

2 T. W. Adorno y M. Horkheimer, *Dialéctica de la Ilustración. Fragmentos filosóficos,* Madrid, Trotta, 1998. Véase también J. Habermas, *Le discours philosophique de la modernité,* París, Gallimard, 1988 (trad. cast., *El discurso filosófico de la modernidad,* Buenos Aires, Katz, 2008).
3 E. Cassirer, *Filosofía de la Ilustración,* Ciudad de México, Fondo de Cultura Económica, 1972.

incluso sus antagonismos.[4] Estas dos interpretaciones son pertinentes por igual. En general, cuando un pensador siente la necesidad de expresarse sobre la Ilustración es porque experimenta la urgencia de advertir a sus contemporáneos de los peligros que los amenazan o de recordarles las promesas que han de cumplir. Hay también muchas historias de la filosofía de la Ilustración y, en los diversos relatos que reconstruyen el recorrido de la modernidad, no son siempre los mismos los autores que se celebran como héroes o que son vilipendiados como traidores.

La Ilustración es, pues, a la vez, una época, un proceso y un proyecto. Representa sobre todo el acto por el que una generación, mediante un giro reflexivo sobre sí misma, busca generar un nuevo imaginario. Pensada como una época que se da nombre a sí misma —las Luces—, tiene su divisa y define su tarea,[5] no solo pertenece a un siglo y a un lugar, Europa, y no debe reducirse a la síntesis de ideas difundidas desde finales del si-

---

4 J. Israel, *Una revolución de la mente. La Ilustración radical y los orígenes intelectuales de la democracia moderna,* Pamplona, Laetoli, 2015. Según este autor, la Ilustración radical, que encarna los ideales democráticos y que es la verdadera Ilustración, se opone a la Ilustración moderada. Inscribiéndose en el legado de Spinoza, se impone sobre todo entre los años 1770 y 1780. Leo Strauss habla también de Ilustración moderada y de Ilustración radical. La primera estaría representada por quienes creen, como Lessing, en una síntesis entre razón y revelación, y la segunda por Hobbes (a quien Jonathan Israel sitúa en la Ilustración moderada) y Spinoza, que afirman la capacidad del ser humano de gobernarse por la razón. Sostiene asimismo que la Ilustración moderada fue rápidamente absorbida por la radical porque el verdadero conflicto se sitúa entre la autonomía de la razón (Ilustración) y la heteronomía o la necesidad de la revelación (ortodoxia). Véase C. Pelluchon, *Leo Strauss. Une autre raison, d'autres Lumières. Essai sur la crise de la rationalité contemporaine, (Problèmes et controverses),* París, Vrin, 2005.

5 M. Foucault, *Le gouvernement de soi et des autres. Cours au collège de France 1982-1983,* París, EHESS-Gallimard-Seuil, 2008, pp. 16-17; *¿Qué es la Ilustración?, op. cit.,* p. 75.

glo XVII y que culminan con la Revolución francesa.[6] La Ilustración representa también un acontecimiento: considerar el propio tiempo como una época y decir que esta pertenece al ámbito de las Luces equivale a pensar que ciertos cambios inauguran una nueva era que marcará la historia y hasta abre una dimensión de esperanza.

Por eso, los filósofos de finales del siglo XVII y del siglo XVIII eran conscientes de estar asistiendo al advenimiento de la modernidad, que es indisociable de la exigencia de «encontrar en la conciencia sus propias garantías»,[7] y de fundar el orden social, la moral y la política sobre la razón. Sabían que, pese a los combates que tendrían que librar por defender ese ideal, ya no sería posible fiarse de los pilares del viejo orden y remitirse a la autoridad de la tradición, fuera esta la de la religión, la de las costumbres o la de las jerarquías sociales. Al tomar su siglo como objeto de estudio, las Luces inician también una nueva forma de filosofar: cada generación de pensadores tenía ahora la oportunidad de orientar el curso de la historia a través de la crítica.

Así, quienes creen que es posible y hasta necesario enlazar con los ideales de la Ilustración se inscriben en un proceso de emancipación que concierne a la vez a la autonomía del pensamiento, al gobierno de sí mismo y a las condiciones de la libertad política, y buscan completarlos. Por todas esas razones, la Ilustración no puede compararse a un cuerpo de doctrinas que simplemente debiera adaptarse a contextos, épocas y continen-

6 Hay dos escuelas; una insiste en la crisis que ha puesto en cuestión los fundamentos y los *impensados* del pensamiento clásico, mientras que la otra, sin borrar las diferencias entre el Gran Siglo (de Luis XIV) y las Luces, hace de estas últimas la cima del racionalismo clásico. De la primera habla Paul Hazard en *La crisis de la conciencia europea (1680-1715),* Madrid, Alianza, 1988, y de la segunda Ernst Cassirer en *Filosofía de la Ilustración, op. cit.*
7 J. Habermas, *Le discours philosophique de la modernité, op. cit.,* p. 1, 8. (La trad. cast. titula así ese título del capítulo 1: «La modernidad: su conciencia del tiempo y su necesidad de autocercioramiento»).

tes diferentes. Nacida del deseo de verdad y de libertad intrínseco del corazón de nuestra humanidad, es una cita que nos damos a nosotros mismos, lo cual significa también que no se trata de un fenómeno exclusivamente europeo.

No solo los principios de igualdad y de libertad que han desembocado progresivamente en la construcción de la democracia en Europa y en Estados Unidos han inspirado a otras regiones del mundo, sino que, además, los orígenes culturales de la modernidad no provienen únicamente de nuestro continente.[8] Así como hay unidad y diversidad en la Ilustración, hay también muchos focos donde han aparecido los ideales de emancipación individual y social, dentro y fuera de Europa, antes y después del siglo XVIII. Esos ideales se han expresado de diversas maneras, según los contextos culturales, como atestiguan la Ilustración inglesa, alemana, francesa o escocesa, pero también según las distintas formas en que la Ilustración europea se extendió a otras poblaciones, contribuyendo a su emancipación o sometiéndolas.[9]

8 S. Conrad, «Enlightenment in Global History. A Historiographical Critique», en *American Historical Review*, Oxford, 117 (2012), p. 1007. Cita a varios autores que han intentado «deseuropeizar» la Ilustración, sobre todo en América Latina y en Asia. Véase también R. Bellah, que sitúa los orígenes del Japón moderno en el confucianismo en *Tokugawa Religion. The Cultural Roots of Modern Japan,* Nueva York, Free Press, 1985.
9 S. Conrad, «Enlightenment in Global History. A Historiographical Critique», *op. cit.,* p. 1001. El autor sostiene que la difusión de la Ilustración no tuvo lugar de una manera natural, como pensaba Kant, sino a menudo a través de la fuerza, y cita como ejemplo una obra del artista japonés Shôsai Ikkei, cuya pintura *Mirror of the Rise and Fall of Enlightenment and Tradition* (1872) representa un combate violento entre la Ilustración *(kaika)* y el Japón premoderno. Asimismo, los estudios poscoloniales destacan el vínculo entre la Ilustración y el imperialismo. Véase E. Said, *Culture and Imperialism,* Nueva York, Vintage, 1993 (trad. cast., *Cultura e imperialismo,* Barcelona, Debate, 2016); G.C. Spivak, *A Critique of Postcolonial Reason. Toward a History of the Vanishing Present,* Cambridge, Harvard University Press, 1999 (trad. cast.,

Además, la idea de emancipación ha adoptado diversas formas con el paso del tiempo hasta poner en entredicho determinadas opiniones defendidas por los autores considerados cabezas de fila de la Ilustración, ya sea Voltaire, Locke o Kant. Eso es particularmente visible en las reivindicaciones feministas o en los movimientos en favor de los derechos civiles y del reconocimiento de las minorías culturales y étnicas. A la vez que recurrían a la filosofía de los derechos humanos para denunciar las contradicciones entre la afirmación de la igual dignidad de todos y el mantenimiento de la esclavitud, la subordinación de la mujer y la discriminación de los pueblos autóctonos, esos movimientos han combatido el racionalismo supuestamente neutro de las Luces y su universalismo hegemónico y han puesto de manifiesto, igualmente, los prejuicios sexistas y racistas de algunos de sus representantes más célebres.[10]

Crítica de la razón poscolonial, Madrid, Akal, 2010); D. Carey y L. Festa, *The Postcolonial Enlightenment. Eighteenth-Century Colonialism and Postcolonial Theory,* Oxford, Oxford University Press, 2009. No obstante, otros autores matizan este juicio subrayando el papel desempeñado por la Ilustración en la lucha contra el imperialismo, como S. Muthu, *Enlightenment against Empire,* Nueva Jersey, Princeton University Press, 2003 y J. Osterhammel, *Die Entzauberung Asiens. Europa und die asiatischen Reiche im 18. Jahrhundert,* Múnich, C.H. Beck, 1998.

10 Voltaire y Locke defendían la esclavitud, aunque el primero, en *Cándido,* expresa su indignación ante el esclavismo; así dice el famoso pasaje en el que Cándido se encuentra con Surinam, un esclavo negro a quien le falta una pierna y una mano: «Cuando trabajamos en los ingenios, si una muela nos coge un dedo, nos cortan la mano; si intentamos fugarnos, nos cortan una pierna; yo me he encontrado en ambos casos. Ved a qué precio coméis azúcar en Europa» (Voltaire, *Cándido y otros cuentos,* Madrid, Alianza, 1979, p. 105). Véase también Antoine Lilti, *L'héritage des Lumières. Les ambivalences de la modernité,* París, EHESS-Gallimard-Seuil, 2019, pp. 27-28. El autor recuerda que las ideas sobre la educación y el papel de las mujeres que Rousseau defiende en *Emilio* son conservadoras. Por último, en *L'Amérique de John Locke. L'expansion coloniale de la philosophie européenne,* (París, Amsterdam, 2014), Matthieu Renault muestra que el esclavismo transatlántico «sigue siendo el punto ciego de una

Estas paradojas y la tensión entre la unidad y la diversidad de la Ilustración dejan de ser aporías cuando recordamos que esta no consiste en una transferencia de elementos doctrinales a contextos diferentes, sino en una reorganización perpetua de ideas que, al enfrentarse con la realidad, no son ya exactamente las mismas que se expresaron en el pasado. Cada época y cada sociedad pueden redefinir la Ilustración y liberar un potencial que no siempre ha sido visible antes, aunque solo sea porque las polémicas con las que siempre se ha asociado a la Ilustración —porque siempre representa una reflexión crítica sobre el presente, como diferencia o como ruptura— conduzcan a las mujeres y a los hombres que se inspiran en ella a insistir en un aspecto más que en otro. Así, por ejemplo, en los países del mundo árabe la Ilustración puede invocarse para denunciar las pretensiones de los representantes religiosos por controlar el orden social con el fin de imponer una teocracia. En Francia, donde la religión y la política están separadas, la referencia a la Ilustración sirve a menudo para denunciar nuevas formas de oscurantismo que alimentan la intolerancia, la cual se basa en prejuicios y odios racistas, y ponen en peligro la salud de la democracia.

EL PROYECTO DE LA ILUSTRACIÓN Y LA ANTI-ILUSTRACIÓN

Pensar la Ilustración hoy requiere reflexionar sobre el sentido que pueden tener, en el contexto actual, el universalismo, la idea de la unidad del género humano, la emancipación individual y la organización de la sociedad de acuerdo con los principios de libertad e igualdad. Siendo la relación entre el auge de las técnicas y el progreso de la libertad menos simple de lo que pudo

---

filosofía que se definía como filosofía de la libertad» (p. 135) y desvela una teoría del poder colonial en Locke.

creerse en el siglo XVIII, «el análisis de nosotros mismos en tanto que seres históricamente determinados, en cierta medida, por la *Aufklärung* [...] implica una serie de investigaciones históricas [...] sobre aquello que no es o no es indispensable para la constitución de nosotros mismos como sujetos autónomos».[11]

No obstante, si la cuestión de saber quiénes somos es inseparable de cómo podemos situarnos en relación con la Ilustración, es también porque esta designa un proyecto social y político y este último, actualmente, es atacado por todas partes, tanto por los reaccionarios como por ciertos progresistas que sospechan que todo universalismo es imperialista. De modo que un proyecto que aspire a prolongarla sufre los ataques de los que la juzgan inadaptada a los desafíos de nuestro tiempo o desean que se abandone su proyecto de emancipación.

Este cuestionamiento no debería limitarse a investigaciones genealógicas que aspiren, como decía Michel Foucault, a rastrear la inversión del conocimiento en poder y a denunciar el poder hegemónico de una razón ciega a las diferencias. Eso no significa que el juicio a la Ilustración, es decir, las críticas que se le han hecho desde comienzos del siglo XVIII hasta nuestros días, tanto desde la derecha como desde la izquierda, no sea en absoluto pertinente. El examen de nuestra época es inseparable del hecho de tener conciencia de los fracasos de la Ilustración y de sus cegueras. Esos fracasos y el potencial de destrucción adherido al racionalismo deben ser examinados con la máxima atención si queremos llevar a cabo las promesas de la Ilustración, como son la emancipación individual y colectiva y la paz. No obstante, la cita que tenemos con nosotros mismos y los desafíos que ahora son los nuestros exigen, a un tiempo, más audacia y seriedad de lo que llegaron a imaginarse los filósofos posmodernos.

---

11 M. Foucault, «¿Qué es la Ilustración?», en *Sobre la Ilustración, op. cit.*, pp. 87-88.

En efecto, desde 1970 y hasta el inicio de 1990, nadie pensaba que personas nacidas en Francia pudieran quedar seducidas por los discursos fanáticos de los terroristas islamistas ni que el nacionalismo reapareciera en varios países de Europa.Y, aunque las cuestiones relativas a los límites del planeta, a los desafíos ecológicos y demográficos, a los sufrimientos que nuestros modos de consumir imponen a los animales eran ya objeto de informes[12] y fueron el origen de nuevas disciplinas, como la ética medioambiental y la ética animal, esos temas, que raramente se relacionaban entre sí, quedaban bastante al margen.

Es decir, tras la Segunda Guerra Mundial y hasta finales del siglo XX se entendía que el objetivo principal era luchar contra la discriminación de los otros seres humanos y denunciar los abusos de poder, la pérdida de libertad, la amenaza totalitaria y las desigualdades económicas. La crítica de la Ilustración todavía estaba al servicio de sus propios ideales, a saber, la libertad individual y la igualdad. Los conflictos que oponían a los partidarios de la democracia liberal y a los comunistas eran ásperos, pero se centraban en cómo articular la libertad con la igualdad o lo individual con lo colectivo. El comunismo, que aspiraba a imponer la igualdad a través de la revolución y la dictadura del proletariado, generó el totalitarismo, pero no se fundaba en el racismo. Su creencia en un progreso de la historia y su ideal de igualdad lo inscribían en la estela de las Luces, pues pretendía superar la revolución burguesa, centrada en las libertades formales, mediante una revolución proletaria de la que se esperaba que diera a todos el acceso a condiciones materiales decentes que garantizasen las libertades reales. En cambio, el nazismo y los partidos de extrema derecha que ganan hoy las elecciones

---

12 El primer informe del Club de Roma, «The Limits to Growth» o el «rapport Meadows» se publicó en 1972 y el «rapport Brundtland» *(Our Common Future)* fue redactado en 1987 por la Comisión mundial sobre el Medio Ambiente y el Desarrollo de la ONU.

en algunos países de Europa exhiben sus odios racistas y su xenofobia, así como su desprecio por el cosmopolitismo y los derechos humanos, oponiéndose de arriba abajo a los ideales de la Ilustración.

En cuanto a los fundadores de la ética animal y de la ecología profunda, hay que decir que denunciaron el humanismo de la Ilustración, es decir, su concepción de la libertad como un desamarrarse de la naturaleza, así como su antropocentrismo, que conduce a conceder un valor instrumental a los ecosistemas y a los otros seres vivos, y a justificar por tanto su explotación sin límites. Sin embargo, esta crítica no implicaba poner en entredicho las instituciones democráticas ni pretendía sustituirlas por lo que algunos han llamado «ecofascismo». Arne Næss y quien lo inspiró, Aldo Leopold, pensaban incluso que la descentralización de la ética, que había culminado en los derechos del hombre y el reconocimiento de la igual dignidad de todos los seres humanos, debía proseguir con la afirmación del valor intrínseco de los ecosistemas y de las otras formas de vida. Y en cuanto a la deconstrucción de los prejuicios especistas, sigue con la superación del antropocentrismo.[13]

Ahora bien, la confianza actual en el individuo pensado como un ser dotado de razón se ha erosionado, y esto quita toda credibilidad al ideal de emancipación que implica la capacidad de cada uno para liberarse de la tiranía de las costumbres. La

---

13 A. Leopold, *Almanach d'un comté des sables,* París, Flammarion, 2000, pp. 256-257 (ed. orig., *A Sand county almanac* [Almanaque del Condado Arenoso], Nueva York, Oxford University Press, 2020; trad. cast. «casi íntegra» en *Una ética de la tierra,* Madrid, Los libros de la Catarata, 2017, 180-182: «El orden de una ética»). Este pasaje, citado por todos los ecocentristas, y la lectura de la obra de Arne Næss impiden dar crédito a las acusaciones que tildan a los ecologistas de ecofascistas. Del mismo modo, el hecho de tratar como una injusticia la ausencia de consideración de los intereses de los animales no significa que se borren las diferencias entre ellos y nosotros, ni tampoco entre los animales mismos.

democracia, que descansa sobre la igualdad, así como sobre la capacidad de deliberar de los ciudadanos, es también atacada o vista como una ilusión. Asimismo, el particularismo que, en el multiculturalismo, servía para hacer reconocer el derecho de las minorías y el valor de las diferentes culturas, se muda en nacionalismo: las culturas no son vistas como diferentes, sino como inconmensurables y desiguales, por lo que no se juzga posible ni deseable ningún diálogo o ninguna mezcla entre ellas. En fin, la idea de que hay que tener en cuenta a los otros seres vivos y que hay que proteger la naturaleza mediante políticas responsables que permitan acompañar la evolución de los modos de producción y de consumo respetando el pluralismo y los procedimientos democráticos es rechazada tanto por los que apelan a la coerción para poner en práctica la transición energética y alimentaria como por los defensores del modelo productivista.

Así pues, debemos ir más allá de la crítica o de la deconstrucción de los *impensados* de la Ilustración, aquello que no supo tener en cuenta. Hoy no basta responder a los detractores de la Ilustración, sino que es necesario promover una nueva Ilustración. Esta debe tener un contenido positivo y presentar un proyecto de emancipación fundado en una antropología y en una ontología que considere debidamente los retos del siglo xxi, que son a la vez políticos y ecológicos, y ligados a nuestra forma de cohabitar con los otros, humanos y no humanos.

El proyecto de la nueva Ilustración debe encontrar un sustituto al relato imaginario capitalista que no ofrece más perspectiva a los individuos que la producción y el consumo y que fundamenta la sociabilidad en la competencia y en la manipulación. Para precisar el contenido de ese proyecto es necesario, una vez más, no olvidar que la Ilustración también se define por aquello contra lo que lucha, y que nuestra época se caracteriza por un combate virulento dirigido contra ella, como atestiguan los partidos nacionalistas, pero también el odio a la razón, el rechazo del universalismo y la tentación de organizar la sociedad insistiendo sobre lo que nos separa y no sobre lo que nos es común. La pérdida de sentido y la dimisión de los Estados ante el orden economista del mundo, que entraña la mercantilización de lo viviente y destruye el planeta, alimentan igualmente algunos de los motivos que podemos encontrar entre los anti-ilustrados, como el relativismo y el desprecio de las instituciones democráticas. Esto no quiere decir que el escepticismo respecto de la Ilustración sea de naturaleza fascista, pero es innegable que dicho relativismo facilita el ascenso del fascismo al debilitar las posibilidades de resistir a este último.[14]

En otras palabras, cuando dirigimos una mirada crítica a nuestro presente y consideramos que la Ilustración designa un proyecto que aspira a orientar el curso de la historia, la bipolarización Ilustración y anti-Ilustración no puede ser ignorada. Conviene, por supuesto, apreciar la diversidad que hay entre los anti-ilustrados para evitar confundir a los partidarios (para obtener la nacionalidad o la ciudadanía) de un retorno al derecho de sangre con aquellos que temen la transformación de la razón hegemónica en totalitarismo, como Isaiah Berlin.[15] Sin embargo,

---

14 Sobre este tema, conviene recordar que el fascismo siempre está vinculado al terror y al empleo de la violencia, lo cual lo distingue de los populismos de extrema derecha que aparecen en la actualidad. Estos últimos, aunque expresen un nacionalismo agresivo, a menudo racista, y a veces se acuerden de antiguos dictadores, como Mussolini, no son comparables con los regímenes fascistas de la década de 1930. Esto no excluye, sin embargo, que algunos regímenes populistas, en determinadas circunstancias, puedan caer en el fascismo.
15 I. Berlin, «The Counter-Enlightenment», en *Dictionary of the History of Ideas,* Nueva York, Charles Scribner's Son, 1968, 1973, vol. 2, pp. 100-112 (trad. cast., «La contra-Ilustración» en *Contra la corriente. Ensayos sobre la historia de las ideas,* Ciudad de México, Fondo de Cultura Económica, 1983, pp. 59-84). Aunque Isaiah Berlin se opone al proyecto fundacionista de la Ilustración y acusa a su racionalismo y a su universalismo de ser tiránicos, suscribe su lucha contra los prejuicios y la intolerancia. Su crítica a la Ilustración no tiene nada que ver con la de los partidarios de la vuelta al orden jerárquico ni con los anti-ilustrados que, a partir del siglo XVIII, pero sobre todo durante los siglos

estos importantes matices no deben hacernos olvidar que los despreciadores de la razón no se expresan únicamente ante círculos académicos; defienden en la plaza pública un proyecto político y social que implica el sometimiento de los individuos, ya sea preconizando un orden teológico-político, que se opone a la emancipación individual y social, o imitando a los antiguos regímenes fascistas, que asociaban varios temas del gusto de los anti-ilustrados, como el rechazo del universalismo, el relativismo cultural y el nacionalismo, con una cierta fascinación por la técnica.

No solo la nueva Ilustración debe ser capaz de responder a las críticas vertidas sobre la Ilustración del pasado, sino que también es preciso cambiar los fundamentos en que descansa el racionalismo y el universalismo de esta última para no ser sospechosa de hacer posible la barbarie, destruir el planeta y ser ciega a las diferencias. Su primera tarea es oponerse al proyecto defendido por aquellos y aquellas que hoy la combaten, y que podemos identificar como anti-Ilustración, entendida esta no como un período de la historia sino como un conjunto de «estructuras intelectuales».[16]

XIX y XX, rechazan la idea de la unidad del género humano y prepararán la llegada del nazismo. Véase también D. McMahon, *Enemies of the Enlightenment. The French Counter-Enlightenment and the Making of Modernity,* Oxford, Oxford University Press, 2001. Observemos que, si bien el término «anti-Ilustración» se asocia a menudo al nombre de Isaiah Berlin, este no es su autor. Nietzsche, y antes autores de la *Berlinische Monatsschrift,* ya hablan a finales de 1780 de *Gegenerklärung* («contra-Declaración [de los derechos humanos]») o de *Gegen-Aufklärung* («anti-Ilustración»). El término inglés «Counter-Enlightenment», aparecía en 1958 en *Irrational Man,* de William Barrett. Véase R. Wokler, «Isaiah Berlin's Enlightenment and Counter-Enlightenment», en J. Mali y R. Wokler (eds.), *Isaiah Berlin's Counter-Enlightenment, Transactions of the American Philosophical Society,* 2003, pp. 13-31.

16 Z. Sternhell, *Les anti-Lumières. Du XVIIIe siècle à la guerre froide,* París, Le Livre de Poche, 2010, p. 729.

Es capital distinguir entre las críticas a la Ilustración y la anti-Ilustración. La crítica feminista y poscolonial a la Ilustración, al mismo tiempo que ataca el racionalismo, el universalismo y el contractualismo, está al servicio de un proyecto de emancipación e igualdad que guarda consonancia con el espíritu de la Ilustración. Para llevar a cabo las promesas de igualdad y justicia, tan queridas por la Ilustración, era necesario denunciar algunos de sus presupuestos, como la creencia en un Estado y un sujeto supuestamente neutros en lo referente al género, y luchar contra los prejuicios racistas que explicaron, por ejemplo, que en la Declaración de Independencia de 1776 Jefferson no lograra imponer la abolición de la esclavitud. De modo que la crítica a la Ilustración manejada por el multiculturalismo y el feminismo es radical en cuanto opone el particularismo al universalismo, pero lo hace en nombre de los principios de libertad e igualdad en la dignidad de todos y, en este sentido, en nombre de la Ilustración.

En cambio, al combatir el universalismo de la Ilustración, la anti-Ilustración no solo ataca sus fundamentos filosóficos, sino su espíritu y sus principios, así como las instituciones democráticas vinculadas a ella. La crítica a la Ilustración está, en este caso, al servicio de un proyecto hostil a la idea de emancipación y a la construcción del orden político sobre la libertad y la igualdad. Para los anti-ilustrados de ayer y de hoy, el rechazo a la idea de la unidad del género humano, el desprecio por la filosofía de los derechos humanos, el odio al cosmopolitismo y a la razón, el anti-intelectualismo, el relativismo y el determinismo étnico o incluso biológico, son armas de guerra. Las utilizan para defender sociedades cerradas y sentar el orden social y político sobre el nacionalismo y su fantasma de una unidad del pueblo *a priori*, pensado como un cuerpo orgánico, cultural y étnicamente homogéneo y percibiendo la apertura al otro y la acogida del extranjero como atentados contra su integridad.

Tras el eclipse de la Ilustración

Aunque la Ilustración persiste más allá del siglo XVIII, existe, no obstante, una ruptura entre nuestra situación y la de nuestros ilustres predecesores. Debemos tenerlo en cuenta a la hora de pensar lo que podría ser un nuevo proyecto de emancipación. En efecto, mientras que el Siglo de las Luces está asociado a un cierto entusiasmo y a un espíritu de conquista debidos a la certeza de que nada detendría el progreso,[17] en el siglo XX ha habido un eclipse de la Ilustración.

Tras la Primera Guerra Mundial, pero sobre todo después de la Shoah, la esperanza de un progreso de la humanidad a través de las ciencias y las técnicas y la idea de fundar una moral universal sobre la razón se desplomaron hasta tal punto que la crítica del universalismo y del racionalismo de la Ilustración devino un pasaje obligado en los círculos académicos. Todo proyecto fundacionista fue puesto en entredicho por el posmodernismo[18] y se impuso a la filosofía una especie de mutismo metafísico. Este eclipse no significaba que se hubieran abandonado todos los ideales de la Ilustración, como ya hemos comentado y como lo recuerdan las reivindicaciones que marcaron las décadas de 1960 y 1970: la demanda de más autonomía, el rechazo de la autoridad, la denuncia de la guerra de Vietnam, etc. Sin embargo, fueron pocos los filósofos que, a finales del siglo XX, invocaron de forma expresa y sin ambigüedades la Ilustración,[19]

17 Ese entusiasmo no excluye las dudas ni la conciencia de contradicciones entre el ideal de la igualdad de todos los seres humanos y el colonialismo, como muestra Antoine Lilti en *L'héritage des Lumières*. Sin embargo, estas dudas no ponen en entredicho el proyecto de la Ilustración ni la creencia en la razón.
18 D. Gordon (ed.), *Postmodernism and the Enlightenment,* Londres, Routledge, 2001.
19 John Rawls, al asumir el contractualismo y pensar las condiciones políticas de la autonomía kantiana, sigue la estela de la Ilustración, pero propone una concepción procesal de la justicia. Jürgen Habermas, que se toma en

mientras que, por la misma época, las corrientes de pensamiento asociadas al feminismo, a los estudios poscoloniales y al es-
tructuralismo hicieron del juicio a la Ilustración uno de sus
temas.[20] En la escena política actual, en Europa o en otras partes,
más bien oímos hablar de anti-Ilustración.

La Ilustración del siglo XXI debe entender las críticas que le
dirige el posmodernismo, en particular la que denuncia la conversión del racionalismo en su contrario y del ideal de emancipación en tiranía. Tiene que aceptar que se ataque su humanismo hegemónico, ciego a las diferencias, colonial y patriarcal.[21]
La condena del individualismo y del materialismo que generan
la pérdida de sentido y la anomia es igualmente pertinente, aunque hay que guardarse de no atribuir con demasiada rapidez a
los derechos humanos ser responsables de esta situación. En
cuanto a la inquietud producida por los extravíos cientificistas,
que no permiten el uso prudente de las tecnologías, la Ilustración

serio las críticas radicales que la Escuela de Frankfurt dirige a la *Aufklärung* y
presenta, con la teoría de la acción comunicativa, una concepción procesal
de la razón, abandona también la metafísica subyacente en el racionalismo de
la Ilustración. Sin embargo, se mantiene fiel a ella, como podemos ver en su
esfuerzo por pensar el espacio público y generar normas universalizables, así
como en sus trabajos sobre Europa. Philip Pettit, por su parte, desarrolla en
Le républicanisme, París, Gallimard, 2004, una teoría de la libertad (como no-
dominación) y un republicanismo que enlaza con la Ilustración, aunque sin
proponer una nueva filosofía de las Luces.
20 Sobre la crítica feminista véase sobre todo J. Flax, «Postmodernism and
Gender Relations in Feminist Theory», en *Signs* 12, 4 (1987), pp. 621-643, y
C. Pateman, *Le contrat sexuel,* París, La Découverte, 2010 (*El contrato sexual,*
Universidad Autónoma de Barcelona/Metropolitana-Iztapalapa de México,
Anthropos, 1995).
21 Para una presentación de conjunto de las críticas dirigidas a la Ilustración,
véase Dennis Rasmussen, «Contemporary Political Theory as an Anti-Enlightenment Project», en Geoff Boucher y Henry Martyn Lloyd (eds.), *Rethinking the Enlightenment. Between History, Philosophy, and Politics,* Lanham, Lexington Books, 2017, pp. 39-59.

plantea la cuestión del sentido que puede revestir hoy el progreso científico y tecnológico.

Sin embargo, lo que nos separa definitivamente de los hombres y de las mujeres del siglo XVIII son los campos de exterminio y la conciencia de una destructividad irreductible del ser humano. Con Auschwitz ha habido una «inversión del proceso de civilización».[22] Se ha cruzado un umbral porque esta inversión va mucho más allá de la guerra de todos contra todos y arruina las garantías ofrecidas por la *Aufklärung*. Tenemos que sustituir la antropología de la Ilustración por otro paradigma epistemológico formulado por Freud en 1920 al hablar, siguiendo a Sabina Spielrein, de la pulsión de muerte como de un poder arcaico de destrucción que atañe al psiquismo.[23] Debemos imaginar, por lo tanto, una nueva Ilustración sabiendo que los emblemas del progreso (las ciencias, las técnicas, la medicina) pueden ser puestos al servicio del exterminio y que el ser humano no conoce ningún límite del mal cuando se encara a seres que no entran en la esfera de su consideración moral y que el derecho no protege.

Además, la posibilidad de una destrucción del mundo por la bomba atómica modifica completamente la relación entre técnica y libertad. Por lo general, las innovaciones tecnológicas, que avances científicos como la secuenciación del genoma humano y la ingeniería genética han hecho posibles, subrayan la necesidad de establecer una distinción clara entre los conoci-

---

22 G. Rabinovitch, *Sur une crise civilisationnelle,* París, Le Bord de l'eau, 2016, p. 26. El autor cita a J. Habermas, *Eine Art Schadensabwicklung,* Fráncfort del Meno, Suhrkamp, 1987, p. 163.

23 S. Freud, *Más allá del principio de placer* (cap. 6), en *Obras completas,* vol. I, Madrid, Biblioteca Nueva, 1968, pp. 1097-1125. La pulsión de muerte es la tendencia de todo organismo y de la vida psíquica a querer restablecer un estado anterior a la estimulación interna, que se caracteriza por la ausencia de vida. Esta destructividad puede dirigirse hacia el exterior o hacia el sí mismo.

mientos científicos, que desvelan las leyes o los hechos de la naturaleza, sus aplicaciones que entran en el campo del saber hacer y la elección de fines que rigen el uso de las técnicas, es decir, la sensatez.

Sin embargo, pese a este eclipse de las Luces, puede emerger una época que corresponda a una nueva Ilustración. La condición es que esta última estructure su visión de conjunto en torno a las nociones de autonomía, democracia, racionalismo y progreso, que las reconfigure pensando con renovado vigor la herencia de Europa. También es importante precisar el método que permita proponer un proyecto político que se funde en una antropología y una ontología que no se apoyen en una metafísica ni en una concepción religiosa del mundo, sino en estructuras de la existencia que puedan ser universalizadas y que confieran sentido a la idea de la unidad del género humano y a la condición humana.[24]

La concienciación ante los desafíos ecológicos, tecnológicos y políticos a los que debemos hacer frente engendra inquietud, pero también es fuente de esperanza y genera en la sociedad civil una energía que recuerda la del siglo XVIII. La Ilustración del siglo XX debe traducir esa esperanza que se apoya en un proyecto ecológico que implica el abandono de un modelo de desarrollo destructor y violento y la descolonización de nuestro imaginario marcado por la dominación de la naturaleza y de los otros y por la represión de nuestra sensibilidad.[25] Uno de los

24 Esta obra se apoya en la filosofía de la corporalidad y la ecofenomenología elaboradas en libros míos anteriores y en la teoría política y ética que deriva de ellos. Véanse *Les nourritures. philosophie du corps politique,* Seuil, París, 2015, y *Éthique de la consideration,* París, Seuil, 2018.

25 En este libro, no utilizamos el término «dominación» en el sentido en que lo entienden, por ejemplo, Judith Butler o Philip Pettit, que lo definen como el sometimiento de los individuos a roles de subordinación. Para nosotros, la dominación incluye relaciones de poder, pero no se reduce a ellas. Por lo tanto, esta noción no es solo una cuestión de ontología social, sino que de-

signos precursores de esta nueva era que puede renovar el vínculo entre progreso y civilización es el hecho de que cada vez más individuos no se consideran como un imperio dentro de un imperio, sino que admiten su dependencia respecto de la naturaleza y de lo viviente y de la comunidad de destino que los une a los otros, humanos y no humanos.

Una de las tesis de este libro es que la nueva Ilustración es ecológica y que requiere tener conciencia de nuestra vulnerabilidad y abrirse a la alteridad para hacer posible un habitar más sabio de la Tierra y una más justa cohabitación con los otros vivientes. En este sentido, la Declaración Universal de los Derechos de la Humanidad,[26] que completa la Declaración de los Derechos del Hombre y del Ciudadano, al fundamentar los derechos no en el agente moral individual, sino en un sujeto relacional que reconoce lo que lo une a las generaciones pasadas, presentes y futuras, es ya un paso adelante. Especifica que mi libertad no está solo limitada, como dispone el Artículo 4 de la Declaración de los Derechos del Hombre y del Ciudadano, por la de mis conciudadanos, sino por el derecho a existir de las generaciones futuras, las otras culturas y las otras especies, así

---

signa una relación con el mundo, con los otros y con uno mismo, y arraiga en la ocultación de nuestra vulnerabilidad común. Esta actitud global se refleja en la propensión a pensar en términos de amigos y enemigos y en la necesidad de aplastar al otro para poder existir, y explica también la tendencia, evidente en las ciencias y en las técnicas, a manipular al viviente, a cosificarlo para controlarlo y utilizarlo, en lugar de interactuar con él respetando sus propias normas y su entorno. Por último, genera violencia social, la destrucción de la naturaleza y una represión de su vida emocional que favorece la agresividad. Lo contrario de la dominación es la consideración, que es también una actitud global, pero que manifiesta una cierta cualidad de presencia en sí mismo y en los otros, que dispone al sujeto a dejarles espacio y a cuidar de ellos.

26 *Declaración Universal de los Derechos de la Humanidad,* redactada en 2015 a iniciativa de Corinne Lepage. De este punto se habla en detalle en el segundo capítulo de este libro: http://droitshumanite.fr/

como por el respeto al patrimonio natural y cultural que yo recibo en herencia y que pertenece a la humanidad.

Además, la idea de que los animales tienen derecho a nuestra consideración moral y pueden ser titulares de derechos diferenciados, que sus intereses deben ser tenidos en cuenta en nuestras políticas públicas, se va imponiendo poco a poco por todo el mundo. Aunque, en el terreno de la práctica, la condición animal está lejos de mejorar, el reconocimiento de la subjetividad de los animales, considerados como seres vulnerables e individuados, cuya existencia nos crea obligaciones, es un hecho histórico que toca el corazón de nuestra humanidad. Este hecho de conciencia, así como la preocupación que, cada vez más personas, especialmente entre los jóvenes, manifiestan por la ecología se inscriben en un movimiento más amplio, una evolución en el ámbito civilizacional que nosotros llamamos «la edad de lo viviente».[27] Esta edad presupone un sujeto que acepta su vulnerabilidad y su finitud, respeta los límites del planeta y pone limitaciones a sus derechos otorgando su consideración a los otros, humanos y no humanos.

La Ilustración en la edad de lo viviente

La edad de lo viviente vincula la transición ecológica, la justicia social y la causa animal a un movimiento de emancipación individual y social que se apoya en una reflexión que toma en serio nuestra corporeidad y nuestra finitud. Determina, además, nuestra capacidad de hacer un uso razonable de las tecnologías, de vivir juntos en una democracia y de volver a dar contenido

27 Trato de «la edad de lo viviente» *(l'âge du vivant)* en mi *Éthique de la considération, op. cit.,* pp. 17-22, 181-182, 261-266, y en *Manifeste animaliste. Politiser la cause animale,* París, Alma, 2017, pp. 35-41 (trad. cast., *Manifiesto animalista: politizar la causa animal,* Barcelona, Reservoir Books, 2018, pp. 47-54).

político a Europa. Incumbe a la nueva Ilustración mostrar que la salud de la democracia, la transición ecológica, el respeto a los animales, la lucha contra las discriminaciones y contra todo lo que pone en riesgo la apertura hacia el otro, la cooperación y la solidaridad entre los países, no son mandatos ni eslóganes, sino manifestaciones del racionalismo en la edad de lo viviente. Ese racionalismo, que descansa en una filosofía de la corporeidad, atestigua la reconciliación de la civilización con la naturaleza y de la racionalidad con la sensibilidad, lo cual lo opone al racionalismo instrumental o instrumentalizado que, según Adorno y Horkheimer, explicaba la inversión de las Luces en barbarie.

Y así, comenzamos en el capítulo i con la crítica de ese racionalismo extraviado, que es el instrumento de dominación de los otros y de la naturaleza, fuera y dentro del sí mismo. Enraizado en una concepción del sujeto que ha erigido progresivamente la autoconservación del sí mismo y la utilidad en criterios de verdad, este racionalismo se invierte en su contrario. Pero esta dialéctica destructiva no está sometida a la fatalidad. Cuando la razón deja de ser una instancia que permite distinguir lo verdadero de lo falso, el bien del mal, para convertirse en un simple instrumento que maximiza la eficiencia, los principios en los que se basan la Ilustración y la democracia son vaciados de su sustancia y la regla de la mayoría y la ciencia pueden ser puestas al servicio de no importa qué fines.[28]

En cambio, una concepción del sujeto que subraye su peso y describa lo que lo conecta con el mundo común, que se compone del conjunto de todas las generaciones y de los patrimonios naturales y culturales, puede generar un uso sano de la razón. Esta vuelve a ser entonces la facultad que nos permite captar lo que es universal o por lo menos universalizable. Así, la consideración, que supone tanto un movimiento de subjetivación como

---

28 M. Horkheimer, *Eclipse of Reason,* Londres, Bloomsbury, 2013, p. 19 (trad. cast., *Crítica de la razón instrumental,* Madrid, Trotta, 2010, p. 58s).

una expansión del sujeto que se hace consciente de su pertenencia al mundo común, supera el relativismo y regenera el racionalismo prolongando la labor de emancipación individual y social propia de la Ilustración.[29] La consideración nos ofrece también los medios para articular su proyecto civilizacional con el respeto a la naturaleza y con los otros vivientes, por lo que se opone al racionalismo extraviado que se basa en una triple dominación: de la naturaleza, de la sociedad y de la vida psíquica.

El examen, en el capítulo II, del vínculo entre el rechazo de la alteridad y del cuerpo y la cultura de muerte, que alcanzó su apogeo con el nazismo y se expresa hoy tanto en la destrucción del planeta como en el auge del nacionalismo y del racismo, permite identificar el vicio de nuestra civilización, común a la Ilustración del pasado y a la anti-Ilustración. Este examen muestra también la fecundidad del enfoque fenomenológico, que renueva la manera en que aprehendemos la realidad y a los otros vivientes y constituye, con el evolucionismo, el contenido o «el hermoso saber» constitutivo de la nueva Ilustración. Es este capítulo aparece la noción central del libro, es decir, la noción de «Esquema», que designa el principio de organización de una sociedad, y el conjunto de representaciones y decisiones sociales, económicas y políticas, que configuran la matriz. Denunciar los *impensados* de la modernidad debe permitir a la Ilustración en la edad de lo viviente identificar el Esquema que rige en la sociedad actual y sustituirlo por otro.

El capítulo III, titulado «La autonomía recuperada», trata de las condiciones de la emancipación individual. Explica el vínculo entre individuación y socialización en una civilización que convierte la cultura del sí mismo y de la Tierra, y de los cuidados prestados a los otros, humanos y no humanos, en la alternativa a las políticas que llevan a la destrucción y a la autodestrucción. Este capítulo examina además las intervenciones que pueden

29 C. Pelluchon, *Éthique de la considération, op. cit.*

animar a los individuos a convertirse en actores de la transición ecológica y solidaria y a organizarse para que las políticas públicas se apoyen en sus iniciativas.

En el capítulo IV, la cuestión del conflicto entre la Ilustración y la anti-Ilustración se convierte en un envite propiamente político. La Ilustración es inseparable del ideal de un Estado basado en la libertad y la igualdad de los ciudadanos. Este ideal ha formado con el tiempo una sociedad democrática que implica el respeto al pluralismo, oponiéndose con ello a las antiguas tiranías, a los totalitarismos y a las democracias que hoy se califican como iliberales.[30] Pero el futuro de la democracia exige algo más que la atención a los procedimientos. Los individuos, en efecto, deben ser conscientes de que son quienes instituyen el sentido, de que pueden cambiar, por lo tanto, los significados imaginarios que explican la adhesión a los modos de vida, a las representaciones y a los afectos asociados al sistema capitalista y al Esquema dominante de nuestra sociedad. Conviene, además, reflexionar sobre las condiciones de la innovación social y examinar el papel que desempeñan las minorías en la aparición de un nuevo imaginario. Mostramos también en qué sentido la nueva Ilustración, que es inseparable del proyecto de una sociedad ecológica y democrática, va de la mano con una descentralización de la democracia, que exige dar cabida a las experiencias efectuadas por los ciudadanos y que se opone a una gubernamentalidad vertical.

El capítulo V comienza con un ensayo de fenomenología de la técnica que describe esta última como una condición de nuestra existencia y muestra que pertenece al mundo común. Considerar la técnica como un existencial no excluye, sin embargo,

---

30 Se nos objetará que varios filósofos de la Ilustración, como Rousseau y Kant, mantenían sus reservas con relación a la democracia; preferían, en efecto, la república, y Voltaire incluso llegó a defender el despotismo ilustrado. Sin embargo, cuando Rousseau dice, por ejemplo en *El contrato social,* que la democracia solo se adecuaría a un pueblo de dioses, habla de gobierno democrático, y no de la soberanía del pueblo, de su función legislativa, que defiende con firmeza.

un análisis de las razones que hoy hacen de ella la principal fuente de nuestra alienación y aquello que amenaza de extinción a nuestro mundo. Por eso es importante poner en claro las características de la técnica en nuestra sociedad, que ha erigido el principio de la calculabilidad como regla. En ese contexto, la técnica deviene autónoma y se vuelve contra el ser humano, mientras que en los siglos XVIII y XIX se subordinaba a un proyecto de emancipación individual y colectiva. No obstante, aunque nuestro poder tecnológico y la globalización modifican la estructura de nuestra responsabilidad, puesto que nuestros actos tienen consecuencias que van mucho más allá del presente y afectan a seres cuyos rostros no vemos, no es imposible desarrollar una cultura que permita un uso razonado de la técnica, orientándola a fines civilizacionales.

Puesto que la Ilustración establece un vínculo directo entre la libertad, la democracia y la construcción de la paz, es indispensable plantear, en el último capítulo, la cuestión de Europa y de su futuro. Para apreciar el sentido y la importancia de la construcción europea no basta señalar las dificultades con que tropieza desde 1990, debido sobre todo a la globalización y al rechazo por parte de algunos europeos de su proyecto, ni invocar el problema de los refugiados, que muestra su incapacidad de mantener la promesa de hospitalidad vinculada a sus principios y a su historia. Si contemplamos Europa desde un punto de vista filosófico, es decir, como una figura espiritual ligada a una herencia, cuyo contenido puede inspirar a otros pueblos, es posible imaginar un universal que no sea hegemónico y mostrar en qué sentido Europa puede constituir la primera etapa de una política y de una cosmopolítica de la consideración.

El problema de la religión no es objeto de un capítulo específico.[31] Se aborda, no obstante, de manera transversal en los

---

31 Esta obra, que pertenece al ámbito de la filosofía política y prosigue la obra de la Ilustración a la vez que revisa sus fundamentos, no puede abarcar

tres primeros capítulos. En efecto, las manifestaciones contemporáneas del fanatismo religioso muestran a las claras la actualidad de la crítica de la Ilustración a la intolerancia y la relevancia de su proyecto, que consiste en fomentar la capacidad de las personas a usar su razón para ser más libres internamente y vivir en paz en una sociedad pluralista. Además, al ponernos del lado de la Ilustración, estimamos que el orden político no puede fundarse en la religión. Esto no significa que debamos renunciar a reflexionar sobre lo que puede dar profundidad a nuestra existencia individual. Mostrando que el horizonte del racionalismo es el mundo común, que constituye una trascendencia en la inmanencia —ya que nos acoge al nacer, sobrevivirá a nuestra muerte individual y superará por tanto nuestra vida—, articulamos la ética y la política en un plano espiritual, es decir, en una experiencia de lo inconmensurable, sin pasar por la religión, pero apoyándonos en nuestra condición, engendrada y corporal, que atestigua nuestra pertenencia a este mundo más viejo que nosotros y del que somos responsables. A eso hemos llamado «transdescendencia».[32]

A diferencia de lo que afirman hoy quienes no alcanzan a encontrar en la filosofía los elementos necesarios para el renacimiento del racionalismo, no es necesario volvernos hacia la religión para preguntarnos por el bien común, superar el individualismo, el materialismo y el relativismo y combatir el nihilismo.[33] Apostamos por que, al pensar un racionalismo no escin-

---

todos los temas. Y así tampoco hablaremos de arte en este libro, pese a que este tema merecería ser tratado en un estudio importante.

32 C. Pelluchon, *Éthique de la considération, op. cit.,* pp. 95-103.

33 En general, la nueva Ilustración no se opone a las religiones, pero las neutraliza políticamente. Además, si las religiones no son bienes culturales como los otros, tampoco son el único modo de expresar la espiritualidad. Los individuos pueden extraer de las tradiciones religiosas elementos que les permiten identificar los valores de los que se consideran garantes, pero las religiones no son la fuente de la racionalidad que necesitamos para construir un orden

dido de la vida podemos abandonar la razón de la dialéctica destructiva, que está llevando a nuestra civilización a la ruina, y promover una nueva Ilustración. Superaremos así el estado de estupefacción en el que, desde finales del siglo XX, se han encerrado los sujetos más progresistas, mientras que los más reaccionarios creían en la certeza de su victoria.

---

social y político justo y contrarrestar el racionalismo instrumental que ha precipitado a la modernidad hacia el nihilismo.

I. Razón y dominación

La aporía a la que nos hemos enfrentado durante nuestro trabajo resulta ser el primer objeto que teníamos que examinar: la autodestrucción de la *Aufklärung*. [...] No tenemos ninguna duda [...] de que, en la sociedad, la libertad es inseparable del pensamiento ilustrado. Pero creemos haber reconocido igualmente que la noción de este pensamiento, no menos que las formas históricas concretas, las instituciones de la sociedad en la que está inserto, contienen ya el germen de ese retroceso que se deja ver en todas partes en nuestros días. Si la *Aufklärung* no emprende una labor de reflexión sobre ese momento de regresión, sellará su destino.

THEODOR W. ADORNO y MAX HORKHEIMER,
Dialéctica de la Ilustración

LA RAZÓN REFLEXIVA Y LA TRAVESÍA POR LO NEGATIVO

Partiendo de la Teoría crítica

Cuando tomamos la medida de las patologías de la sociedad que atestiguan la inversión de la razón en barbarie y del progreso en regresión, nos esperan dos trampas. La primera es creer que no es posible romper el círculo de la razón y de la dominación. Ese fatalismo lleva a la desesperación, ya que el retorno de lo peor parece inevitable. Nos resignamos así al aumento de las desigualdades, al empobrecimiento de la experiencia individual, a la degradación del planeta y al ascenso de los populismos que, tras la acelerada modernización de la sociedad en el siglo XX, fragilizan nuestras democracias. El segundo escollo se refiere al hecho de adoptar la postura prominente del que está por encima de los demás para denunciar el mal y pretende tener la solución que permite escapar a la lógica destructiva de nuestra civilización.

Situar el origen del mal en la razón misma, como si la historia de la humanidad no fuera más que un calco de la historia de las ideas y la esencia de la racionalidad fuera lo irracional, es un error que atestigua un cierto orgullo de la razón y engendra odio contra ella o, al contrario, su hipertrofia. Para poder establecer un diagnóstico sobre los males de la sociedad y restablecer el vínculo entre un trabajo teórico y una práctica transformadora es necesario ser más prudentes. Esto es lo que los fundadores de la Escuela de Frankfurt nos enseñan, incluso cuando dudan entre una crítica de la razón instrumental pensada como una forma histórica de la racionalidad, engendrada por el capitalismo, y un diagnóstico más sombrío que denuncia una limitación ineludible inscrita en la esencia de una razón dominadora, cuyo origen se remontaría a los comienzos de la civilización.[1]

La autodestrucción de la Ilustración, que, en este capítulo y en la *Dialéctica de la Ilustración,* representa el pensamiento del progreso, alcanzó su punto álgido con el nazismo. Se manifestó igualmente a través del estalinismo y de la burocratización de los regímenes comunistas. A partir de la segunda mitad del si-

---

1 T. W. Adorno y M. Horkheimer, *Dialéctica de la Ilustración, op. cit.,* pp. 85-88. En estas páginas, los autores hacen remontar hasta Homero la presencia de la dialéctica destructiva de esta razón dominadora que explica la alienación del individuo en «una sociedad total», pero también muestran sus vínculos con la era burguesa y la revolución industrial. Asimismo, al explicar que esta lógica parece ineludible, escriben, en la p. 89: «Pero esta necesidad lógica no es definitiva». Sobre las idas y venidas entre estos dos aspectos de la crítica de la razón, que encontramos sobre todo en la década de 1940, véase la presentación de Luc Ferry y Alain Renaut del ensayo de Horkheimer, *Théorie critique. Essais,* París, Payot, 2009, pp. 19-20 (trad. cast., *Teoría crítica,* Buenos Aires-Madrid, Amorrortu, 2003; no incluye, evidentemente, esta presentación).

glo XIX, el capitalismo liberal, que había puesto fin a las sociedades feudales y protegía los intereses y valores de la burguesía, sobre todo la libertad y la propiedad, se invirtió en su contrario. Esta inversión se produjo bajo el efecto de la administración del conjunto de la sociedad, de la técnica, de la fetichización de la mercancía, de la cosificación, de los fenómenos contemporáneos de la cultura de masas, por tanto, que fomenta la nivelación de los seres humanos y, en este sentido, la anulación del yo.[2] El sufrimiento de las personas explotadas, la pérdida de categoría social, la inflación y la crisis económica propiciaron la aparición de tendencias regresivas. El sentimiento de impotencia y las frustraciones de los individuos pertenecientes a estratos sociales desfavorecidos se transformaron en deseo de sumisión y en desprecio de los más débiles, como se vio, en la década de 1930, con el ascenso del autoritarismo; multitud de individuos no ofrecían ninguna resistencia al nazismo y se adherían a dinámicas compensatorias, sádicas y masoquistas.[3]

Y así, un orden social que debía estar al servicio de los intereses de los individuos y que ha organizado racionalmente la sociedad para este fin mudó en un mundo completamente administrado en el que el fascismo, el nacionalismo, la disolución de los individuos en la cultura de masas forman un todo con las otras tendencias sociales del capitalismo tardío, como la buro-

2 Reconocemos en los análisis de Adorno y Horkheimer la contribución de Georg Lukács, pero también de Georg Simmel, en *Filosofía del dinero,* Madrid, Instituto de Estudios Políticos, 1977. El tema del fetichismo de la mercancía, la explotación y el sufrimiento de la clase explotada son tres elementos del marxismo que se asocian en la Teoría crítica. Véase J.-M. Durand-Gasselin, *L'École de Francfort*, París, Gallimard, 2012, p. 84ss.

3 Este tema, que encontramos en la *Dialéctica de la Ilustración,* especialmente en el último capítulo «Elementos del antisemitismo. Los límites de la Ilustración», subraya la importancia del psicoanálisis en la Teoría crítica. Será desarrollado por Adorno en un libro basado en investigaciones empíricas del individuo potencialmente fascista: T.W. Adorno *et al., La personalidad autoritaria,* Buenos Aires, Proyección, 1965.

cracia estatal y la aparición de grandes empresas y monopolios. Esta organización fundada sobre una triple dominación (de la naturaleza, de la sociedad y de la vida psíquica) ha destruido a la vez la razón y la libertad, amenazando los pilares de la democracia liberal, a saber, la autonomía, la justicia y la solidaridad.

La razón enloqueció en el seno de una organización social particular que la empujó a envilecerse. Este es el sentido de la dialéctica de la razón: puesto que toda la realidad se somete al *diktat* de la rentabilidad, la razón se convierte en un mero instrumento de medida; se degrada y se autodestruye. Si se pudo dar esta lógica destructiva es porque la razón perdió toda objetividad al convertirse en el instrumento de un sujeto que se definía exclusivamente por la autopreservación, que era uno de los valores fundamentales del capitalismo liberal. Inicialmente, al servicio del dominio de la naturaleza y de los intereses personales, la razón exige poco a poco la represión por el individuo de su naturaleza y de sus instintos, y se reduce a puro cálculo. Todo, cada ser, es identificado, medido, cuantificado, objetivado y manipulado. Todo está controlado y el individuo termina disolviéndose en la masa. No siendo ya un principio que permita pensar objetivamente el mundo y establecer una jerarquía entre los fines, la razón no puede defender la prohibición del crimen ni justificar la superioridad de la justicia sobre la injusticia.[4] Y así, la calculabilidad, la unificación de lo real, la cuantificación y la cosificación son los principios cardinales del racionalismo instrumental que se ha desarrollado en el contexto de una modernización que transforma el capitalismo naciente de los siglos precedentes, todavía apegado a los valores de autonomía y de justicia, en un capitalismo totalitario que convierte a los individuos privados de autonomía en cómplices de un sistema fundado sobre la dominación.

4 M. Horkheimer, *Eclipse of Reason, op. cit.*, p. 20 (trad. cast., *Crítica de la razón instrumental, op. cit.*, p. 61).

Sin embargo, no podemos únicamente quedarnos con este diagnóstico si queremos hacer justicia a la hondura de los análisis de Adorno y Horkheimer. Encararse a lo negativo significa analizar la lógica destructiva de una sociedad, pero esto supone igualmente tener en cuenta sus contradicciones y, por lo tanto, un remanente que no está del todo atrapado en este movimiento destructor. La pérdida de objetividad de la razón y el giro del liberalismo en su contrario se deben a un *impensado,* relacionado con el estatus de la subjetividad: focalizada exclusivamente en la conservación del sí mismo, la razón lleva a oponer el yo a los otros, el sujeto a la naturaleza, y a someter la realidad al concepto. Pero la reconciliación de la razón con su otro, sobre todo con la naturaleza, ofrece la posibilidad de romper el lazo fatal que unió la *Aufklärung* —o el pensamiento del progreso— con la regresión, y mostró, con Auschwitz, el fracaso de la cultura.[5] Esta reconciliación y la crítica de este *impensado* propio del racionalismo instrumental ocupan el corazón de la Ilustración en la edad de lo viviente.

Ser consciente de la imbricación entre esta concepción de la racionalidad y un orden económico y social conduce al rechazo de los enfoques dominantes y transhistóricos. La Teoría crítica nos pone en guardia contra la ilusión de que las ideas gobiernan el mundo —una ilusión que es característica de las dos trampas mencionadas anteriormente—. En efecto, el idealismo postula que la razón puede hacerse cargo por completo

---

5 Esta idea de una reconciliación de la civilización con la naturaleza se sugiere en la *Dialéctica de la Ilustración, op. cit.*, p. 137s, pero también en pp. 94-95: «La Ilustración se realiza plenamente y se supera cuando los fines prácticos más próximos se revelan como lo más lejano logrado, y las tierras "de las que sus espías y delatores no recaban ninguna noticia", es decir, la naturaleza desconocida por la ciencia dominadora, son recordadas como las tierras del origen».Véase también T.W.Adorno, *Dialéctica negativa,* Madrid,Taurus, 1984, p. 187. Sobre Auschwitz, que «demostró irrefutablemente el fracaso de la cultura», véase *ibid.,* p. 366.

de la realidad, constituirla y reconstruir de forma sintética la historia de la modernidad, ya sea para acusarla de ser el origen de todos los males contemporáneos o para proponer, con tono grandilocuente, pistas de salida de la crisis. Adorno y Horkheimer oponen a este idealismo un concepto materialista de la razón. Solo un examen de los presupuestos del racionalismo occidental contemporáneo puede salvar la razón y llevar a cabo las promesas de la Ilustración proporcionando más libertad y justicia en el mundo. Si queremos que la razón deje de estar encadenada a la dominación y si deseamos invertir la lógica que condujo a Auschwitz y ha hecho temer un retorno, bajo otras formas, del totalitarismo es necesario luchar contra la identificación entre lo real y el concepto. Porque esta identificación atestigua una ilusión de la razón que, al hacernos ciegos a lo que escapa al concepto, induce un uso hegemónico de la racionalidad y conduce al reino de la calculabilidad, donde el otro se reduce al yo y se lo cosifica para poder manipularlo.

Adorno y Horkheimer no siempre han evitado la tendencia de los filósofos a tener una concepción transhistórica de la razón. Lo vemos sobre todo en *Dialéctica de la Ilustración* cuando hacen remontar hasta Odiseo la razón dominadora e instrumental. Sugieren así que la razón tiene una esencia totalitaria, reduciendo a la nada toda esperanza de pensar una forma de racionalidad que pueda contribuir a la emancipación.[6] Sin embargo, su esfuerzo por analizar las contradicciones entre la racionalidad y la

6 T. W. Adorno y M. Horkheimer, *Dialéctica de la Ilustración, op. cit.,* pp. 97-102. También en *Crítica de la razón instrumental,* donde Horkheimer traza la historia de la razón instrumental remontándose hasta el idealismo, encontramos esta idea de que habría una enfermedad de la razón presente desde el nacimiento de la civilización. Para medir la diferencia entre la Teoría crítica de la década de 1940 y el segundo Horkheimer, que elabora una crítica genealógica y deconstructiva de la razón preservando las posibilidades de un pensamiento de la alteridad —o, para decirlo como Adorno, especialmente en *Dialéctica negativa,* de la no-identidad—, véase M. Horkheimer, «La teoría

realidad sin hacer del pensamiento el instrumento de la negación, pero enfrentándose a las aporías y a lo negativo, constituye un modelo para cambiar la trayectoria del pensamiento calculador y «preparar un concepto positivo de esta Ilustración, que la libere de su cautiverio en el ciego dominio».[7]

La primera tarea consiste en describir las formas que adoptan hoy la destrucción de la Ilustración, la traición a su ideal de emancipación individual y social en el contexto de la globalización y la transformación de su proyecto de dominio de la naturaleza en una explotación sin límites de los vivientes, que es ecológicamente insostenible, socialmente injusta y políticamente peligrosa. ¿Qué fenómenos muestran la actualidad de las categorías establecidas por la Teoría crítica? ¿A qué aporías debemos enfrentarnos hoy para responder al deseo de Horkheimer de proponer un concepto positivo de la Ilustración a falta de poder continuar su ambicioso proyecto, encaminado a producir una teoría interdisciplinar de las tendencias contradictorias de la época?[8]

Una apuesta así presupone comprender que la esperanza que se mantiene, especialmente en Horkheimer, de reconstruir el presente es inseparable del sentimiento de estar asediados por la catástrofe. El hecho de tener que pensar después de Auschwitz y la necesidad no solo de analizar el capitalismo y sus conse-

crítica, ayer y hoy», en *Sociedad en transición. Estudios de filosofía social*, Barcelona, Península, 1976.
7 T. W. Adorno y M. Horkheimer, *Dialéctica de la Ilustración, op. cit.*, p. 56.
8 Un proyecto así está más allá de la capacidad de una sola persona, sobre todo porque los conocimientos requieren hoy una especialización mucho más exigente que en la época de Horkheimer. Tampoco puede una red de investigadores producir una teoría unificada e interdisciplinar analizando las contradicciones de la época. No obstante, pueden coexistir varias teorías que iluminen un aspecto más que otro, y puede haber convergencias entre ellas que lleven a un movimiento, como sugerimos cuando hablamos de la Ilustración en la edad de lo viviente.

cuencias, sino también de comprender qué lo hace posible, desmarcándose del marxismo que había predicho su desaparición, son motivaciones de la *Dialéctica de la Ilustración*. Del mismo modo, la obligación de estar vigilantes ante el ascenso combinado de la administración y la cultura de masas, que ponen en riesgo la autonomía individual y son el inicio de la erosión de la subjetividad en la era del capitalismo global, así como el vínculo entre la destrucción del individuo y la fascinación por las formas autoritarias, incluso totalitarias, de poder, forman parte del núcleo de la obra de Adorno, en particular de *Dialéctica negativa* y de *Minima moralia*.

Así, la Teoría crítica prolonga el planteamiento crítico de la Ilustración, que supone que la emancipación individual y social depende de la libertad de pensar. Sin embargo, la racionalidad que la caracteriza no es, como en la época de las Luces, triunfante, hegemónica, prominente y transhistórica. Es una racionalidad reflexiva, que es también una racionalidad herida. Marcada por un traumatismo, está atenta a la alteridad y a lo no idéntico, a lo que no debería estar subsumido bajo un concepto y englobado en una totalidad. Y materialista, pues se sitúa en la historia y en una sociedad determinada por las relaciones de producción, el lenguaje y la técnica. En fin, esta racionalidad reflexiva es más reconstructiva que constructiva.

El sujeto filosófico que se entrega a esta racionalidad reflexiva, a esta ascesis, debe sentir la imposibilidad de una reconciliación de bajo coste con los ideales de las Luces y del progreso. Solo con esta condición podrá liberar el potencial que yace en la tradición, incluida la heredada por la Ilustración, y que la lógica autodestructiva que ha invadido nuestra forma de pensar oculta. El filósofo debe pasar por la experiencia de la pasividad; debe comprender que todo aquello a lo que se ha aferrado desde el principio de la modernidad y del liberalismo político puede venirse abajo. Para no acomodarse a meras palabras ni conformarse con eslóganes, debe reconocer también que los términos que utiliza, como «razón», «progreso», «verdad», «justicia», «autonomía» o «libertad» se han vaciado de contenido. La apelación a nuevos principios que puedan liberar la Ilustración de sus prejuicios antropocéntricos exige de la razón una humildad que contrasta con la actitud prominente ya mencionada. Y si hablamos del rescate de los ideales del pasado, esto requiere una recuperación consciente y prudente, una reformulación.

Genealogía del nihilismo

La *Dialéctica de la Ilustración* y, de una manera más precisa, la *Crítica de la razón instrumental,* muestran que hay un estrecho vínculo entre la pérdida de sustancia de la democracia, su posible disolución bajo el efecto del relativismo cultural y de una desvitalización de los conceptos que fundaron el liberalismo político, y el rechazo de todo lo que es inconmensurable o no puede ser sometido a medida, es decir, a «la niveladora dominación de lo abstracto».[9] Esta somete las necesidades de los individuos a las estadísticas.[10] Lleva al triunfo de una igualdad regresiva, a las «hordas» que vierten su odio sobre aquellas y aquellos que les recuerdan la irreductibilidad de lo no idéntico.[11] La explotación ilimitada de la naturaleza y de los seres vivos, pero también de los humanos por otros humanos, la omnipotencia de una opinión pública erigida en sustituto de la razón y forjada por la propa-

9 M. Horkheimer, *Eclipse of Reason, op. cit.,* p. 44, 21s (trad. cast., *Crítica de la razón instrumental, op. cit.,* p. 12s, 21s); T. W. Adorno y M. Horkheimer, *Dialéctica de la Ilustración, op. cit.,* pp. 58s, 60.

10 M. Horkheimer, *Eclipse of Reason, op. cit.,* p. 109 (trad. cast., *Crítica de la razón instrumental, op. cit.,* p. 163); T. W. Adorno y M. Horkheimer, *Dialéctica de la Ilustración, op. cit.,* p. 89.

11 Sobre el vínculo entre la igualdad regresiva y las hordas que aparecen con el nazismo véase T. W. Adorno y M. Horkheimer, *Dialéctica de la Ilustración, op. cit.,* p. 68.

ganda, el cientificismo, el conformismo, el relativismo y la facilidad con la que los individuos pueden ceder frente a movimientos de masa obedecen a la misma dinámica. Estos fenómenos manifiestan las patologías y contradicciones de nuestra sociedad y forman un todo que se perfila en el horizonte de este panorama como la negación de la libertad y el fascismo.

Los fundadores de la Escuela de Frankfurt describen el giro, en el siglo xx, de la razón y de la Ilustración, inicialmente contrarias a la superstición y a la magia, en una mitología. Muestran que la civilización ha llegado a un punto en el que la irracionalidad se ha racionalizado.[12] Reduciendo lo verdadero a lo útil y a la eficiencia y haciendo desaparecer toda reflexión sobre los fines, las ciencias, las técnicas y ciertas teorías como el positivismo destruyen el edificio que ha hecho posible la eclosión de una civilización fundada en la igual dignidad de todas las personas, en el derecho de todos a la libertad de conciencia y a un mínimo de recursos, y que ha hecho que la justicia y el respeto al pluralismo sean las estructuras básicas de la sociedad. El relativismo y la racionalidad instrumental que animan a una gestión mediante cifras se oponen a esos principios y fragilizan las instituciones democráticas que han construido la sociedad fundándose en esos ideales racionales.

El proyecto genealógico y deconstructivo de Adorno y Horkheimer articula la lógica autodestructiva de la *Aufklärung* con el extravío de la razón y de la subjetividad. La razón se ha vuelto formal, abstracta y deshumanizada porque se ha pervertido y ha perdido todo anclaje al mundo objetivo, toda dimensión universalizadora. Solo se ha conservado su valor funcional y su eficacia para dominar las cosas y los seres, poniéndola así al servicio de intereses egoístas. Se suponía que la razón debía promover una organización de la sociedad beneficiosa para la hu-

---

12 M. Horkheimer, *Eclipse of Reason*, *op. cit.*, p. 66 (trad. cast., *Crítica de la razón experimental*, *op. cit.*, p. 117).

manidad contribuyendo a la emancipación de los individuos, pero se ha convertido en el principal instrumento de dominación social, de la destrucción del planeta y de los otros seres vivos, y conduce a una desubjetivación que es un caldo de cultivo para el irracionalismo. No obstante, si esta razón instrumental, que ya no es una autoridad que permita diferenciar entre los fines y que puede utilizarse no importa con qué objetivo, es el instrumento, incluso el arma de destrucción de la civilización, es porque el sujeto que hace uso de ella es un sujeto vacío y absoluto. No busca más que su conservación, no comprende qué lo ata a los otros, enteramente sometido a sus intereses particulares. Tiranizado por sus deseos, es incapaz de tomar en consideración lo que puede ser universalizado o válido para la comunidad y trata a los otros seres como cosas.

Es importante recordar que cuando Locke y sus sucesores forjan las teorías políticas que dieron nacimiento, a partir de la segunda mitad del siglo XVII, al liberalismo, es decir, a los derechos del hombre y a la sociedad burguesa, la razón es todavía el órgano de lo universal. La razón es lo que permite comprender que todos los seres humanos son iguales en dignidad y fundar una organización social y política sobre principios que se imponen al hombre como ser racional.[13] En lugar de aferrarse a sus intereses privados y de retener solo lo que en ellos le es útil, el individuo del siglo XVIII es también un ciudadano, y debe en gran parte a la razón que pueda, como dice Rousseau, escuchar la voz de la voluntad general y pensar el bien común. A medida que esta concepción objetiva de la razón cede el paso a una concepción subjetivista, en la que las necesidades inmediatas y los deseos urgentes de los individuos constituyen los criterios de lo que es válido, la razón, cuyo contenido objetivo se ha disuelto, ya no puede construir un orden legítimo ni distinguir lo justo de lo injusto. No es más que una facultad formal capaz de

---

13 *Ibid.*, p. 22 (trad. cast., p. 63).

calcular los medios más eficaces para alcanzar no importa qué fin.[14] Al estar así desvinculadas las aspiraciones humanas de toda verdad objetiva, se instala un relativismo cultural deletéreo tanto para la subjetividad como para la democracia. Los individuos son incapaces de evitar el control de un poder político y de una administración que ponen en práctica esa racionalidad instrumental y son la manifestación en el plano social y político de una razón desvitalizada que todo lo subordina a los intereses de los particulares. El sujeto pegado a su conservación y a la utilidad no encuentra la manera de relacionarse con lo universal, y a la vez se cierra en sí mismo, sometido a una organización social que controla todos los aspectos de su existencia y los somete a la calculabilidad.

Los principios que sostienen el orden económico y social moderno, a saber, la justicia, la igualdad, la libertad, la solidaridad, dejan de tener sentido para los individuos desde el momento en que se imponen como objetivos únicos la conservación del sí mismo y el interés personal. Esta ruptura se produce cuando la razón, abandonando toda relación con la verdad, deviene un medio al servicio de la dominación social y de la dominación de la naturaleza, exterior e interior.[15] La destrucción del individuo y la destrucción de la razón forman, por lo tanto, un todo y van de la mano con la explotación del hombre por el hombre, el sufrimiento social, la degradación del planeta, la fetichización de la mercancía y la cosificación de lo viviente —características del capitalismo desde el siglo XIX—. Este último, que es un puro producto de esa racionalidad instrumental, se ha infiltrado en todos los dominios de la existencia y se extiende por todo el mundo.

14 *Ibid.,* p. 20 (trad. cast., p. 60).
15 *Ibid.,* p. 74 (trad. cast., p. 125): «La historia de los esfuerzos del hombre por sojuzgar *(subjugate)* la naturaleza es también la historia del sojuzgamiento *(subjugation)* del hombre por el hombre. La evolución del concepto del yo refleja esta doble historia.

El sujeto, alejado de lo verdadero, se ha destruido y ha hecho de la razón el instrumento de su sometimiento a una sociedad totalmente administrada o a un orden totalitario. La responsabilidad de la Ilustración se debe a que, al oponerse a la revelación, que representaba el orden objetivo con el que los individuos se situaban y pensaban la organización de la sociedad, erigió al sujeto como criterio de autoridad y fraguó un concepto subjetivo de la razón.[16] Sin embargo, la razón que celebraban los pensadores de los siglos XVII y XVIII no tenía por función única dominar la naturaleza; contemplaba civilizar a los individuos, haciéndolos más sociables, más tolerantes y menos determinados por los prejuicios de su entorno y más capaces de abrirse a los otros. Por desgracia, ese ideal de apertura mostró sus límites, ya que el racionalismo y el universalismo de la Ilustración se basaban en prejuicios eurocéntricos que explican las derivas colonialistas y hegemónicas denunciadas por el posmodernismo.[17]

Sin embargo, no diremos que el gusano estaba en la fruta. Es absurdo afirmar que la Shoah estaba programada de antemano en las obras de los filósofos de los siglos XVII y XVIII. Del mismo modo, pensar que Descartes es responsable del ecocidio actual[18] equivale a descuidar por completo la importancia de los

16 *Ibid.*, p. 22 (trad. cast., p. 63).

17 Sobre el eurocentrismo de la Ilustración y las críticas poscoloniales, véase el planteamiento de A. Lilti, *L'Héritage des Lumières, op. cit.*, pp. 47-54. Lejos de la imagen caricaturesca de la Ilustración blanca y colonialista que presentan autores poscoloniales, el autor destaca la ambivalencia de la Ilustración, su orgullo atemperado por la duda y sus prejuicios eurocéntricos sometidos al relativismo cultural que tiene su origen en Montesquieu y Swift y que volvemos a ver en Diderot.

18 Recordemos también que, para Descartes, la técnica, al hacernos «amos y poseedores de la naturaleza», debía sobre todo ayudarnos a mejorar la higiene y la medicina, a evitar la mortalidad infantil, etc. Además, aunque Descartes no concede vida psíquica a los animales, no puede decirse que defienda una postura de dominación sobre la naturaleza —como encontramos, por ejemplo, en Bacon— porque para él, solo Dios es causa final y es absurdo

contextos que condujeron al surgimiento de la Ilustración y a pasar por alto los múltiples factores históricos, tecnológicos y económicos que transformaron el capitalismo liberal en un capitalismo totalitario. Estos atajos dejan de lado los verdaderos problemas: la disolución del yo, hecho vulnerable al mal político, y la violencia hacia la naturaleza fuera y dentro del sí mismo y, por tanto, hacia el cuerpo y los otros seres vivos.

Cuando condenamos a la Ilustración acusándola de los males de los que sufrimos, arrojamos el bebé con el agua del baño e ignoramos su legado que más bien deberíamos esforzarnos por preservar. Además, tampoco debemos olvidar la responsabilidad primera de la anti-Ilustración en el desastre que condujo a Auschwitz, y que hoy podría precipitar a muchos países al fascismo.[19] Porque, desde el principio de la Ilustración, sus enemigos se opusieron a su ideal de emancipación, a la razón entendida como pensamiento crítico, así como a su universalismo y a la unidad del género humano que este último implicaba.

Ciertamente, el movimiento de desvitalización de la razón y el empobrecimiento del individuo que la acompaña demuestran que la emancipación individual y la democracia son más frágiles de lo que los filósofos de la Ilustración pensaban. Sin embargo, en vez de quedarnos solo constatando ese punto, es importante entender por qué el capitalismo se ha mantenido y ha tomado la forma que reviste actualmente, dominando el

---

pensar que el mundo fuera creado para nosotros. Véase sobre todo R. Descartes, «Lettre à Chanut du 6 juin 1647», en *Œuvres philosophiques,* t. III, París, Garnier, 1998, pp. 738-739.

19 Esta observación subraya una vez más la importancia del libro antes mencionado de Sternhell, *Les anti-Lumières,* pero también la actualidad de la reflexión de Leo Strauss, especialmente en «El nihilismo alemán», en *Nihilismo y política* (con textos de J.-L. Nancy, L. Strauss y J. Taubes, Buenos Aires, Manantial, 2009, pp. 125-149). Sobre este asunto hay que reconocer que Adorno y Horkheimer, por el contrario, no tienen en cuenta el papel de la anti-Ilustración en su genealogía del nihilismo.

mundo y colonizando nuestro imaginario. Hay que preguntar-se también por qué la anti-Ilustración, de la que nadie puede ignorar qué tipo de ser humano y de sociedad quiere ver emerger, se impone hoy en las urnas mientras los ideales de la Ilustración solo se defienden como vestigios culturales en vez de ser objeto de una apropiación adecuada.

Efectivamente, los principios unificadores de la Ilustración, como la igualdad, la autonomía y la libertad política, siguen teniendo prestigio, pero han perdido peso: los derechos humanos son a menudo invocados sin que se comprenda realmente su espíritu, a saber, la filosofía de la alteridad que reconoce a cada ser humano, único e intotalizable, una dignidad y subraya todo lo que su derecho a existir exige de cada uno de nosotros y de la sociedad. Estas palabras de igualdad, libertad y dignidad son incluso recuperadas por políticos que se presentan como los portavoces del pueblo, pero sueñan con un poder fuerte. Sin disimular su odio a la Ilustración, los nacionalistas que dicen ser los únicos que saben respetar la soberanía del pueblo exhiben también su rechazo a las élites y su anti-intelectualismo. Los populistas, por su parte, expresan su desprecio por el sistema representativo y apelan a los referendos y a la democracia directa, considerados garantes únicos de la soberanía popular. Su uso publicitario y plebiscitario de la comunicación hace que el diálogo y la deliberación sean imposibles, ya que atrapan a sus interlocutores en esquemas binarios que los obligan a estar a la defensiva, impidiéndoles argumentar y expresar opiniones matizadas. ¿Cómo, entonces, dar sentido de nuevo al mensaje político de la Ilustración, luchar contra su recuperación o su caricatura y procurar que los individuos sean conscientes de las derivas autoritarias de la anti-Ilustración y de su incapacidad para hacer frente a los retos ecológicos, económicos y sociales de nuestro tiempo?

ANTIGUAS Y NUEVAS APORÍAS

El odio al cuerpo y a la alteridad

La posibilidad de una inversión de la libertad en fascismo sigue siendo actual, pero el análisis de las contradicciones propias de nuestra época revela nuevas antinomias. Así, el economismo, que decreta la sumisión de todas las actividades al dictado del beneficio, caracteriza al capitalismo contemporáneo y es a la vez un resultado de la racionalidad instrumental. Organiza la producción de forma homogénea, transformando la agricultura y la ganadería en industrias y conduce a la mercantilización de los humanos y de los vivientes. Es, además, incompatible con el mantenimiento de una democracia saludable porque desmantela la política, que se convierte en una simple gestión mediante cifras que no se adaptan a los diferentes contextos.

Es la misma lógica que explica las tensiones entre el hecho de tener en cuenta los retos ecológicos y la justicia social. Al contraponer a los que hablan del fin del mundo con los que se preocupan por llegar a fin de mes, esos conflictos se deben sobre todo a que la ecología se presenta de manera atomista. En cambio, si se la concibe como la sabiduría de nuestro habitar en la Tierra, deja de estar reducida solo a su dimensión medioambiental, es decir, a la lucha contra el calentamiento global, la contaminación y la erosión de la biodiversidad. Entonces tomamos en cuenta la distribución equitativa de los costes de la contaminación, sin dejar de prestar atención a los contextos geográficos y sociales y a la valoración del saber hacer local, ya que la aplicación indiferenciada de las normas a diferentes territorios no tiene sentido cuando se trata de poner en práctica la transición energética y fomentar los modelos de agricultura más correctos desde el punto de vista ecológico.

En fin, el desfase entre el interés de un número creciente de personas por el bienestar de los animales y la ausencia de medidas que mejoren realmente su condición no debe interpretarse únicamente como si reflejara nuestra incapacidad de concordar el pensamiento con la acción. El maltrato animal es también el espejo de nuestra civilización; subraya su violencia intrínseca. Una vez más, el diagnóstico de los fundadores de la Escuela de Frankfurt, que insisten en el vínculo entre la dominación social y la dominación de la naturaleza exterior e interior, es esclarecedor. El desprecio por nuestra corporeidad, que es más que el hecho de tener un cuerpo y de ser mortal, y que involucra también una forma de aprehender lo que escapa a nuestro control y a nuestras previsiones, desempeña igualmente un papel importante en la violencia respecto del otro y en la cosificación de los otros seres vivos.

Desde nuestro punto de vista, la dificultad de pensar la alteridad y sacar realmente enseñanzas de nuestra condición carnal, engendrada y mortal, junta las antiguas aporías y las nuevas, las patologías de la sociedad analizada por los representantes de la Teoría crítica y sus manifestaciones actuales. Ese *impensado* de la corporeidad y la alteridad es también lo que el pensamiento del progreso ha reprimido.[20] Ese concepto se construyó sobre el distanciamiento del cuerpo, sobre su control, y sobre la domi-

---

20 No todos los autores pertenecientes a la Ilustración desprecian el cuerpo, como puede verse en los materialistas que se oponen al ascetismo cristiano, en Helvétius y en Diderot. Este último insistirá en el hecho de que nuestra civilización es demasiado represiva en lo referente a los instintos, especialmente en *Supplément au voyage de Bougainville* (1.ª ed. 1772; reed. en París, Gallimard, 2002, trad. cast., *Suplemento al viaje de Bougainville, o, Diálogo entre A y B acerca del inconveniente de añadir ideas morales a ciertos actos físicos que no las comportan*, Barcelona, ed. de Jaime Rosal, SD-Edicions, 2013). Sin embargo, el pensamiento del progreso, que es en gran parte un producto de la Ilustración y que propondrá progresivamente la razón objetivante, se centra sobre todo en dominar el cuerpo y los cuerpos para actuar sobre ellos obteniendo algún beneficio. De manera general, nos habituamos a separar la cultura de la naturaleza, a recortar la razón del cuerpo, a cortar radicalmente lo humano de lo animal y a oponer el hombre civilizado al salvaje.

nación de la naturaleza y de los otros seres vivos, a los que objetiva para explicar su funcionamiento, reduciéndolo a causas sobre las que puede actuar. La oposición entre el espíritu y el cuerpo, la cultura y la naturaleza, lo humano y lo animal, la libertad y el instinto, la existencia y la vida, es característica del racionalismo que se impuso con y después de la *Aufklärung*, pese a los esfuerzos de algunos de sus representantes, como Rousseau y Diderot, por rehabilitar lo sensible y el cuerpo y oponerse a esas escisiones propias de la tradición occidental. Estos dualismos que suponen la subordinación de un término al otro, de la naturaleza a la cultura, del cuerpo a la mente, de la vida a la existencia y de lo animal a lo humano, fundaron un humanismo que la Ilustración en la edad de lo viviente tiene la ambición de renovar superando su chauvinismo y su incapacidad de abrirse a la alteridad. Porque el nudo del problema está en rechazar la alteridad: al no reconocer la positividad de la diferencia, el sujeto hace del otro, de la naturaleza, de los animales o de los seres con modos de vida diferentes al suyo, subordinados o medios al servicio de sus propios fines y tiende a reducir lo viviente a un mecanismo. Asimismo, la alteridad del cuerpo, o lo que en él nos esquiva y subraya nuestros límites, genera vergüenza y un sentimiento de impotencia que reprimimos. Esto explica en parte el desprecio por los individuos que se identifican con su cuerpo o encarnan la vulnerabilidad. Y en lo que se refiere a la muerte, se ve cada vez más como un final que debe ser aplazado a toda costa y como un fracaso.

La triple dominación sobre la que se fundó el pensamiento del progreso desemboca hoy en un sistema que adopta formas extremas y genera importantes contraproductividades. La deshumanización y los destrozos que ocasiona en el psiquismo, sin embargo, continúan siendo objeto de negación, lo cual pone en riesgo la capacidad de los individuos de liberarse de la dominación y los lleva paradójicamente a mantener un sistema que les causa sufrimiento. Y así, el reino de la calculabilidad se extiende y con él la *hýbris,* que se generaliza en nuestros modos de consumo lo mismo que en nuestra relación con las tecnologías y los recursos naturales. La homogeneización de los modos de vida y de las culturas, inducida por esos fenómenos, agrava la destrucción de los ecosistemas y la erosión de la diversidad, y hace perder el sentido de la belleza y del valor de las cosas. Nos acostumbramos a vivir en un sistema que hace poco caso de los otros seres vivos y hasta de los seres humanos que no se nos parecen.

Entra en juego en este proceso de la modernidad la lógica destructiva de esa razón extraviada y dominadora. Al afirmar que lo que le falta tanto a la anti-Ilustración como a la Ilustración es reconocer la alteridad y que ni una ni otra sacan todas las consecuencias del hecho de tomarse en serio nuestra corporeidad, mostramos también en qué sentido su antropología no les permite pensar un universalismo no hegemónico que sea algo más que la defensa de una cultura particular y se funde en la condición corporal y terrestre común a todos los seres humanos. A este respecto importa recordar que el biologismo en el que se basa la anti-Ilustración para imponer el derecho de sangre y atar al individuo a su cuerpo no tiene nada que ver con la corporeidad. Esta última implica pensar que la conciencia no es *todo* el sentido, y va acompañada del reconocimiento de nuestra vulnerabilidad, nuestra condición mortal y engendrada, pero también de nuestra dependencia de los otros, de la naturaleza y de los elementos. Subraya además la importancia del placer, que expresa independencia en la dependencia y estimula nuestra sensación de existir. El hecho de insistir en la corporeidad del sujeto no remite, a diferencia del biologismo, al esencialismo. En fin, aunque este enfoque recuerda y radicaliza el materialismo de la Ilustración del pasado, no ha de confundirse con el elogio del placer sensual, típico de los escritores libertinos del siglo XVIII.

Hablar de la corporeidad del sujeto es admitir que la existencia humana no debe pensarse solo a la luz del proyecto; la pasividad, la receptividad, la dependencia del otro, de los otros seres vivos y de los ecosistemas son constitutivos fundamentales del sujeto. Ese tomarse en serio la corporeidad del sujeto sirve de base a una antropología distinta a la de la Ilustración del pasado, según la cual lo que caracterizaba la esencia o naturaleza del hombre era la voluntad libre. La condición humana revelada por la descripción fenomenológica del existente como un ser carnal que nunca se ha separado de los otros seres vivos, y de los entornos geográficos y sociales que lo determinan, no tiene nada que ver con una naturaleza humana que se ajusta a un modelo único, como en la cosmología antigua o en el cristianismo. No obstante, esta fenomenología de la corporeidad expresa una forma de universalismo porque hace evidente la comunidad de destino que vincula a todos los seres vivos. Revela nuestra vulnerabilidad, que es impotencia en el corazón de la potencia, nuestra precariedad, nuestra mortalidad, nuestra necesidad de los demás y de sentirnos cuidados. Por último, nuestro nacimiento atestigua el desbordamiento de nuestra vida por la de nuestros antepasados más lejanos y la de nuestros descendientes y es un testimonio de la igualdad entre todos los seres humanos, así como de el absurdo del racismo.

En la actualidad, las ideologías más reaccionarias y los nacionalismos más agresivos se alían para hacer presión sobre los Estados e influir en el curso del mundo, en los resultados de las elecciones, en la economía y en los modos de producción, y también en las políticas públicas en materia de sanidad, agricultura, medioambiente, etc. Este siniestro panorama es la expresión de la anti-Ilustración contemporánea, que no rechaza la técnica ni la racionalización, porque utiliza la primera para sus fines y persigue como objetivo extender y reforzar su control sobre la realidad gracias a la segunda. Cuando sostiene que solo la religión y las tradiciones pueden tejer el vínculo social y constituir la identidad de un pueblo, las instrumentaliza, porque su principal objetivo es establecer un orden social y político fundado en la dominación y no dudará en utilizar para este fin las tecnologías más sofisticadas. La anti-Ilustración de hoy, como la de ayer, se subleva contra el ideal de emancipación individual y la construcción de una sociedad basada en la igual dignidad de las personas. Contrapone la civilización a la naturaleza y adopta una actitud de dominación de la naturaleza exterior e interior, fomentando así la doma del psiquismo, la explotación ilimitada de los recursos y el sometimiento de los animales, que simbolizan también la parte bestial, inferior, del humano, que hay que domesticar.

Sin embargo, esa violencia hacia los otros seres vivos es también característica de la Ilustración del pasado. Ciertamente, en esta la dominación de la naturaleza exterior e interior servía para promover una sociedad de iguales, considerada como un signo de progreso moral y social y como la condición de la paz. Sin embargo, la Ilustración del pasado oponía, también, la razón y la civilización a la naturaleza.[21] Su fracaso proviene de que ignoró que la dominación de la naturaleza implicaba la explotación de los hombres por otros hombres y la dominación social. Tampoco habían previsto que, al fundamentar los derechos humanos en el individuo, definido únicamente por el interés por su preservación, se provocaba una amputación de la subjetividad y que la expansión o el deseo de prosperidad y crecimiento no iba a implicar la paz eterna, sino la guerra. Como escribe Leo Strauss, «si las sociedades "crecen", no hay ninguna clase de garantías que nos aseguren que unas no van a poner a otras a la sombra; aquel que predique el "crecimiento" sin pensar en un límite de ese crecimiento, o sea, en un punto más allá del cual no puede existir crecimiento, predica la guerra».[22]

21 Esto es particularmente claro en Hobbes, quien a los ojos de Leo Strauss encarna la Ilustración radical y considera al ser humano como el proletario de la creación, por lo que la ciencia y la técnica deben permitirle dominar la naturaleza, incluida la humana, para sobrevivir.

22 L. Strauss, «Kurt Riezler», en *¿Qué es filosofía política?*, Madrid, Guadarrama, 1970, p. 324.

De manera que la Ilustración no pudo cumplir sus promesas porque la alianza de la libertad, la igualdad, la justicia y la paz arraiga en la fraternidad, que implica que uno se sienta ligado a los otros y responsable de ellos. Oponiendo la razón a la naturaleza, fundando el contrato social en una filosofía de la libertad, donde cada uno se define contra los demás, donde el interés bien entendido no puede asegurar más que una paz superficial y precaria, que solo dura mientras los recursos sean suficientemente abundantes, no se puede constituir una verdadera comunidad política ni evitar que el liberalismo se convierta en su contrario. Una vez las condiciones económicas y la escasez de recursos hacen obsoletas esas aspiraciones al bienestar, que son el resorte de la adhesión a la democracia liberal, aparecen la desconfianza y el odio.

La rivalidad, la competición y el provecho mutuo no pueden garantizar una paz duradera porque «la paz debe ser mi paz».[23] Mi libertad está investida,[24] es decir, está modificada por mi responsabilidad hacia el otro, cuya existencia pone en cuestión mi derecho a todo. La responsabilidad, pero también la autolimitación, la manera en que dejo espacio para los demás en el círculo de mi existencia y me preocupo de que «mi lugar al sol» no sea «una usurpación de los lugares que pertenecen al otro hombre»,[25] modifican la libertad desde dentro. Una teoría política que se apoya en sujetos definidos de esta manera no tiene nada que ver con el contrato social tal como se ha formulado desde Hobbes y hasta Rawls. Esta forma de hacer sociedad, no estando esencialmente estructurada por el provecho mutuo, permite cultivar entre los hombres el sentido de la justicia en lugar de concebir

---

23 E. Lévinas, *Totalité et infini. Essai sur l'extériorité,* Le Livre de Poche, París 1994, p. 342 (trad. cast., *Totalidad e infinito,* Salamanca, Sígueme, 2002, p. 310). 24 *Ibid.,* pp. 306-308. 25 E. Lévinas, *De Dieu qui vient à l'idée,* París, Vrin, 1982, p. 262 (trad. cast., *De Dios que viene a la idea,* Madrid, Fundación Emmanuel Mounier, 2001, p. 226).

la socialidad como el terreno de juego de libertades rivales incapaces, sobre todo en períodos de crisis, de dar muestras de solidaridad. Como el respeto a la ley no se asienta esencialmente en el miedo, se corre también menos riesgo de ver que el liberalismo degenere en tiranía, o hasta en totalitarismo, que en las políticas que se apoyan en una concepción atomista del sujeto definido por la conservación de sí mismo, la vanidad y la guerra de todos contra todos, como en Hobbes.

Cuando el derecho de cada uno se opone al derecho del otro, cuando la codicia y la rivalidad solo están limitadas por el miedo a la espada o por el interés mutuo, la socialidad es necesariamente frágil. Una sociedad que no es más que la suma de las libertades individuales y que no se edifica sobre lo que el derecho del otro ser humano requiere de cada uno de nosotros[26] no puede resistir las turbulencias ligadas a las crisis económicas ni las transformaciones que entrañan las tecnologías, la demografía y los desajustes climáticos. Ese cimiento antropológico de la política, que instala la competición en el centro de la economía y del poder, solo puede generar la lucha de clases y la guerra entre las naciones.

Transformar al sujeto para transformar la realidad

Para construir una sociedad que mantenga las promesas de la filosofía de los derechos humanos e instaure una paz duradera entre las personas y las naciones es necesario pensar al humano como un ser corporal, engendrado, mortal, vulnerable y que

26 E. Lévinas, «Les droits de l'homme comme droits d'autrui», en *Hors sujet,* París, Le Livre de Poche, 1997, pp. 165-170 (trad. cast., «Los derechos humanos y los derechos del otro», en *Fuera del sujeto,* Madrid, Caparrós, 1997, pp. 131-139. Véase también C. Pelluchon, *Pour comprendre Lévinas,* París, Seuil, 2020, pp. 213-236.

«vive de», es decir, que necesita alimentos tanto naturales como culturales, afectivos y espirituales que respondan a sus necesidades y den sentido y sabor a su existencia. Este es el punto de partida que explica que la responsabilidad modifica el sentido de la libertad, porque solo un ser vulnerable y que «vive de» puede sentirse conectado a los otros con los que siempre está en contacto, quiéralo o no, desde el momento en que se alimenta o utiliza recursos. Solo un ser sometido a la alteración del cuerpo, que experimenta la incompletud de su psiquismo y la necesidad de los demás, puede estar abierto al otro, concernido por lo que le ocurre. La responsabilidad es una alteridad en sí misma; implica reconocer que el otro está fuera de mi poder, que su dignidad no es relativa a lo que veo, sé o digo de él, sino algo que yo debo garantizar, y hasta que mi identidad personal, mi ipseidad, depende de cómo respondo a su llamada y a la de los otros seres vivos. Asumo, por lo tanto, que este acontecimiento de la alteridad que me perturba subraya los límites de mi poder y los límites que debo asignar a mis derechos, y que, además, me enseña que el sentido de la existencia no se reduce a la conservación del sí mismo ni a la afirmación de su poder.

Tomarse en serio la corporeidad conduce a superar los dualismos propios de la Ilustración y renueva la antropología que le sirve de fundamento sin por ello acabar, no obstante, defendiendo un holismo que pudiera albergar una nueva forma de anti-Ilustración. En efecto, una filosofía que parte de la corporeidad del sujeto pone de manifiesto su carácter siempre relacional, así como su dependencia de las condiciones ambientales, biológicas, sociales y afectivas de nuestra existencia. Esta filosofía de la corporeidad y del «vivir de» sirve de base para una teoría política que consigue que el hecho de tener en cuenta la biosfera, los intereses de los animales, los derechos de las generaciones futuras, de otras culturas y de otras especies a habitar la Tierra y a disfrutar de su alimento, sean los nuevos deberes del Estado, que se añaden a las finalidades clásicas de la política, a saber, la seguridad y el mejoramiento de desigualdades inicuas.[27] Sus implicaciones prácticas son la reorganización de los modelos de producción, la organización del trabajo en función del sentido de las diferentes actividades y la preocupación por los seres implicados, así como la mejora de la condición animal. Sin embargo, no lleva a la desaparición del sujeto dentro de un gran todo, ni tampoco a atarlo a sus afiliaciones étnicas cultivando sus reflejos identitarios. La libertad del sujeto, su capacidad de cuestionar el orden establecido y su autonomía siguen siendo el horizonte de una filosofía que muestra que la ecología y la relación con los otros, incluidos los animales, forman parte de nuestra existencia.

Así, la conciencia de pertenecer al mundo común no acaba en un sentimiento oceánico que se opondría al racionalismo. La ampliación de la subjetividad alienta la participación del individuo en el mundo común y la razón no solo le permite acceder a lo que es universalizable, sino también a determinar su lugar en el mundo, así como los medios que puede legítimamente escoger para actuar de manera responsable. La razón no es un mero instrumento de cálculo y de explotación; se convierte en un principio objetivo. El sujeto que es consciente de haber recibido en herencia un patrimonio natural y cultural que debe preservar y que siente lo que lo une al conjunto de las generaciones y a los otros seres vivos puede, con su cooperación, expresar su pertenencia al mundo común y ejercer su papel, es decir, participar en la obra común que consiste en transmitir un planeta habitable y en renovar las prácticas y las instituciones que puedan promover un modelo de desarrollo ecológicamente sostenible y más justo.

Asimismo, la razón no sirve tampoco para distanciarse de lo que no se puede controlar ni para reprimir las emociones negativas. No está al servicio de la negación y de las demás estra-

---

27 C. Pelluchon, *Les nourritures. Philosophie du corps politique, op. cit.*, pp. 247-267; id., *Éthique de la considération, op. cit.*, pp. 139-142, 156-158, 261-262.

tegias psicológicas de defensa que el individuo pone en práctica para protegerse del miedo a la muerte y del desmoronamiento, así como del sentimiento de impotencia y de vergüenza que despiertan en él la destrucción del planeta y la masacre de miles de millones de seres sensibles. Al contrario, ayuda al sujeto a transitar por sus emociones negativas y traducir los conocimientos que estas ocultan. Puede entonces hacer balance de la realidad y pasar de la estupefacción a la reflexión. Esto último significa que es plenamente consciente de su lugar y entiende qué es lo que puede hacer, a su nivel, para reparar o prevenir el mal y dar apoyo a las personas con las que se codea para que emprendan una trayectoria diferente de la que nos va llevando a la destrucción. En el ámbito de la consideración, la racionalidad ejerce su acción sobre lo infrarracional sin reprimirlo. La razón está a la escucha de su otro en un movimiento de profundización del conocimiento de sí mismo y de la realidad, que incumbe al intelecto, pero que afecta también a las capas inconscientes del psiquismo. El anclaje del sujeto en la corporeidad y el trabajo sobre la materialidad de sus sensaciones le permiten ser, a la vez, más lúcido y creativo. Puede alcanzar niveles de lo vivido normalmente descuidados y deconstruir algunas de sus representaciones, que conllevan, además de una dimensión intelectual y social, una dimensión simbólica y arquetípica.

En *Éthique de la considération* hemos explorado esta racionalidad que se nutre de la experiencia de lo inconmensurable y de un saber vivido y transformador que nosotros identificamos con la transdescendencia. Esta racionalidad que está adosada a una antropología que subraya el peso de nuestra existencia, el hecho de que vivir, ese «vivir de», «vivir con» y «vivir para», es lo contrario de la racionalidad instrumental y corrompida, cuya genealogía delinearon los pioneros de la Escuela de Frankfurt.[28]

---

28 El vínculo entre razón y consideración que podría sacar a la razón de la dominación y desembocar en otro racionalismo se desarrollará en la prime-

Estos, sin embargo, no elaboraron un concepto de razón que pudiera liberar a la Ilustración de la dialéctica destructiva en la que estaba encerrada. Simplemente sugirieron que la clave para salvar la razón era acordarse de nuevo de la naturaleza —naturaleza que la racionalidad tecnocientífica, la cultura de masas y la era de la calculabilidad habían opuesto y sometido a la civilización.

Cultura de muerte *versus* edad de lo viviente

Muchos textos de Adorno y de Horkheimer subrayan la violencia intrínseca de nuestra civilización, pero también el vínculo entre la dominación de la naturaleza, el sometimiento de los animales y la autodestrucción de la humanidad. La violencia dirigida hacia el exterior, hacia la naturaleza, constriñe al individuo a ejercerla de vuelta contra sí mismo y lleva a una domesticación de la vida espiritual, a una pobreza de pensamiento que lo aniquila: «Los hombres que solo se buscan a sí mismos se autoaniquilan literalmente, la vida se venga de sí misma por la culpa que comete contra la vida [...], el asesinato de la vida interior es el precio del escaso respeto por la vida exterior».[29]

Vemos con claridad lo que significa eso en concreto cuando Horkheimer habla de «la práctica horrible» que es «nuestra comida»: no solo implica el sacrificio de animales del todo inocentes, sino que, además, la represión de esta masacre puede contribuir a la explosión de una violencia más desenfrenada. Hablando del rechazo del que son objeto ciertas especies, este autor sugiere que la repugnancia a matar que siente la gente, reprimida en las

---

ra parte del capítulo VI, en un pasaje que es la respuesta al problema planteado aquí.

29 M. Horkheimer, *Notes critiques (1949-1969). Sur le temps présent,* París, Payot, 1993, pp. 140-141.

capas más profundas de su alma, sale a superficie en su rabia contra el lobo, ese devorador ilegal.[30] Además, al mencionar los espectáculos que implican a domadores y a animales salvajes, en su caso un elefante, Horkheimer escribe que «el sometimiento del animal, la mediación de su existencia por el trabajo contra su propia naturaleza y contra la naturaleza ajena, tiene como consecuencia que su existencia le sea tan ajena como el número de circo lo es para el animal».[31]

En cambio, vivir «con los ojos abiertos» es ser consciente de las «torturas físicas sufridas en cada instante sobre la tierra, en los lugares de adiestramiento [...] o en los mataderos, con o sin muros para mantenerlos fuera de la vista».[32] Quienes no logran ser conscientes de esos sufrimientos hacia los otros seres no mantienen relación alguna con la verdad; su libertad y su felicidad son falsas porque se niegan a reconocer la profunda conexión entre todos esos sufrimientos. En efecto, «en todas las ciudades del mundo se lleva a cabo lo impensable»:[33] «el verdugo ejecuta su labor, sobre el hombre y sobre el animal, en niños, en ancianos y en personas en la flor de la vida. Tortura con o sin autorización [...] dondequiera que al poder total se le da rienda suelta».[34]

Nuestra cultura que consagra la racionalidad instrumental y la cosificación de los seres vivos es una cultura de muerte. La violencia infecta la misma raíz de nuestra civilización, siempre en estado latente: solo las circunstancias impiden su explosión ante los demás humanos y su manifestación a pleno día, a la vista de todos. Una prueba de esta violencia constitutiva de nuestra civilización, y de cualquier otra que no retroceda ante

30 *Ibid.*, p. 69-70.
31 *Ibid.*, p. 97-98.
32 *Ibid.*, p. 269.
33 *Ibid.*, p. 84.
34 *Ibid.*

las abominables consecuencias de la dominación de la naturaleza en uno mismo y en el exterior de uno mismo, es que se ejerce constantemente contra los animales que no disfrutan de derechos que podrían sustraerlos al poder absoluto de los humanos. Al final de su *Dialéctica negativa* Adorno menciona explícitamente el vínculo entre nuestra cultura de muerte y la violencia hacia los animales:

> Había un hostelero, de nombre Adán, que mataba delante de su hijo con un palo las ratas que salían de sus guaridas al patio. A imagen de él se hizo su hijo, que lo quería, la imagen del primer hombre. El olvido de esta imagen, el que ya no comprendamos qué es lo que sentíamos ante el coche del perrero, es el triunfo de la cultura a la vez que su fracaso. Si el recuerdo de esa zona le resulta intolerable, es porque se comporta constantemente como el viejo Adán, y esto precisamente es incompatible con la idea que la cultura tiene de sí misma.[35]

Nuestra cultura se basa en el asesinato, pero no puede asumirlo: «aborrece el hedor porque ella hiede, porque su palacio, como dice Brecht [...] está hecho de caca de perro».[36] Auschwitz, que atestigua la monstruosidad y el fracaso de esta cultura, nos obliga a criticarla. Debemos comprender la violencia inherente a este pensamiento del progreso y admitir que estábamos menos protegidos contra ella cuanto más la reprimíamos, confundiendo esta represión con lo que la Ilustración del pasado llamaba «civilización». Todas las patologías de la sociedad desde el siglo XX hasta hoy nos obligan a tener conciencia de esta cultura de muerte mirando de frente a la violencia que se expresa en el encuentro con los cuerpos, zambulléndonos así hasta las raíces del mal, a fin de extraerlo, como hacemos con una espina clavada en nuestra carne.

35 T. W. Adorno, *Dialéctica negativa*, Madrid, Taurus, 1984, p. 366.
36 *Ibid.*

Si queremos saber por qué la relación con los animales desempeña un papel tan determinante, a la vez, en la crítica a la Ilustración y en la promoción de una nueva Ilustración, hay que recordar lo dicho sobre el rechazo del cuerpo y de la alteridad que caracteriza a nuestra civilización. Porque los animales no solo representan la naturaleza fuera de nosotros; también se nos parecen en la medida en que pueden sufrir. Cuando pensamos que este sufrimiento no es gran cosa al lado del beneficio que obtenemos con la explotación animal, minimizamos el mal y nos amputamos una dimensión de nosotros mismos. Dicho de otro modo, el poder total que nos atribuimos sobre los animales y el poco caso que hacemos de ellos son un reflejo de ese vicio original de la civilización, del poco respeto que tenemos por la naturaleza exterior y, en última instancia, por nosotros mismos. El maltrato animal y su banalización nos condenan también a la violencia y a la proyección sobre determinados seres, humanos o no humanos, de una poderosa rabia ligada a la represión de una masacre cotidiana y al asco o a la vergüenza que suscita. Todo ser que sea rechazado como otro será reducido a un cuerpo y se le dará un nombre de animal, tratado como el gusano que hay que erradicar y sobre el que se proyecta el odio.

Los sufrimientos extremos impuestos a un número inimaginable de animales, en particular en la ganadería intensiva, son el resultado de la lógica de dominación de nuestra civilización. Esa violencia que la mayoría de la gente prefiere no mirar de frente es el espejo que refleja lo que esta cultura de muerte ha hecho de nosotros. La lógica de muerte, que es también una lógica del lucro, no tiene límites y conduce a transgresiones cada vez mayores. La única solución es abandonarla. Las contraproductividades medioambientales, sanitarias y sociales y las aberraciones de un modelo de desarrollo que no tiene en cuenta las externalidades negativas y que además es violento son hoy manifiestas. Esas evidencias y los vídeos que testifican la intensidad del sufrimiento animal, y que prohíben que nadie diga que no sabe lo que pasa tras los muros de los mataderos, debe convencernos de que es hora de romper el círculo de la razón y de la dominación.

Es tiempo, en efecto, de encaminarnos hacia la edad de lo viviente que une el respeto a los animales, considerados como sujetos individuados y vulnerables, con la consideración del derecho de las generaciones futuras, de las otras culturas y de las otras especies a poder beneficiarse de un medioambiente sano. La capacidad de cada cual para seguir por ese camino supone la aceptación de la propia vulnerabilidad y de la propia finitud, pues no hay compasión ni respeto por los otros seres vivos, humanos y no humanos, sin esta comprensión de uno mismo como ser carnal, vulnerable, que «vive de», padece hambre y sed y necesita, para realizarse, de ciertas condiciones, naturales y culturales a la vez. La conciencia de la mortalidad y de la precariedad de la propia existencia y de la del otro, que quiere vivir y teme a la muerte, es la condición que hace posible la autolimitación. Sin tener conciencia de los propios límites, en particular el de la muerte, cuyo carácter irrepresentable hace fracasar el intento de pensarla, pero abre al mismo tiempo a la responsabilidad hacia los otros y al deseo de promover un mundo habitable, es imposible llevar a cabo la transición ecológica y solidaria que descansa sobre el respeto a los límites del planeta.

Promover un mundo habitable exige adoptar un modo de vida menos «energívoro» y de menor consumo, para que los otros puedan tener acceso a los recursos y alimentos en cantidad y calidad suficientes. La sobriedad y el reparto equitativo de las riquezas y de los costes de la contaminación derivan de una reflexión que armoniza la existencia con la ecología. La primera debe ser considerada en su carácter sensible, y no como un desgarro de la naturaleza. Mientras que la última incluye, junto con sus dimensiones medioambientales y sociales, una dimensión mental que pone de relieve el lugar del hombre en la naturaleza y su integración en una comunidad biótica.

Vista así, la ecología no opone el imperativo de la reducción de las emisiones de gases con efecto invernadero y la justicia social, el calentamiento global y el poder adquisitivo. La antinomia entre el fin del mundo y el fin de mes proviene de un malentendido del sentido de la ecología política, que no debe reducirse a normativas jurídicas y económicas definidas de manera abstracta y homogénea. Implica, al contrario, que se empiece por estimar las necesidades del medioambiente en su dimensión ecuménica, es decir, en función de la geografía, de los suelos, del clima, de las infraestructuras, de las culturas y las experiencias locales. El papel del Estado es entonces determinar, de común acuerdo con las distintas partes interesadas, los medios más adecuados para la transición hacia una sociedad poscarbónica, facilitando la experimentación en materia de eficiencia energética, renovación de edificios, agricultura, ganadería y alimentación. Este objetivo puede alcanzarse favoreciendo, mediante medidas fiscales, las iniciativas ecológicamente virtuosas que crean, además, cuencas de empleo y zonas de convivencia en territorios frecuentemente abandonados. Hablar de transición ecológica sin tener en cuenta la justicia social, sin cohesionar lo local con lo global, y sin fomentar la autonomía de las personas y la descentralización es tan insensato como proclamar una revitalización de la democracia sin poner en entredicho el economismo.

La Ilustración en la edad de lo viviente propone llevar la consideración al nivel civilizacional y sustituir la razón instrumental por una racionalidad reconciliada con la naturaleza y lo viviente con la finalidad de acabar con la lógica destructiva que condujo al advenimiento del nacionalsocialismo, al lanzamiento de la bomba atómica en Hiroshima y Nagasaki, a la aparición de una sociedad totalmente administrada y a una industrialización desenfrenada que contamina el aire, empobrece el suelo e impone sufrimientos abominables a los animales. La reflexión sobre la muerte, es decir, sobre la mortalidad, pero también sobre el asesinato, es indispensable si queremos abandonar el exceso y la omnipotencia que explican las tendencias suicidas de la humanidad y llegar a un modelo de desarrollo ecológicamente sostenible, más justo y convivencial. Esa reflexión permite pensar la ética y la justicia como la condición que asigna límites a los propios derechos en nombre del derecho de los otros a existir. El reconocimiento del carácter eminentemente transgresor del asesinato y el recuerdo de lo que es una política fundada en el mismo deben ayudarnos a luchar contra la ceguera que lleva a los pueblos a emprender riesgos irreflexivos que pueden desembocar en la guerra o en el colapso ecológico. Este giro reflexivo sobre nosotros mismos es necesario si queremos entender por qué el rescate de los ideales emancipadores del pasado exige una nueva Ilustración y cómo esta puede reconciliarnos con nosotros mismos y con lo viviente.

De modo que no es posible pensar en una nueva Ilustración si no nos enfrentamos a lo que, en nuestra civilización, es testigo de su pertenencia a una cultura de muerte. Hay que mirar cara a cara a nuestra fascinación por la violencia y la muerte, como intento de aniquilar la alteridad, y ver lo que, en nuestra cultura, en nuestra relación con la naturaleza, con el cuerpo, los animales y la tecnología, tiene también su origen en la supresión de la muerte, de una muerte que no se asume, sino que se rechaza, se reprime, se odia.[37] Entonces comprenderemos mucho

37 Encontramos en Horkheimer el inicio de una reflexión sobre el carácter distintivo de la conciencia de la muerte en la capacidad de no quedarnos en la dominación. Véanse sus *Notes critiques, op. cit.,* pp. 245-246: «Una humanidad más auténtica, sospecho, estaría orientada a vivir infinitamente más en la conciencia de la muerte. [...] La represión que caracteriza el estadio actual suscita una falsa estimación de las riquezas, la satisfacción insensata, los aires de importancia por bagatelas infladas. No se trata de rechazar el placer. En cambio, [...] la vida accede a la experiencia de la vida dando la bienvenida al pensamiento de la muerte. [...] El deseo demente, de donde poder y violencia sacan su carácter tan aterrador, perdería ese fundamento que, según Schopenhauer y muy a su pesar es la base del deseo ciego: la ilusión de una realidad inamovible, absolutamente legítima, y del orden que reina en ella».

mejor las raíces de la intemperancia, del «resentimiento devorado por el ansia de satisfacerse»,[38] de la adicción al consumismo, de la fetichización de la mercancía, de la cosificación del otro y de los otros seres vivos. Porque estos fenómenos no son simplemente privados; también están en el meollo de nuestra economía y de nuestro modelo de desarrollo y se hacen planetarios.

38 *Ibid.*, p. 246.

II. La Ilustración y lo viviente

Es preciso mostrar en particular y, sobre todo, que por medio de la *epokhé* se abre a aquel que filosofa una nueva forma del experimentar, del pensar, del teorizar, en la que este, situado *por encima* de su ser natural, y *por encima* del mundo natural, no pierde nada de su ser ni de sus verdades objetivas, al igual que, en general, tampoco pierde nada de las adquisiciones espirituales de su mundo de vida y de toda la vida histórica en común [...]. Todos los intereses naturales son puestos fuera de circulación. Pero el mundo, exactamente así como antes era para mí y todavía es en el mundo en tanto mío, nuestro, de la humanidad, el mundo que está en vigor en las inmemoriales formas subjetivas, este mundo, no ha desaparecido.

EDMUND HUSSERL,
*La crisis de las ciencias europeas
y la fenomenología trascendental*

FENOMENOLOGÍA DE LO VIVIENTE E ILUSTRACIÓN LATERAL

El mundo de la vida

La fenomenología contribuye de manera esencial a la nueva Ilustración que da acceso a la consideración de las otras formas de vida y de las otras culturas. En primer lugar, rompe con su método con la actitud objetivante, la cual somete el mundo y a los seres a un repertorio utilitario, borra su riqueza, así como su heterogeneidad, y renueva los dualismos característicos de la antigua Ilustración, en particular el que opone existencia y vida.

El método fenomenológico consiste en primer lugar en afirmar la intencionalidad de la conciencia, lo cual significa que toda conciencia es conciencia de algo, relación con un mundo que ella configura o constituye, y que en el acceso a las cosas se revela su sentido. Este último no se reduce a las representaciones de un sujeto que mantiene el mundo y a los otros a distancia para asignarles un lugar y una función determinados con el fin de controlarlos mejor. Tampoco se limita a los significados que la actitud natural —la que adoptamos espontáneamente— presta a las cosas. Esa actitud es, en realidad, una ocultación que nos impulsa a tratar a los seres y a nosotros mismos como cosas. Para cuestionarla, por lo tanto, tenemos que suspender las preconcepciones del mundo y volver a las vivencias de la conciencia que son la forma en que se nos ofrecen los fenómenos.

La *epokhé* es la operación gracias a la cual suspendemos nuestras creencias sobre el mundo. Adoptamos una actitud que descansa sobre una atención particular dirigida a nuestros actos de conciencia y, por lo tanto, a las vías de acceso a las cosas, remontando así a los significados dados en los estratos de lo vivido más originales —lo cual es la definición de la reducción fenomenológica—.[1] Esta operación concierne también a las nociones científicas porque el pensamiento teórico es una manera de cartografiar el mundo que, apoyándose en los hechos, o incluso reduciendo todo a hechos, como en el planteamiento positivista, hace abstracción de la subjetividad y del sentido y olvida el mundo de la vida *(Lebenswelt)*. Este último, que precede a la actitud teórica y no se confunde con el mundo empírico de la actitud natural, designa el suelo originario

---

1 Distinguimos entre *epokhé,* que es la suspensión de la actitud natural y, por tanto, de todo juicio, y la reducción fenomenológica, que consiste, una vez se han puesto entre paréntesis todas sus percepciones del mundo, en regresar a los actos de conciencia.

de dación del mundo.[2] El positivismo hace emerger, como muestra Husserl, a un individuo que pierde todo contacto consigo mismo y con el mundo y transforma la razón *(lógos)* en *ratio* o cálculo.[3] Ese olvido del mundo de la vida es contemporáneo de un extravío de la razón que está en la raíz de la crisis europea que Husserl, en su conferencia de Viena de mayo de 1935, considera tanto una crisis de las ciencias como una crisis de valores que lleva a un desastre político.[4] Esta crisis hunde sus raíces en un racionalismo que se extravía y en un «fallo de método» que la reflexividad filosófica encarnada por la reducción fenomenológica debe corregir abriéndose al mundo de la vida, que es el horizonte siempre dado de antemano en el que vivimos y donde también arraiga la actitud subjetiva y reflexiva del sabio.

El sentido se despliega, por lo tanto, siempre sobre un suelo común intersubjetivo que Husserl llama «mundo circundante de la vida» *(Lebensumwelt)*.[5] La explicitación de la vida pre-reflexiva y pre-científica de la conciencia desvela así horizontes de sentido nuevos y olvidados y da su sentido completo a las operaciones de las ciencias.[6] Las operaciones fundadoras de la reflexividad fenomenológica, que son la reducción y la constitución, hacen luz sobre nuestra pertenencia a un mundo común

2 E. Husserl, *La crisis de las ciencias europeas y la fenomenología trascendental,* Barcelona, Crítica, 1991, § 9, p. 50.
3 *Ibid.* Es lo que Husserl llama *substruction,* «el desplazamiento ya consumado por Galileo en virtud del cual el mundo matemáticamente cimentado de las idealidades pasó a convertirse en el único mundo real». Véase también en la misma obra «La crisis de la humanidad europea y la filosofía», en *op. cit.,* pp. 323-358.
4 *Ibid.,* pp. 346-347.
5 E. Husserl, *La crisis de las ciencias europeas y la fenomenología trascendental, op. cit.,* § 51, pp. 182-194.
6 M. Merleau-Ponty, *Phénoménologie de la perception,* París, Gallimard, 1969, p. 71 (trad. cast., *Fenomenología de la percepción,* Barcelona, Península, 1975, p. 79).

intersubjetivo que nos permite participar en la vida de los otros o, por lo menos, entenderla. Ese mundo común hace igualmente posible la expresión de una pluralidad de sentidos. La fenomenología promueve, por consiguiente, un «universal lateral»[7] que evita dos escollos: el relativismo subjetivista y el universal prominente de la actitud objetivista.

La fenomenología aparece como una heredera de la Ilustración. En opinión de Husserl, encarna incluso el tipo de reflexividad que podría colmar las tareas asignadas a la filosofía desde sus inicios en Grecia, del que se desvió por el extravío del racionalismo. Porque esas tareas requieren la sustitución del antiguo racionalismo ingenuo por un nuevo racionalismo que supere los dualismos espíritu/naturaleza y yo/mundo y suponga una verdadera «ciencia del espíritu» bajo la forma de «una autocomprensión consecuente y de una comprensión del mundo en tanto que rendimiento del espíritu».[8] En efecto, aunque para la antigua Ilustración, lo mismo que para la fenomenología, la libertad y la relación con la verdad exigen el rechazo de la naturalización, la duda o la suspensión de la adhesión ingenua a

7 La expresión «universal lateral es de Maurice Merleau-Ponty. Habla de ella a propósito de la experiencia aumentada que tenemos cuando descubrimos otras culturas. Véase «De Mauss à Claude Lévi-Strauss», en *Signes*, 1960, París p. 150 (trad. cast., «IV. De Mauss a Claude Lévi-Strauss», en *Signos,* Barcelona, Barral, 1960, p. 145): «El mecanismo de nuestro ser social puede ser deshecho y rehecho por el viaje, igual que podemos aprender a hablar otras lenguas. Esa es una segunda vía hacia lo universal. No ya el universal prominente de un método estrictamente objetivo, sino como un universal lateral cuya adquisición hacemos por la experiencia etnológica, incesante puesta a prueba de uno mismo por el otro y del otro por uno mismo». Esta experiencia ampliada y ese perspectivismo caracterizan la fenomenología y, como veremos, el enfoque de Darwin en cuanto a que uno y otra son esenciales en la Ilustración en la edad de lo viviente, que es una Ilustración lateral.

8 E. Husserl, «La crisis de la humanidad…», en *La crisis de las ciencias europeas, op. cit.,* p. 356.

las opiniones admitidas, así como la reflexividad, la fenomenología se distingue de las filosofías del siglo XVIII porque rechaza el dualismo entre el yo y el mundo, que es la característica de la teoría de la representación.[9] En fin, la reducción fenomenológica o la suspensión de la validez del mundo no culmina en una salida del mundo y no equivale a oponer espíritu y vida, cultura y naturaleza. Al contrario, dando paso a un mundo que no debe limitarse a los significados que el pensamiento objetivista le confiere, la fenomenología subraya la pertenencia de toda conciencia donante de sentido a un suelo original común que es el mundo circundante de la vida.

Así, al poner punto final a la escisión del mundo en sujeto y objeto y al positivismo que lleva al olvido del sentido y de la experiencia, la fenomenología arremete contra lo que ha instalado la primacía de la racionalidad instrumental por encima de cualquier otra forma de pensar. Del mismo modo, al mostrar que la relación con el objeto exterior y la relación con el sí mismo son pre-dadas y que el sujeto debe asumir *a posteriori* esta pre-dación, enseña que el yo no es transparente a sí mismo ni es amo de sí mismo. No hay sentido en sí, indisociable de sus condiciones de acceso y de la situación en que se encuentra la conciencia y que la desborda. Sin embargo, el análisis de la vida de la conciencia no desemboca en el historicismo, que significaría que las cosas solo nos son dadas a través de determinaciones históricas y culturales insuperables, que nuestras experiencias no serían nunca compartibles y que no habría ningún mundo común originario.

---

9 Sobre la oposición de la fenomenología con la representación, véase E. Lévinas, «La ruine de la représentation», en *En découvrant l'existence avec Husserl et Heidegger,* París, Vrin, 1988, pp. 125-135 (trad. cast., «La ruina de la representación», en *Descubriendo la existencia con Husserl y Heidegger,* Madrid, Síntesis, 2005, pp. 181-195).

El despertar del mundo percibido

Desde su nacimiento, a principios del siglo XX, la fenomenología ha evolucionado distanciándose del enfoque trascendental de Husserl. Para este, siempre hay una correlación entre la intención —la noesis— y el fenómeno constituido —el noema—, ya que la reconducción de la mirada, desde los significados predados al horizonte donde estos cobran sentido, libera las condiciones de posibilidad de un fenómeno. Es partiendo de esos horizontes como hay que pensar el sentido de un fenómeno. Husserl reconoce el desbordamiento de la intencionalidad objetivante y la pasividad de la conciencia íntima del tiempo, pero constituye al yo trascendental en fuente absoluta del sentido. No piensa que los fenómenos puedan exceder el horizonte de su manifestación, por lo que mantiene la equivalencia entre el fenómeno y el acto que apunta a él, entre noema y noesis.

En cambio, Lévinas no se contenta con hacer de la sensibilidad una síntesis pasiva, una experiencia que ocurre en mí sin que yo me sienta constituyente del sentido. Describe una vida sensible y no intencional que atestigua la inversión de lo constituido en condición de mi existencia y el hecho de que los elementos en los que estoy inmerso no puedan ser considerados como noemas porque tienen una riqueza que sobrepasa mi conciencia, y que las sensaciones traducen. Sin embargo, es sobre todo la confrontación con el otro lo que le lleva a afirmar que hay una ruptura en la correlación noético-noemática, es decir, entre aquello a lo que apunta la intención y el fenómeno. En efecto, el otro no coincide con el acto intencional que lo piensa; expresa el fracaso de mi poder de constituir, abriéndome a una dimensión que no es del orden del conocimiento.

En las *Meditaciones cartesianas,* Husserl piensa la trascendencia del otro, el hecho de que no es un correlato de mi conciencia y que yo no tengo acceso a sus vivencias desde mi interior, sino que solo puedo «apresentarlo» como una conciencia psíquica encarnada.[10] No obstante, la relación con el otro que se sigue de esta reconstrucción empático-analógica se sitúa todavía en el horizonte del aparecer. Para Lévinas, el significado del rostro no coincide con su carácter fenomenal ni con su aparición. La noción de horizonte no es apropiada; el acceso al otro me coloca en la situación ética, irreductible a todo sentido derivado de la conciencia constituyente, de su dación de sentido o *Sinngebung*. La relación con el otro es un encuentro, un acontecimiento, una diacronía o un cara a cara, y el horizonte se resquebraja porque el otro es más que su manifestación y remite a una dimensión más allá del mundo. La conciencia descubre el sentido de su relación con el otro y consigo misma siempre a partir de sus vías de acceso.[11] Así, el retorno a los actos de conciencia o de dación y a los estratos de lo vivido, que atestiguan el desbordamiento de la intencionalidad objetivante, deja entrever la constitución del sentido y despierta fenómenos latentes, modificando nuestra forma de concebirnos y de aprehender el mundo y a los otros. A partir de la segunda mitad del siglo XX, muchos fenomenólogos han tratado de reavivar esos horizontes y sus significados radicalizando la reducción fenomenológica para alcanzar los estratos de lo vivido cada vez más profundos. Han aclarado la riqueza del mundo sensible, han insistido en nuestra forma de habitar la Tierra y han subrayado la importancia del comportamiento animal.[12]

10 E. Husserl, *Meditaciones cartesianas. Introducción a la fenomenología*, Buenos Aires-Madrid, Fondo de Cultura Económica, 1985, § 49-55, pp. 169-194, esp. p. 172.

11 Recordemos que la idea de que el mundo no es un noema proviene de Heidegger, cuya crítica a la fenomenología trascendental fue retomada por sus sucesores —en particular por Lévinas— aunque también buscaron desarrollar un pensamiento distinto al de la ontología de la preocupación, y no se adhieren a su historicismo.

12 Además de Lévinas y Merleau-Ponty, podemos pensar en Erwin Straus, cuya obra *Du sens des sens* apareció en 1935 (Grenoble, Millon-Krisis 2000),

Y así es como, regresando a los actos de conciencia, la fenomenología está atenta a «ese movimiento mediante el cual todos los seres vivos y nosotros mismos tratamos de dar forma a un mundo».[13] La fenomenología opera «una suerte de despertar del mundo percibido»[14] mostrando que este último «no está predestinado a las empresas de nuestro conocimiento y de nuestra acción»[15] y que está más diversificado de lo que la racionalidad clásica podía imaginar.

Al ser el acto de conciencia o la vivencia lo que el yo vive o experimenta *(erlebt)* y siendo la vida de la conciencia el paso de una vivencia a otra, el mundo corresponde, en un momento dado, a un estrato de significados que puede variar en función de las actividades del sujeto. Este habita varios mundos circundantes que se desprenden del mundo de la vida, que es el único mundo común a todos los seres. En lugar de constituir la realidad desde la conciencia (humana) pensada como origen de todo el sentido y de dar una visión homogénea de aquella, como sucede con la teoría del conocimiento o según el modelo de la representación, el mundo se esclarece desde múltiples perspectivas. La Ilustración no es, entonces, un movimiento de iluminación que se difunde y extiende progresivamente hacia el mundo, yendo de abajo arriba, como sugiere el término *Aufklärung*. Significa más bien que el mundo, visto desde diferentes pers-

---

y en Henri Maldiney, sobre todo en *Regard, parole, espace,* obra publicada por primera vez en 1973 (París, Cerf, 2012), porque tratan del espacio y de la dimensión *pática* (de *pathos*) del sentir. También podemos mencionar a Augustin Berque, que desarrolla una fenomenología de nuestra forma de habitar los entornos tomados en su dimensión ecuménica, a la vez geográfica y social.
13 M. Merleau-Ponty, *Causeries,* IV, «Exploration du monde perçu: l'animalité», ed. por S. Ménasé, París, Seuil, 2012, p. 26 (trad. cast., *El mundo de la percepción. Siete conferencias,* «Exploración del mundo percibido: la animalidad», Buenos Aires, Fondo de Cultura Económica, 2003, p. 40).
14 *Ibid.,* p. 35.
15 *Ibid.,* p. 40.

pectivas que iluminan múltiples aspectos, se ha multiplicado. Ser ilustrado significa ser consciente de la riqueza del mundo, de su complejidad y de su diversidad, y prestar atención a las interacciones entre los fenómenos. La imagen que hallamos en la *Monadología* de Leibniz ilustra esta multiplicación de perspectivas propia de la Ilustración en la edad de lo viviente:

> Y así como una misma ciudad contemplada desde lados diferentes parece otra y queda como multiplicada por las perspectivas, así también sucede que, debido a la multitud infinita de sustancias simples, se dan como otros tantos universos diferentes que, sin embargo, no son sino las perspectivas de uno solo, según los diferentes puntos de vista de cada Mónada.[16]

Hay, pues, múltiples vías de acceso a la realidad, lo cual quiere decir que la adopción de una visión prominente y totalizadora sobre el mundo es ilusoria y simplista; muestra la voluntad de tomar el poder sobre las cosas. Para aprehender otras maneras de dar forma al mundo distintas a la nuestra, no hay que situarse por encima del mundo ni de los demás seres, sino adoptar un enfoque lateral que implica hacer variar el punto de vista, descentrar la mirada y dejarse enseñar por el otro. Así, la fenomenología es un método que permite reencontrar los horizontes de sentido o las situaciones que la actitud natural y objetivante desdibuja o borra. Llega a ese punto sin abandonar el terreno de la experiencia o de la vida de la conciencia, incluso cuando la heterogeneidad de otras formas de existencia subraya los límites de nuestra capacidad de conocerlas totalmente.[17]

---

16 G. W. Leibniz, *La monadologie,* París, Delagrave, 1983, § 57, p. 173 (trad. cast., *Monadología,* Oviedo, Pentalfa, 2008, § 27, p. 121).
17 La experiencia designa aquí *Erlebnis,* la experiencia vivida, y no *Erfahrung,* que es la construcción de un objeto.

La existencia y la vida

Esta capacidad de pensar a la vez lo que nos liga a los otros y las diferencias entre los seres vivos constituye una de las principales aportaciones de la fenomenología de Merleau-Ponty. Partiendo de la manera en que los animales constituyen el mundo y considerándolos como sujetos cuyo comportamiento es significativo, Merleau-Ponty renueva la idea que tenemos de ellos. Se opone a la biología mecanicista que los reduce a máquinas o los margina al instinto y se desmarca de todo el pensamiento clásico que somete a los seres vivos a normas homogéneas o plantea preguntas a los animales a los que no pueden responder.[18] Porque la tendencia que caracteriza a la mayoría de los enfoques de la animalidad, y que podemos encontrar a veces en ciertos etólogos, que parecen subordinar el respeto a un animal a la presencia de ciertas facultades cognitivas y de rasgos culturales que los aproximan al hombre, consiste en estudiarlo desde el punto de vista del hombre. Además, se comparan sus capacidades cognitivas preguntándose lo que el animal tiene menos que el humano o lo que una especie, supuestamente «más evolucionada» que otra, porque está más próxima a nosotros filogenéticamente, posee más. Se trata de un callejón sin salida porque se proyecta sobre otras formas de vida el espejo de lo humano y hasta, escribe Merleau-Ponty, del hombre adulto y sano, sin tener en cuenta otras vías de acceso a la realidad propias del animal, del niño, del primitivo o del loco.[19] Un enfoque tan antropocéntrico nos obliga a correr el riesgo de dejar en la insignificancia la

18 G. Canguilhem, *La connaissance de la vie,* París,Vrin, 1998, p. 10 (esta obra es una versión posterior ampliada de *La connaissance de la vie*, París, Vrin, 1971, de la que sí hay trad. cast., *El conocimiento de la vida,* Barcelona, Anagrama, 1976). Véase también M. Merleau-Ponty, *El mundo de la percepción. Siete conferencias, op. cit., p.* 36.
19 M. Merleau-Ponty, *op. cit.,* pp. 36-38.

conducta de todo ser que no sea como nosotros y a no ver en ella más que «una máquina ciega».[20]

En cambio, centrándose en la conducta de un ser, es decir, en sus gestos y en su cuerpo que «apresenta» su psiquismo, Merleau-Ponty sitúa la noción de comportamiento en el núcleo de su comprensión del fenómeno de lo viviente. La forma de comportarse de un individuo es una respuesta, no una reacción, a su entorno; es, siempre, una forma significativa de relacionarse con el mundo. Conviene considerar esos estratos de lo vivido por sí mismos, estando atentos a la forma en que los seres vivos diseñan «en su entorno y a través de sus gestos o su comportamiento una visión de las cosas que es la suya y que se nos aparecerá tan solo si nos prestamos al espectáculo de la animalidad [...] en vez de negarle temerariamente toda especie de interioridad».[21] Al tomar como punto de partida la relación entre el sujeto y el mundo en que vive, la fenomenología concibe toda conciencia, incluso la conciencia pre-reflexiva, como una organización del mundo, y a todo ser vivo como un sujeto que crea una relación con la exterioridad y organiza su percepción a partir de un centro que es su propio de sí mismo.[22] En otras palabras, la existencia no está reservada a los humanos; el animal es «otra existencia».[23]

20 *Ibid.*, p. 38.
21 *Ibid.*, p. 42.
22 Véase también J. von Uexküll, *Andanzas por los mundos circundantes de los animales y los hombres,* Buenos Aires, Cactus, 2016. Este libro, publicado en 1934 *(Streifzüge durch die Umwelten von Tieren und Menschen),* y el de Adolf Portmann, *La forme animale,* publicado por primera vez en 1948, son comentados por M. Merleau-Ponty en *La nature. Notes de cours. Collège de France, cours de 1956-1960,* París, Seuil, 1995; A. Portmann, *La forme animal,* París, Éditions La Bibliothèque, 2013; y C. Pelluchon, *L'autonomie brisée, op. cit.,* pp. 389-400.
23 M. Merleau-Ponty, *La structure du comportement,* París, Presses Universitaires de France, «Quadrige», 2018, p. 192 (trad. cast., *La estructura del comporta-*

El comportamiento de los animales no debería ser reducido a encadenamientos de causas o a reflejos.[24] Merleau-Ponty rompe así con la forma de pensar los animales insistiendo en lo que no tienen, es decir, rompe con la zoología privativa compartida por muchos pensadores occidentales, y que Derrida acertadamente denunció en *L'animal que donc je suis*.[25] Habla incluso de los «tanteos de una conducta poco segura, y poco capaz, de adquisiciones acumuladas», y que «muestra a las claras el esfuerzo de una existencia arrojada en un mundo cuyas claves desconoce».[26] Así, lejos de caracterizarse por la felicidad y la inmanencia o la adecuación a su medio, los animales son inquietos y su existencia es precaria. Pese a lo que hacen por responder, individualmente o en grupo, a los desafíos a los que los expone su entorno, su vida, sobre todo en un mundo totalmente colonizado por los humanos, consiste en una sucesión de esfuerzos por escapar del hambre, del frío, la depredación y la violencia. Siendo sujetos, pero no sujetos dotados de reflexividad que permita distanciarse de la realidad para dominarla, los animales sufren sin tener la posibilidad de evadirse de su sufrimiento.

La fenomenología de Merleau-Ponty no ayuda solo a estudiar la complejidad y la riqueza de las existencias animales. Contribuye también a repensar la relación entre la vida y la existencia. Esta no se despega de la vida y designa «un comportamiento propio en relación con una situación».[27] Asimismo, el organismo es pen-

---

miento, Buenos Aires, Hachette, 1957, p. 182); F. Burgat, *Une autre existence. La condition animale*, París, Albin Michel, 2012.

24 La crítica al conductismo es fundamental en la obra de Merleau-Ponty, ya sea en *La estructura del comportamiento* o en sus cursos en el Collège de France sobre los etólogos y la psicología animal.

25 J. Derrida, *L'animal que donc je suis*, París, Galilée, 2006 (trad. cast., *El animal que luego estoy si(gui)endo*, Madrid, Trotta, 2008).

26 M. Merleau-Ponty, *El mundo de la percepción, op. cit.*, p. 43.

27 F. Buytendijk, *L'homme et l'animal. Essai de psychologie comparée*, París, Gallimard, 1965, p. 46 (trad. cast., *El hombre y el animal. Ensayo de psicología comparada*, Buenos Aires-México, Carlos Lohlé, 1973, p. 49).

sado a la luz de la noción de sujeto porque corresponde a un «estrato de comportamiento» que es más que la encarnación de formas, dado que posee algo que aparece como una significatividad *(Sinnhaftigkeit)* objetiva.[28] Así, «ver y comprender encuentran en ella una esfera en la que se podrá considerar de manera general» la forma y la manera de constituir el mundo, lo cual quiere decir que la *phýsis* y la *psykhé,* el intelecto y la sensibilidad, la objetividad y la subjetividad no son pares de opuestos.[29]

Esta fenomenología de lo viviente, tan importante para la nueva Ilustración, nos hace ver los límites de nuestra capacidad de conocer a los otros, en particular a los animales. Para Husserl, solo puedo «apresentar» al otro a partir de mí, gracias a una reconstrucción empático-analógica: yo soy siempre la norma a partir de la cual aprehendo lo que me rodea. Pero esto también significa que, incluso si hago el esfuerzo de pensar la alteridad de otras formas de vida, la comprensión de los seres, cuyas maneras perceptivas y configuración psíquica se alejan de las mías, es insegura. Por eso Merleau-Ponty insiste en el hecho de que el mundo, que corresponde siempre a un estrato de vivencia revelada por la descripción fenomenológica, sigue siendo enigmático en cuanto no puede ser descubierto ni comprendido del todo. La perspectiva siempre mía, en un momento dado, me revela un horizonte significativo, pero también me oculta muchos otros.

A diferencia del pensamiento objetivante, que ordena a los seres en categorías para ordenar la realidad y actuar con mayor eficacia sobre ella, la fenomenología, sin renunciar a la racionalidad ni al ideal de un progreso del conocimiento basado en la multiplicación de perspectivas del mundo, es inseparable de la

---

28 F. Buytendijk y H. Plessner, «L'interprétation de l'expression mimique. Contribution à la théorie de la conscience de l'autre Je» (1925), en F. Burgat y C. Sommer (eds.), *Le phénomène du vivant,* Ginebra, Metis Presses, 2016, pp. 114-126.

29 *Ibid.,* pp. 125-126.

atención a lo singular y a las diferencias. Concede menos importancia a grupos como la raza o la especie que a la observación de lo sensible y puede verse inducida a poner en duda la validez de la experimentación que, para probar una hipótesis, somete artificialmente los seres a restricciones y los aísla de su medio con una actitud fundada en la convicción ilusoria de que el control de la realidad es la única vía de acceso a su comprensión.

Vemos, pues, que aunque sus sucesores se distancian de su planteamiento trascendental, la fenomenología de Husserl es decisiva para la Ilustración en la edad de lo viviente: no solo la *epokhé,* arrancando al sujeto de la actitud natural, lo libera de apegos no examinados sin que el mundo desaparezca, sino que, además, la reconsideración de lo vivido le permite pensar el sentido de las cosas y hasta entrever, por empatía, otros modos de acceder a lo real.[30] Además, la ruptura con la actitud natural desvela una vida profunda latente. El mundo de vida, que es el suelo de donde emergen todos los pensamientos intencionales y sobre el que se edifican las mismas ciencias, es como el entorno de todos los entornos y es a través de mi carne como este «mundo de la vida», que es el nombre que toma el mundo común en una perspectiva trascendental, me es dado.

A este respecto, no puede sino sorprender la distancia que separa las fenomenologías de Husserl y Merleau-Ponty de la analítica existencial de Heidegger, donde la *epokhé,* acto de libertad, lleva al arraigo en una comunidad histórica, por lo tanto, a una idea contraria al ideal de emancipación, y donde la exterioridad ontológica de la vida y de la existencia avala la gran división entre los humanos y los animales. En efecto, Heidegger cuestiona que tengamos acceso a los significados en sí. Para él, lo natural es siempre historiado: la conciencia siempre es desbordada por una situación histórica y la experiencia siempre está configurada en el marco de una comunidad particular y de los dispositivos que la caracterizan. Aunque Heidegger también

---

30 E. Husserl, *La crisis de las ciencias europeas, op. cit.,* § 39, p. 156ss.

concibe la necesidad de desgajarse de la actitud natural, la define por su pérdida en el «Uno» y por la alienación en el mundo deshumanizado de la técnica. Recomienda, sobre todo, el retorno a lo que funda la identidad de un individuo y de un pueblo. La reducción, para él, nos inicia a un mundo que, no es el siempre múltiple de la percepción y de los seres vivos, sino el de la historia y hasta el de la historia de un pueblo concreto.[31]

La nueva Ilustración aboga por la suspensión de la actitud natural y de todas las preconcepciones del mundo porque estas últimas nos ocultan a la vez la unidad del mundo de la vida y la diversidad de accesos a la realidad. Se trata de apreciar la riqueza de las otras existencias que podemos aprehender a partir del suelo de nuestra experiencia sin pretender entenderlas del todo. En cambio, para Heidegger, la reducción que debe conducir a la autenticidad no tiene sentido fuera de la inscripción en un mundo histórico totalmente humanizado y que excluye a los seres vivos no humanos. Solo la radicación en un suelo nativo *(heimisch)* y familiar *(heimlich)* en el que uno se siente como en casa puede alejar al *Dasein* de la deshumanización en la que desemboca la esencia de la técnica *(Gestell)*[32] y dar a una humanidad particular su impronta individual, su identidad nacional.[33]

31 Véanse los § 75 y 77 de *Ser y tiempo,* en los que Heidegger promueve la idea de arraigo *(Bodenständigkeit),* donde el *Dasein* colectivo, pensado a la luz del *Dasein* individual, se proyecta hacia un distintivo que es la configuración histórica de una época y el destino de un pueblo. Véase también C. Pelluchon, *Pour comprendre Lévinas, op. cit.,* pp. 166-172.

32 Para Heidegger, que piensa la esencia de la técnica dejando de aprehenderla a través de la categoría de medio y mostrando que es la culminación de la metafísica, *Gestell* designa la esencia de técnica como un «dispositivo de interpelación» *(dispositif d'arraisonnement)* que transforma todo en recursos calculables y corresponde a la sistematización del principio de razón. Véase M. Heidegger, «La pregunta por la técnica», en *Conferencias y artículos,* Barcelona, Ediciones del Serbal, 2001, pp. 9-32.

33 Reconocemos aquí los temas que ocuparán el centro del *Discurso de Rectorado* de 1933: «La Universidad alemana contra viento y marea», en M. Hei-

Este motivo romántico, que va unido al historicismo de Heidegger, es decir, al hecho de que no tenemos acceso, según él, más
que a las cosas tal y como se dan en el contexto de una situación
histórica, explica sus posiciones conservadoras y su proximidad con
la anti-Ilustración, aparte de que ese historicismo no es ciertamente ajeno a su adhesión al nacionalsocialismo, cuyo biologismo siempre rechazó.[34] Implica separar radicalmente existencia y vida, y
con ello distingue también el pensamiento de Heidegger del de la
mayoría de los escritores románticos del siglo XIX, que rechazan esta
separación. Heidegger piensa la existencia a la luz del proyecto, del
ék-stasis, del que solo el *Dasein* es capaz. Ahonda así la brecha entre
el hombre y el animal: solo el humano *ek*-siste y configura un
mundo, mientras que el animal se describe como un simple viviente, atado al instinto, «encerrado en un caño» *(in einem Rohr)*, entu-
mecido *(benommen)* y «pobre de mundo» porque es incapaz de
percibirlo independientemente del uso que hace de él.[35]

El historicismo de Heidegger y la separación que establece
entre la existencia y la vida revelan el abismo que separa su on-

---

degger, *Écrits politiques,* 1933-1966, París, Gallimard, 1995, pp. 97-110 (trad. cast.
en http://constitucionweb.blogspot.com/2013/10/discurso-del-rectorado-
martin-heidegger.html). Véase también «El principio de razón» en *¿Qué es
filosofía?,* Madrid, Bitácora, 1978, pp. 69-93, donde Heidegger, en 1955-1956,
hace del desencadenamiento del principio de razón y de la técnica como
Gestell, que caracterizan nuestra era deshumanizada, la explicación de nuestra situación. Hay que despegarse de esta naturalización alienante, que obs-
truye todo arraigo.
34 N. Weill, *Heidegger et les cahiers noirs. Mystique du ressentiment,* París, CNRS
éditions, 2018, p. 75-77. Recordemos que, en 1953, fecha de publicación de
las conferencias de Heidegger de 1935, *La introducción a la metafísica* (Barcelona,
Gedisa, 2003), Heidegger no negó su fascinación por el nacionalsocialismo,
como señaló Habermas en una entrevista publicada en *Le Monde* el 8 de noviembre de 2014.
35 M. Heidegger, *Conceptos fundamentales de la metafísica. Mundo, finitud, soledad, curso del año 1929-1930,* Madrid, Alianza, 2007, § 45, 46, 47 y 48. Sobre
la posibilidad propia del *Dasein* de trasponerse en el otro, véanse § 16, 50, 76.

tología de la preocupación de la fenomenología de lo viviente de Merleau-Ponty y del pensamiento de Husserl, que presta al animal una estructura de un sí mismo.[36] En general, la Ilustración en la edad de lo viviente, que sigue el camino trazado por el padre de la fenomenología, encuentra en la filosofía de Merleau-Ponty una enseñanza particularmente inspiradora. Su fenomenología de lo viviente, que va de la mano del despertar del mundo percibido, implica tener en cuenta, en mi experiencia, que siempre es carnal, la heterogeneidad de los modos de acceder a la realidad, fundando así una actitud de respeto y atención a la diversidad de formas de vida y existencia, que es el otro nombre de la consideración. En ese sentido, la fenomenología de Husserl, tanto en sus intuiciones iniciales como en algunos de los desarrollos a los que da lugar, sobre todo en Lévinas y Merleau-Ponty, pero también, como veremos, en la obra de Patočka, es uno de los saberes constitutivos de la Ilustración en la edad de lo viviente.

EVOLUCIÓN E HISTORIA

Individuo, variabilidad y mortalidad

La conciencia de la heterogeneidad de las normas y de las formas de existencia, presente en Montaigne,[37] pero que puede encontrarse excepcionalmente en el pensamiento clásico y hasta en la

36 E. Husserl, «Le monde et nous. Le monde environnant des hommes et des bêtes», en *Husserliana,* 15, suplemento 10 (1934), La Haya, Nijhoff, 1973, pp. 174-185; «Phénoménologie statique et phénoménologie génétique. Le monde familier la compréhension de l'étranger. La compréhension des bêtes», en *Husserliana,* 15, *op. cit.,* pp. 613-627.
37 Michel de Montaigne, *Essais,* París, Presses Universitaires de France, «Quadrige», 1992, t. II, «Apologie de Raimond Sebond», pp. 346-604 (trad. cast., *Ensayos completos,* Madrid, Cátedra, 2003, «Apología de Raimundo Sabunde», pp. 443-603).

mayoría de nuestros contemporáneos, no lleva a comparar a los seres vivos para clasificarlos según la inferioridad o la superioridad. Más bien invita a describir, sin un *a priori* jerárquico y sobre la base de observaciones individuales, las semejanzas y las diferencias que confirman la diversidad de lo viviente.

Desde esta perspectiva, la teoría de la evolución elaborada por Darwin cobra una importancia particular. Al estudiar a los seres vivos en su entorno, prestando suma atención a las variaciones individuales, así como a la profusión de la vida, a la forma en que esta se inventa a sí misma de manera constante, Darwin se ve inducido a rechazar la idea de especies fijas y a oponerse a un pensamiento teleológico de la evolución.[38] Intenta entender por qué ciertos caracteres anatómicos, cognitivos, afectivos o sociales se transmiten en el seno de una especie, mientras que otros desaparecen, y se pregunta por la adaptación de los individuos a su entorno. Sus trabajos fundamentados en la integración sutil de los conocimientos de su época y en extensos análisis empíricos, realizados durante sus viajes por todo el mundo, lo llevaron a proponer una teoría nueva para explicar la evolución de las especies. El mecanismo en acción se denominará posteriormente «selección natural» para subrayar tanto su parecido con la selección artificial practicada en agricultura y por los ganaderos como para distinguirse de la misma.

En efecto, no hay en la evolución un proyecto atendido por una voluntad deliberada que se focalizaría en un carácter particular y en los individuos que lo portan. Al contrario, entra en acción un gran número de factores, a menudo indeterminados, con efectos propios modestos y cuyos efectos aunados son ampliamente imprevisibles. Dentro de cada especie hay diferencias interindividuales que, dadas determinadas condiciones medioambientales, conferirán una ventaja reproductiva mínima a los in-

---

38 C. Darwin, *El origen de las especies,* Madrid, Prisa Innova, 2009; *El origen del hombre,* Barcelona, Crítica, 2009.

dividuos que las transportan, y estos transmitirán sus caracteres a su descendencia. Así, a largo plazo y a través de un gran número de generaciones, grupos de individuos de una misma especie geográficamente aislados y sometidos a diferentes condiciones ambientales llegarán a divergir hasta constituir especies distintas. El azar desempeña, por consiguiente, un papel relevante en la evolución, tanto en el origen de las variaciones individuales como en la selección que produce un entorno particular. Algunos caracteres, en un determinado contexto, pueden conferir una ventaja selectiva mientras que en otro pueden resultar nocivos. Una tercera fuente de variación aleatoria que interviene en la evolución, la deriva genética, será estudiada por genetistas evolucionistas en el siglo XX. Esa deriva conduce a la selección de ciertos caracteres genéticos independientemente de la ventaja que procuran o de su efecto nocivo en el seno de poblaciones que sufren disminuciones importantes de efectivos a consecuencia de migraciones, enfermedades infecciosas o catástrofes medioambientales.

El enfoque científico de Darwin y de sus sucesores no procede de una razón que conformara la realidad a una visión predeterminada y empleara clasificaciones genéricas. Se desmarca así del ideal de dominio que caracterizaba a la ciencia dominante de la época y que marca el inicio de la crisis de la racionalidad contemporánea. Por otra parte, la nueva visión del mundo que introduce el darwinismo arroja una nueva luz sobre la confrontación que opone, desde el siglo XVIII, la Ilustración a la anti-Ilustración.[39]

En efecto, mientras que la anti-Ilustración es siempre esencialista y piensa una naturaleza fija que es obligatorio respetar si

---

39 Pensamos en los siguientes pares de opuestos: autonomía/heteronomía; esencialismo/relación con el entorno y rechazo del esencialismo; homogeneidad de las normas/heterogeneidad de los accesos a la realidad y de las formas de existencia; teleología/indeterminación; predestinación/posibilidad de disponer del propio destino; individual/grupal; fatalidad/libertad.

se quiere mantener la estabilidad social y la vida, Darwin rechaza la noción de esencias fijas y la idea de una evolución que obedeciera a un plan preestablecido. Esta ruptura respecto de la tradición e incluso respecto del evolucionismo de Lamarck tiene consecuencias en la forma de pensar la historia: la fatalidad no existe; la indeterminación inherente a la evolución hace que siempre sean posibles varias trayectorias. La noción de indeterminación, que pone fin a la idea de una orientación única y necesaria que trasciende a los seres y sus entornos, va en contra del discurso teológico y hasta de las teleologías o de las filosofías de la historia aún presentes en la mayoría de los pensadores del siglo XVIII. Refuta la hipótesis leibniziana de una armonía preestablecida y desacredita toda teodicea. No obstante, aunque el evolucionismo de Darwin supone el abandono de ciertas representaciones caras a la Ilustración del siglo XVIII, no deja de ser fiel a su espíritu: el hombre no puede creer que todo esté ya escrito; se le ha ofrecido la posibilidad de cuidar de su propio destino. Además, al insistir en los individuos y en la variabilidad, y por consiguiente en la heterogeneidad de accesos a la realidad y en las diversas trayectorias posibles que puede tomar la vida, se aleja de la focalización en el grupo que es algo característico de la anti-Ilustración y de su tendencia a homogeneizar la realidad, a adoptar un determinado tipo de existencia como criterio del bien o como norma. En ese sentido, el evolucionismo de Darwin prolonga el legado de la Ilustración. No ha de extrañar, por lo tanto, la hostilidad que ha suscitado y sigue suscitando todavía entre quienes se adhieren al esencialismo, a la teleología y al conservadurismo, y afirman la necesidad de fronteras estrictas entre las naciones, los géneros y las especies.

Esta idea, según la cual el darwinismo se inscribe en el legado de la Ilustración al hacer evolucionar el contenido de sus principios más fundamentales, es particularmente obvia si consideramos la cuestión de nuestra relación con los animales. Mientras que la Ilustración tradicional era dualista, porque separaba humanos y animales, naturaleza y cultura, razón y emociones, la nueva Ilustración implica la superación de esos dualismos y exige revisar radicalmente nuestra relación con los animales. La teoría de la evolución basada en la selección natural desacredita la idea de una separación esencial entre nuestra especie y las otras. Además, investigaciones recientes en etología han mostrado que algunos animales poseen cualidades que antes creíamos que estaban reservadas al hombre y que servían para circunscribir lo que este tenía como propio.[40] Sin embargo, esta nueva perspectiva, que nos resitúa en la continuidad de lo viviente, no significa que seamos animales como los otros. Aunque las representaciones mecanicistas y dualistas de siglos anteriores, que reducían los animales a máquinas, han caducado, esto no implica que se deba fundar la ética y la filosofía en un nuevo naturalismo, que consista en subordinar el respeto a un ser vivo a la presencia, entre los miembros de su especie, de caracteres que atestigüen sus capacidades cognitivas, de riqueza en su vida afectiva y social, de cultura o de la proto-moral que pudiera detectarse en él. A partir de los hechos que observaba, Darwin no deduce juicios de valor sobre los seres, como sucedía en la antigua moral en la que el derecho a beneficiarse de un estatuto moral y jurídico emanaba de la pertenencia a una especie y en la que poseer razón era el criterio que asignaba a los seres un determinado lugar en una escala que culminaba en el hombre europeo.

Como la etología, la paleoantropología, la primatología y la fenomenología, la teoría de la evolución es inseparable del reconocimiento de la diversidad de las formas de vida y de la heterogeneidad de los accesos a la realidad y, por esa razón, implica tratar a los otros seres vivos respetando sus propias normas.

---

40 C. Darwin, *La expresión de las emociones en los animales y en el hombre*, Madrid, Alianza, 1984.

La etología aporta argumentos adicionales para quienes, ellos y ellas, denuncian la destrucción de la biodiversidad por los humanos y la explotación abusiva de los animales, utilizados como meros recursos y sin ninguna consideración por sus intereses, sus necesidades básicas y su subjetividad.

La teoría de la evolución fundada en la selección natural lleva a rechazar todo discurso homogeneizador que invoque el singular allí donde hay que hablar en plural y que aprehenda a los otros seres vivos desde el punto de vista del hombre. Estas puntualizaciones son los prolegómenos a un humanismo de la alteridad y de la diversidad. Porque el reconocimiento de la heterogeneidad de los seres vivos va de la mano con la apreciación de la profusión y la belleza de la vida. Funda, además, la conciencia en los humanos de la necesidad de tener que preservar esa diversidad y ser sus garantes. La comprensión de la evolución alimenta así el deseo de interactuar con los otros seres vivos siendo más respetuosos con sus normas y con los esfuerzos que hacen para sobrevivir y adaptarse a un entorno que cambia y que fácilmente puede ser destruido, en particular por nuestras actividades. Responsabilidad y descentralización del sí mismo van juntos y hacen que sea imposible una actitud antropocéntrica que convierta a los otros seres vivos en simples medios al servicio de nuestros fines.

Pero es sobre todo el hecho de reconocer que todo ser, humano o animal, busca vivir y no quiere morir, lo que sirve de punto de partida para la ética y el derecho. En el momento en que olvidamos que el otro es un existente, expuesto a las heridas y a la muerte, curioso, deseoso de disfrutar del mundo y dispuesto a darle forma, nos encerramos en el ensimismamiento. El otro no es más que un elemento de adorno o un objeto: un ser anónimo y perdido en la masa, un semejante o un enemigo, un aliado o un rival, o hasta «un mero viviente», es decir, nada o casi nada, apenas un recurso que podemos explotar sin límite, o destruirlo.

Solo concedemos consideración moral y derechos a los seres cuya muerte podemos llorar.[41] El derecho es ante todo una herramienta para alzar una barrera protectora entre el mundo y un ser, que quedará así sustraído a la muerte violenta y cuya inviolabilidad quedará garantizada, evitando que se convierta en un simple medio para los fines de otros, en un alimento o en un conejillo de indias, o que se le descuartice para que sirva de abrigo. El derecho a la vida también implica acceder a condiciones que permitan llevar una vida que valga la pena vivirla. A los seres vivos que no son considerados dignos de aprecio porque no nos conmueve su muerte, porque no despierta nuestra responsabilidad, se los transforma en medios o el derecho solo los protege sobre el papel.

Para comprender cómo la muerte del otro nos abre a la ética debemos recordar que el sujeto no sale de su encierro o de su confinamiento a menos que se sienta incomodado, si su horizonte se resquebraja. La mortalidad del otro, la inquietud por su muerte, que es indisociable de la preocupación por el otro, sean cuales sean el grado de compromiso y la responsabilidad diferenciada que ello implica, son el origen de la ética. Esa forma de pensar se aparta de la de Heidegger, que separa la existencia y la vida. Según él, lo viviente —incluido en el otro humano— es secundario o incidental porque la existencia es proyecto y la socialidad designa la simple coexistencia de libertades rivales. Cada uno inicia una carrera contra la nada, contra la pérdida de sí mismo en la mediocridad de la vida cotidiana y la sumisión a los dispositivos tecnocientíficos, contra la aniquilación del yo, que constituye la muerte, y contra el olvido. La gran cuestión de la existencia es, pues, afirmar la propia identidad para escapar de la nada y de la *Gestell*. En cambio, cuando no se separa la existencia de la vida y cuando se hace de la muerte del otro vulnerable

---

41 Esta idea concuerda con la tesis de Judith Butler en *Ce qui fait une vie. Essai sur la violence, la guerre, le deuil*, París, Zones, 2010.

y precario el origen de la responsabilidad, se introduce en la ética y en el derecho un principio que implica tener en cuenta, si no la unicidad de cada viviente, al menos, sus intereses básicos. Sustituimos la interpelación provocadora de la *Gestell*,[42]★ que transforma la subjetividad en objetividad y hace de la naturaleza y de los otros seres vivos recursos calculables y explotables por un pensamiento que se estructura en torno al reconocimiento del valor de cada ser y de su inclusión en un mundo común. También la consideración presupone aquella reflexión sobre la mortalidad que no pasa esencialmente por la anticipación de mi propia muerte, sino por la confrontación con la muerte como imposibilidad, como aporía, y por el hecho de que este límite me hace sensible a la muerte del otro y al hecho de que cada cual está solo ante su mortalidad. No es la afirmación de mi identidad la gran cuestión de la vida, sino la responsabilidad —una responsabilidad que es inquietud por el otro y temor a que el mundo común pueda ser destruido—.

Se dirá con acierto que ese temor y esa inquietud son mayores cuando se trata de nuestros hermanos humanos y de nuestros seres queridos que cuando se refieren a un animal, *a fortiori* si este último no es nuestro animal de compañía. No obstante, desde el momento en que consideramos la vida, a menudo breve y difícil, de los animales llamados de producción y recordamos que, detrás de los miles de millones de seres anónimos que nadie llora hay siempre un existente que quiere vivir, sentimos que todas las certezas se hunden, como cuenta Elizabeth Costello, la narradora de *El matadero de cristal*:

---

42 El texto francés utiliza aquí el término «arraisonnement» (*lit.*, abordaje de un navío, control, interpelación y otros significados), que significa tanto investigación como apresamiento, y es el término usualmente utilizado en la filosofía francesa para designar la esencia de la técnica, o *Gestell*, que Heideger entiende como una «interpelación provocadora». Se ha aludido ya a ese término en la n. 32 de este capítulo *(N. del T.)*.

Anoche, la cámara siguió a un pollito determinado en su recorrido por la cinta. Podías adivinar que el pollito se decía: «¡Así que esto es la vida! Algo confusa, pero no demasiado difícil hasta ahora». Después, un par de manos lo levantaron, separaron el plumón que hay entre los muslos y lo volvieron a colocar en la cinta transportadora. [...] Y el pollito seguía ahí encima, afrontando el futuro y todo lo que había en él.

No puedo quitarme la imagen de la cabeza, John. Nacen miles de millones de pollitos a quienes les concedemos la gracia de vivir un día antes de triturarlos porque no tienen el sexo que queremos, porque no encajan en nuestro proyecto comercial.[43]

Somos responsables de los otros seres vivos y de que haya humanos que acepten este modelo de producción redobla nuestra responsabilidad. La eliminación programada y precoz de un ser vivo que no encaja con el «proyecto comercial» es emblemático de la cultura de muerte a la que conducen la racionalidad instrumental y los dualismos de sujeto y objeto, existencia y vida, humano y animal, que ella consolida. De esta cultura de muerte, que no puede conducir, en el contexto económico, demográfico y tecnológico actual, más que al apocalipsis, es preciso alejarse.

Contingencia y responsabilidad

El reconocimiento de la indeterminación y del carácter multi-direccional de la vida y de la historia representa un giro cuyas consecuencias para la moral y la política importa extraer.[44] Esta

43 J. M. Coetzee, «El matadero de cristal», en *Siete cuentos morales*, Barcelona, Penguin Random House, 2018, pp. 122-123.
44 J. Dewey, *L'influence de Darwin sur la philosophie et autres essais de philosophie contemporaine*, París, Gallimard, 2016, x, p 225 (*The influence of Darwin on Philo-*

enseñanza es igualmente capital cuando adoptamos una mirada reflexiva sobre la propia época y tratamos de definir sus misiones, de caracterizarla como una época marcada por el advenimiento de la nueva Ilustración. Implica, en efecto, renunciar a buscar esencias y finalidades que expliquen la aparición de determinados valores y comportamientos. En lugar de adoptar una concepción determinista de la historia humana y declarar, por ejemplo, que la técnica genera cambios sociales inevitables o que nos lleva fatalmente hacia esa o aquella dirección, debemos preguntarnos qué tipo de sociedad y cultura hicieron posibles esos usos.[45] El espíritu pragmático que Dewey ve despuntar en el darwinismo constituye una manera de luchar contra la costumbre que hay de explicar los cambios sociales reduciéndolos a principios fijos y absolutos y de considerar que nuestro destino está sellado por un encadenamiento de causas.

Esta enseñanza es liberadora en el plano teórico y práctico: dejamos de pensar que están actuando poderes externos y reflexionamos sobre los intereses y las luchas sociales y políticas que definen el horizonte cultural en el que se inscribe esta o aquella decisión tecnológica o esta o aquella orientación de la economía. Mientras que, en un esquema determinista que presenta una orientación política o tecnológica como la única posible, la contingencia inherente a la decisión está oculta, una concepción que reconoce la indeterminación como constitutiva del devenir mueve a examinar las decisiones que caracterizan a un orden social, a deconstruir sus presupuestos y a reemplazar,

---

sophy and other essays in contemporary thought, Nueva York, H. Holt, 1910, pp. 1-2: «The "Origin of Species" introduced a mode of thinking that in the end was bound to transform the logic of knowledge, and hence the treatment of morals, politics, and religion…») (trad. cast., «La influencia del darwinismo en la filosofía», en La miseria de la epistemología. Ensayos de pragmatismo, Madrid, Biblioteca Nueva, 2000, pp. 49-60).

45 A. Feenberg, Pour une théorie critique de la technique, Quebec, Lux, 2014, pp. 44-54.

si es necesario, una gestión de los problemas sociales, económicos y ecológicos por otra política.

Es importante asimilar profundamente las lecciones de la evolución en tanto que el darwinismo social, que se basa en un malentendido ligado al rechazo a admitir la indeterminación fundamental del devenir, sigue impregnando el pensamiento dominante.[46] No tenemos que lidiar, actualmente, con un darwinismo social que se manifieste de forma autoritaria y racista ordenando la eliminación de seres considerados «degenerados», como sí sucedió durante el nazismo. Tampoco tratamos con su forma atenuada representada por la eugenesia defendida por Francis Galton en la segunda mitad del siglo XIX en Inglaterra. Nos referimos más bien a una ideología que moviliza considerables medios para convencer a la gente de que el orden económico mundial y el capitalismo actuales son inevitables y que es necesario adaptarse a ellos. Así es como la mayoría de las élites dirigentes del mundo pretenden someter a los ciudadanos y a la democracia al capitalismo, que se presenta como la única organización social y económica posible. Creen que es posible, a lo sumo, atenuar sus efectos negativos mediante políticas de redistribución, pero que es imposible salirse de ella. Siguiendo ese modo de razonar, rechazar las reformas que desbaratan el derecho laboral e impugnar la subordinación de todas las esferas de actividad a la norma de la rentabilidad máxima es ir contra la dirección de la historia.

Esa forma de gobernar y de administrar los bienes públicos se apoya en una concepción determinista de la historia que pasa por ser la suprema expresión del realismo político, mientras que no es más que una creencia ciega en sus presupuestos. No hay ninguna duda de que las políticas públicas que promueve son desastrosas en la esfera ambiental, social y política. No pueden

46 O. Spengler, *La decadencia de Occidente. Bosquejo de una morfología de la historia universal,* 2 vols., Barcelona, Planeta-Agostini, 1993.

sino agravar el desajuste climático, así como provocar conflictos debido a la disminución de recursos, al aumento de las desigualdades y a los reflejos de repliegue sobre sí mismo que entrañan. Un enfoque de la economía y de la política liberado del yugo del economismo sería necesariamente contextualizado y experimental. Permitiría lanzar un impulso general y afirmar el papel regulador del Estado, combatiendo a la vez su autoritarismo. Ahora bien, los gobiernos de las democracias liberales proceden de otra manera porque parten del postulado según el cual el capitalismo es insuperable y que la realidad debe plegarse al orden económico mundial que este ha creado. Esa ausencia de visión política y esa dimisión de lo político, convertido en el instrumento de una economía que ha dejado de ser administración de los bienes públicos y que se ha plegado a la norma de la rentabilidad máxima, sellan el descrédito de los actuales gobiernos liberales. En este contexto, los populistas, que proponen una visión del mundo simplista traduciendo en términos identitarios los desafíos del presente, pueden presentarse como líderes tranquilizadores hasta el día en que ya no puedan enmascarar bajo temas polémicos su incapacidad de llevar a cabo políticas adecuadas.

Ese movimiento pendular entre gobiernos tecnocráticos y partidos populistas no debe ocultar el hecho de que, en ambos casos, el método para definir las prioridades del Estado se apoya en principios fijos y que la política, en lugar de fundarse en la experiencia, lo hace en la ideología. La manera en que los individuos y las colectividades se adaptan a la realidad innovando en el ámbito local en los modos de producción, de consumo, de transporte y de comercio, se ignora. Sin embargo, estas prácticas que demuestran la capacidad de los individuos de hacer frente, como todos los seres vivos, a las amenazas que pesan sobre ellos, adaptándose de manera imaginativa y creativa a su entorno e inventando nuevas normas, nos hacen entrever alternativas fiables al modelo de organización social actual. Podrían servir de modelo y de inspiración para la política si los representantes adoptaran un enfoque más contextualizado y si tomaran en consideración la capacidad de las personas a organizarse sobre el terreno y a responder concretamente a las dificultades con las que se encuentran mientras afirman a la vez a qué se aferran y a qué valores no quieren renunciar.

Conviene precisar aquí el sentido que puede tener el enfoque experimental cuando se transfiere a la moral y a la política, como quería Dewey, e incluso disipar un malentendido. Porque ese enfoque supone estar atentos a su carácter empírico, es decir, a las prácticas y a los actores que las ejecutan o que innovan. Así como la evolución tiene un carácter multidireccional, también los caminos que emprenden los individuos y los grupos dejan de estar definidos de antemano y no son idénticos los unos a los otros. Una vez más, la insistencia en la diversidad y en la singularidad de los seres y de los entornos es la clave para un enfoque respetuoso de lo viviente y de los fenómenos sociales. No hay interacción armónica con lo viviente ni gobierno sabio que no transcurra por esa atención a las personas y a los contextos.

Esa manera de interactuar con los otros y de aprehender los fenómenos, sin objetivarlos ni someterlos a normas exteriores o a experimentos forzándoles a revelar propiedades que les son, a fin de cuentas, ajenas, está muy alejada de la racionalidad instrumental. Recordemos que esta ha encontrado uno de sus mejores logros en el método experimental, que es la característica de las ciencias de la vida y de la medicina a partir de mediados del siglo XIX. Ese procedimiento, al reducir lo viviente a las condiciones físico-químicas de su existencia y al ejercer su control sobre los seres y las cosas con la finalidad de manipularlos y explotar sus propiedades, ha conseguido éxitos espectaculares. No obstante, se mantiene alejado de la realidad porque reduce el valor de cualquier cosa a su utilidad. El aumento de conocimiento que la ciencia experimental hace posible supone sin duda ese cerrarse al mundo circundante de la vida, porque implica focalizarse en un fenómeno aislándolo para entenderlo y dominarlo. Ese cierre propio del método científico experimental no es, pues, malvado en sí mismo; es hasta necesario porque nos abre horizontes teóricos y prácticos a la vez, que mejoran nuestro conocimiento y nos permiten actuar sobre los fenómenos. El problema llega, como hemos visto al evocar la conferencia de 1935 de Husserl, cuando los científicos olvidan que sus prácticas y sus conocimientos se desprenden del mundo común. Pierden entonces todo contacto con el mundo tal cual es en nuestra vida, con la experiencia y con los otros, por lo tanto, y hacen un uso puramente reduccionista de las ciencias, no viendo ya al humano o al animal tras los órganos y reduciendo el pensamiento a una actividad neuronal.

En otras palabras, debe haber una tensión entre el cierre y la apertura.[47] El cierre, que corresponde al momento objetivante del proceso científico y condiciona el progreso de los conocimientos, por lo tanto el aumento de nuestra capacidad de aprehender el mundo, debe considerarse como una etapa. Etapa que debe ir seguida del movimiento de apertura por el que el científico, adoptando un enfoque reflexivo sobre sí mismo y sobre el mundo, reemprende el contacto con la realidad. Abandona, así, la posición de predominio y el enfoque incorpóreo del pensamiento objetivista y resitúa su actividad en un mundo donde el valor de las cosas no es relativo a su utilidad y donde estas no se reducen a sus condiciones físico-químicas. Solo así, escribe Merleau-Ponty la ciencia «aprenderá a posarse en las cosas [...] y llegará a ser filosofía».[48]

---

47 Esta tensión no apunta a un tercer término que superaría a los otros dos para constituir una síntesis de nivel superior, como en la *Aufhebung* hegeliana. Porque lo esencial es reconocer la necesidad de circular entre esos dos polos, lo cual puede evitar el extravío del racionalismo moderno y la inversión de la Ilustración en su contrario.

48 M. Merleau-Ponty, *L'œil et l'esprit,* París, Gallimard, 2019, p. 13. (trad. cast., *El ojo y el espíritu*, Barcelona, Paidós, Barcelona, 1986, p. 12).

En el terreno científico, esta tensión entre cierre y apertura que caracterizaba inicialmente a la Ilustración corrió peligro por el positivismo. Asimismo, era ingenuo creer que el desarrollo de las ciencias era la condición suficiente de un progreso global que se manifestaría también en el ámbito moral y político. La Ilustración no previó que el pensamiento objetivante conllevaba el riesgo de un extravío de la razón que se traducía en la instrumentalización de la ciencia, devenida tecnociencia al servicio del economismo, y en una deshumanización que era la consecuencia de una pérdida de contacto con el mundo de la vida. Y así es como la razón devino cálculo y las Luces oscuridad.

Por supuesto, la tensión entre el cierre y la apertura en la relación del humano con el mundo sobrepasa el ámbito científico. En general, siempre que se privilegia un polo en detrimento del otro asistimos a un desajuste y a una perversión de la razón: la consideración de la importancia del entorno deviene elogio del arraigo, la necesidad de deshacerse de los determinismos da origen a un pensamiento superficial, la filosofía se degrada en ideología y la ausencia o la deficiencia de método, reveladora de una crisis de las ciencias, conduce a una crisis de valores sin precedente.

Si la fenomenología es la heredera de la Ilustración, y si nos permite salvar la razón, es porque muestra que el movimiento entre el cierre y la apertura, el pensamiento objetivante y la experiencia sensible, el yo y el mundo, el individuo y la sociedad, el retraimiento y el compromiso, la reducción y la dación, pasa por un retorno a los actos de conciencia, por lo vivido que hace posible una mejor comprensión del sí mismo y subraya el peso del mundo en que vivimos. Todos los polos evocados deben necesariamente coexistir y darse respuestas alternativamente, como veremos también en los otros capítulos, sobre todo cuando tratemos de la democracia y de la técnica. De esta forma, la razón, tal como la explica la fenomenología, es la clave de una relación consigo mismo y con el mundo que lleva a la consideración que implica dejar sitio a la alteridad, ya sea a la alteridad del otro y de los otros seres vivos o a la alteridad del tiempo, es decir, de la imprevisibilidad, de la apertura a lo que uno no esperaba.

Esquema, epokhé civilizacional y complejidad

El pensamiento de la complejidad ilustra las múltiples enseñanzas que pueden extraerse en filosofía de la observación atenta de los seres vivos y de sus entornos, y del giro de 180 grados inaugurado por el darwinismo. También permite hacer un planteamiento global, que es esencial cuando hablamos de la Ilustración en la edad de lo viviente y, por tanto, cuando nos situamos en el nivel civilizacional. Esto último implica articular el plano local y el plano global sin proponer una filosofía de la historia o una teleología que signifique que todo está escrito de antemano. La afirmación de la posibilidad de una nueva Ilustración pasa necesariamente por la recuperación de los ideales del pasado en un contexto totalmente nuevo. A esa tarea y al examen de las condiciones de la aplicación de una *epokhé* civilizacional se dedican los capítulos que siguen.

Llamamos «Esquema» al conjunto de representaciones, así como a las decisiones sociales, económicas, políticas y tecnológicas que forman la matriz de una sociedad y organizan las relaciones de producción, asignan un valor a determinadas actividades y a ciertos objetos y se internan en el espíritu de las personas, condicionando su comportamiento y colonizando los imaginarios. Se trata, como en el caso de la *Gestell,* de un dispositivo, pero tal dispositivo es dinámico y la estructura organizacional de las acciones y procedimientos que designa está vinculada a la imaginación que actúa, como en Kant, de vínculo entre la experiencia sensible y el entendimiento.[49] En el interior de un

---

49 Escribimos «Esquema» con una mayúscula para distinguir esta estructura organizativa que determina una sociedad en una etapa particular de su evo-

Esquema, algunos procedimientos y ciertas actitudes y maneras de ser se repiten y se extienden a todos los dominios y a todas las esferas de la actividad, incluida la relación con el cuerpo y la vida pulsional. Hablar del Esquema de una sociedad es lo mismo que decir que nos referimos a un conjunto coherente que, siendo el fruto de decisiones conscientes e inconscientes, individuales y colectivas, impone un modelo de desarrollo e impregna una civilización.

El Esquema de una sociedad como la nuestra no es otro que el de la dominación que implica una relación de depredación de la naturaleza, la cosificación del sí mismo y de los seres vivos y la explotación social. En nuestra época, este Esquema adopta sobre todo la forma del capitalismo, que es una organización estructurada en torno a la regla del máximo beneficio y de la subordinación de todas las actividades a la economía definida por el aumento del capital. Toda sociedad, pensada a la luz de una estructura organizativa específica, comprende subsistemas. El Esquema de la dominación, en una sociedad capitalista, los subordina todos a uno de ellos: la economía. Esta deja de ser un subsistema entre otros y se convierte en el instrumento principal con el que se mantiene la sociedad capitalista; esta pierde así su sentido inicial y, por consiguiente, no puede estar puesta al servicio de la vida ni del bienestar general.

Lo que explica que una sociedad se mantenga, pese a que su modelo de desarrollo genera evidentes contraproductividades, se debe a su Esquema, al hecho de que está constituida por un conjunto de elementos que interactúan entre sí y la estructuran, la perpetúan y tienden a defenderla. Así, por ejemplo, ciertos oficios y actividades aparecen con la única finalidad de luchar

---

lución civilizacional del esquematismo trascendental que, en Kant, remite a las condiciones de posibilidad de la experiencia. Véase E. Kant, *Crítica de la razón pura,* Madrid, Taurus, 2005, «El esquematismo de los conceptos puros del entendimiento», pp. 184-189.

contra lo que podría destruirlos. Estos subsistemas particulares no responden a las necesidades reales de los individuos, sino que tienden a establecer un *statu quo* que garantiza la perpetuación de la sociedad capitalista. Así es como, por ejemplo, en nuestros días, hay un número considerable de abogados de empresa cuya función principal es sortear las normas medioambientales y sanitarias e impedir cualquier regulación en materia de energía, de finanzas y de protección del medioambiente. Asimismo, la creación de nuevas necesidades es una urgencia de la sociedad capitalista igual que la correspondiente presión sobre el consumidor a través de la publicidad y el *marketing*. El enorme presupuesto que algunos países destinan a sus ejércitos también se explica por el Esquema vigente en la sociedad capitalista.

Todo lo que nos aliena no proviene de un poder exterior maléfico o de una fatalidad a la que estamos obligados a someternos. La situación de heteronomía en la que el Esquema de la dominación nos sitúa en el sistema capitalista se funda en decisiones pasadas que son contingentes, lo cual quiere decir que lo que ha sido establecido puede ser igualmente revocado. La primera condición para poder abandonar este Esquema organizado en torno a la dominación es reconocer que los desastres ecológicos y sociales son el resultado de nuestra ceguera y del rechazo a asumir nuestra parte de responsabilidad en las actuales «decisiones» tecnológicas, económicas y políticas y, en última instancia, en la adhesión a la cultura y a los valores que las generan. Este rechazo del fatalismo supone una actividad reflexiva por parte de los individuos y de las colectividades. Se trata de deconstruir todos los presupuestos que nos mantienen atados de pies y manos al sistema capitalista y al Esquema de la dominación, que es su matriz.

Como irá apareciendo a lo largo de este libro, la *epokhé* y la reducción fenomenológica practicadas a esa escala dan paso a un mundo que ya no está estructurado por la dominación, sino que se organiza a partir de la consideración, es decir, que todas las actividades y sectores, todos los subsistemas, corresponden a necesidades reales de los individuos, permitiéndoles afirmar su autonomía y encontrar su lugar en la sociedad, preservando al mismo tiempo el mundo común.[50] La Ilustración en la edad de lo viviente intenta identificar lo que permitirá reemplazar el Esquema de la dominación ligada al capitalismo y el modelo de desarrollo actual por otro Esquema, fruto de un proyecto de emancipación individual y social, que pasará necesariamente, como precisaremos, por una sociedad ecológica y una profundización de la democracia.

La cuestión que proponemos, para cerrar estos parágrafos en los que la fenomenología y la evolución se presentan como desarrollos constitutivos de la Ilustración en la edad de lo viviente y que la separan de la Ilustración del pasado, es saber qué es lo que, en el pensamiento de la complejidad, también es estimulante cuando se pasa del plano individual al colectivo y luego al civilizacional. Para responder a esta pregunta hay que recordar primero que el pensamiento de la complejidad prolonga el evolucionismo dirigiendo nuestra atención a los vínculos entre los seres vivos y su ambiente y, por lo tanto, hacia la necesidad de un planteamiento relacional. En fin, si tomamos los fenómenos biológicos por lo que en realidad son, es decir, como sistemas dinámicos cuyos elementos e interacciones están en constante renovación bajo el efecto de las mutaciones, la selección, el azar y los procesos vitales, la consideración de la complejidad se opone a la mera reducción de la naturaleza a un objeto puesto delante de un sujeto.[51]

50 La *epokhé* civilizacional sería el cuestionamiento de los prejuicios de nuestra civilización y la reducción correspondería al momento en que se examinaría el sentido que las cosas tienen para nosotros, tomándolas una a una y reconduciendo todas las actividades al mundo de la vida y al mundo común.
51 Así, en vez de aislar un fenómeno para controlarlo mejor, este planteamiento contextualizado y global se sitúa en un nivel de reducción (en el sentido que tiene este término en biología) que permite analizar los múltiples

Si distinguimos y relacionamos los elementos, y los contextualizamos y los asociamos con su sistema, el pensamiento de la complejidad integra los fenómenos en un plano más amplio. A diferencia de la experimentación, los observa sin aislarlos de su entorno y no adopta una posición de predominio pretendiendo tener acceso al todo. De la misma manera que hemos hablado de Ilustración lateral, la complejidad implica admitir que el conocimiento, que depende de múltiples instrumentos de análisis siempre revela solo un aspecto de la naturaleza. Para evitar un enfoque reduccionista que pasara por alto lo real, importa describir lo que está tejido conjuntamente *(cum, plexus)*.

Inspirarse en ese enfoque para abordar los fenómenos sociales y políticos implica partir del principio de que es inútil aplicar de manera vertical y homogénea las normas sin tener en cuenta los contextos, a saber, los individuos que interactúan entre sí y los entornos en los que se insertan y que forman parte de un mundo más vasto compuesto de entornos comunicantes entre sí. La política debe prestar especial atención a los contextos locales e incluso nutrirse de las experiencias locales. Las decisiones tomadas en un plano nacional no deben destruir los entornos ni restringir la capacidad de los individuos de hacer frente a las dificultades que encuentran organizándose. Además, el papel de los poderes públicos es, evidentemente, proponer normas que respondan a objetivos de seguridad, prosperidad y justicia, pero también permitir la autonomía a los individuos al apropiarse de esas normas y de la forma en que pueden aplicarlas de manera contextualizada y proporcionada —lo cual significa romper con una visión administrativa de la sanidad, la agri-

---

factores que interactúan y contribuyen, por ejemplo, a la aparición de una enfermedad. En el caso del tratamiento de una patología, la intervención actuará en diferentes niveles sobre los sistemas responsables del desajuste del organismo, llegando a combinar medicamentos que, a dosis más débiles y por lo tanto menos tóxicas, actúan de manera sinérgica.

cultura, etc.—. En fin, el Estado debe poder acompañar a los individuos proporcionándoles las ayudas logísticas y financieras que les permitan poner en funcionamiento mejores prácticas, desarrollar estructuras sanas en ese o aquel otro terreno y experimentar. Y así, el pensamiento de la complejidad conduce a recomendar un reparto de las tareas entre los representantes y los ciudadanos, que se opone al hecho de imponer a los individuos normas dictadas por el mercado global, despojarlos de sus capacidades para actuar y dudar de la inteligencia colectiva, condenando demasiado a menudo a la gente a no ejercer su autonomía si no es en forma de desobediencia o protesta. La relación con la realidad que se sigue del pensamiento complejo respalda una gestión que nada tiene que ver con la generada por el sistema capitalista basado en el Esquema de la dominación, en la jerarquización y, por tanto, en la desconfianza.

Los encargados de formular políticas pueden inspirarse en esto. Porque es inútil manejar políticas atomistas y dirigirlas de manera abstracta sin tener en cuenta las consecuencias que tienen sobre los actores implicados y sin preguntarse acerca de lo que la población desea preservar o evitar. Hay que integrar también el hecho de que la evolución de una sociedad no es del todo previsible: hay una dinámica y efectos conjugados que llevan a círculos virtuosos o que, debido a decisiones inadecuadas, degeneran y llevan al caos. El hecho de tener en cuenta propiedades emergentes, retroacciones y fenómenos recursivos que muestran el carácter dinámico de una organización social se opone también radicalmente a las políticas tecnocráticas, atomistas y verticales que buscan forzar la realidad para adaptarla al capitalismo mundial. Por todas esas razones, el pensamiento de la complejidad es un modelo para la Ilustración en la edad de lo viviente: implica repensar en profundidad la democracia como tipo de organización social y política fundada en la autonomía del individuo.

TRAS LOS DERECHOS HUMANOS

El juicio a los derechos humanos

No podemos concebir la Ilustración en la edad de lo viviente sin examinar uno de sus pilares, a saber, los derechos humanos, cuya importancia se trata de afirmar a la vez que se critican sus supuestos antropocéntricos y dualistas, así como sus fundamentos individualistas.

La Ilustración es, en efecto, inseparable de la defensa de los derechos humanos. Por su parte, los adversarios de la Ilustración siempre han hecho de estos últimos el objetivo privilegiado de sus ataques. Las críticas que se les hizo a partir del siglo XVIII en nombre del particularismo cultural y étnico y de una visión organicista de la sociedad son un lugar común de los movimientos anti-ilustrados de ayer y de hoy.[52] La idea de que los derechos humanos borrarían el carácter particular de cada pueblo y engendrarían un relativismo moral y cultural que supondría el declive de la civilización la encontramos en varios autores contemporáneos.[53] El rechazo a las normas universales basadas en la razón, la heteronomía o la tradición, especialmente la religiosa, sin la cual la moral se disolvería, la denuncia del individualismo y de la anomia, cuya causa sería el ideal de autonomía, el man-

---

52 E. Burke, *Reflexiones sobre la revolución en Francia,* Madrid, Alianza, 2003. Esta obra aparecía en noviembre de 1790 en su original inglés *(Reflections on the french revolution,* Londres, Dodsley) y es la referencia más importante de la crítica a los derechos del hombre.

53 Podemos pensar, entre otros, en Pierre Manent, que defiende la idea de nación, en particular en *La raison des nations,* París, Gallimard, 2006 (trad. cast., *La razón de las naciones,* Madrid, Guillermo Escolar Editor, 2009) y Alasdair MacIntyre, que denuncia el relativismo moral engendrado por la Ilustración en *Tras la virtud,* Barcelona, Crítica, 2013, publicado en Estados Unidos *(After virtue: a study in moral theology,* Notre Dame, University of Notre Dame Press, 1981).

tenimiento de las jerarquías, consideradas como las condiciones de la estabilidad familiar y social que el ideal de igualdad habría amenazado, son características de este movimiento. Situado en la derecha, va de la nostalgia por un orden en el que cada uno conoce su lugar y acepta su suerte, como en Pierre Manent, que denuncia la inflación de derechos generada por la pasión por la igualdad, a un nacionalismo agresivo y racista que recuerda las posiciones de Maurice Barrès o de Carl Schmitt.

Entre la anti-Ilustración del siglo XVIII y la del XXI hay una diferencia importante que se debe a que nuevas luchas sociales, aparecidas sobre todo en la segunda mitad del siglo XX, han hecho evolucionar el contenido de los derechos del hombre. En Occidente, las libertades formales que permiten que la gente ejerza su ciudadanía ya no son el objeto principal de las reivindicaciones, como lo fueron durante la Revolución francesa. Las luchas políticas actuales se centran en los derechos sociales y en la extensión del ideal de igualdad a las mujeres y a las minorías étnicas y sexuales. Sería en todo caso excesivo oponer los derechos del hombre y del ciudadano de las declaraciones francesas y americanas del siglo XVIII a la Declaración Universal de 1948. Porque la cuestión social es un desafío político desde la Revolución francesa y la distinción entre derechos–libertades y derechos–prestaciones es bastante borrosa desde el primer momento.[54]

Además, los movimientos en favor de los derechos civiles de las décadas de 1960 y 1970 se inscriben en la línea de las de-

54 J. Lacroix y J.-Y. Pranchère, *Le procès des droits de l'homme. Généalogie du scepticisme démocratique,* París, Seuil, 2016, p. 47: una especie de presentimiento de «derechos sociales» se había esbozado a partir de los debates franceses de los años 1789-1793, sugiriendo que los derechos del hombre implicaban un derecho al trabajo y a las ayudas. Los autores se apoyan en R. Castel, *Métamorphoses de la question sociale,* París, Fayard, 1995, pp. 107ss (trad. cast., *Las metamorfosis de la cuestión social,* Buenos Aires, Paidós, 2004, pp. 183ss).

claraciones de 1776 y 1789. Como dijo Abraham Lincoln en el discurso de Gettysburg pronunciado el 19 de noviembre de 1863, el proyecto de los padres fundadores estaba inacabado.[55] Debía completarse con la abolición de la esclavitud para que la igual dignidad de todo ser humano fuera algo más que un piadoso deseo. A diferencia de Jefferson, Lincoln no hablaba, a propósito de los principios en los que reposa la democracia, de evidencias, sino de propuestas a las que estaban comprometidos *(dedicated)* los que creían en la democracia y que debían ser validadas por la acción. Así, la capacidad de mantener la promesa de igualdad y libertad, propia de la democracia, es una prueba y un test que certifica la viabilidad de este régimen político y ese tipo de sociedad. Por eso la apertura de derechos sociales y el acceso de las minorías a los derechos acordados a las otras personas forman parte de la historia de la democracia y expresan su dinámica igualitaria.

Ese ideal inclusivo, que acompaña la contestación del orden establecido y de las jerarquías existentes, que son siempre coyunturales y no inscritas en una esencia o en una naturaleza humana, es objeto de un rechazo epidérmico por parte de los representantes contemporáneos de la anti-Ilustración. Si dejamos de lado a los partidarios de la teocracia, vemos que los anti-ilustrados de hoy pueden convivir con la democracia como régimen político, ya que esta les garantiza una relativa seguridad y una libertad de expresión y de coalición que saben aprovechar. No obstante, creen que el ciudadano medio de las sociedades democráticas se caracteriza por una cierta degradación moral y un vacío espiritual que fragiliza las instituciones democráticas y constituye una amenaza para la civilización occidental.

---

55 A. Lincoln, *El discurso de Gettysburg y otros escritos sobre la Unión,* Madrid, Tecnos, 2005. Así es como Lincoln hizo de la abolición de la esclavitud, que en 1863 era el reto principal de la Guerra de Secesión, el test que probaba la viabilidad de la democracia.

Los anti-ilustrados desprecian la modernidad. Sin embargo, hay que distinguir a los reaccionarios que atacan los principios democráticos en sí de los conservadores que creen que la democracia se vuelve contra sí misma, porque el igualitarismo de la sociedad ha erosionado el sentido de la libertad. El rechazo de los derechos humanos es una constante entre los primeros, que quieren reemplazar la democracia por un régimen autoritario, y es fácilmente reconocible. Sin embargo, no se inmiscuye en el discurso dominante, a diferencia de la crítica del uso contemporáneo de los derechos humanos que seduce incluso a ciertos partidarios de la democracia liberal. Esta crítica parece menos peligrosa porque es menos radical, pero está muy presente desde la década de 1980, sobre todo en Francia.

Los adversarios de la Ilustración que denuncian la inflación de los derechos humanos creen estar siguiendo los pasos de Alexis de Tocqueville, quien en *La democracia en América* describía las amenazas internas que pesan sobre la democracia y que provienen de los individuos mismos. Haciéndose fuertes en esta referencia, que les sirve para denunciar la situación actual, atribuyen a nuestros contemporáneos una pasión por la igualdad que se traduciría en constantes reivindicaciones que acaban en una utilización perniciosa de los derechos humanos. Estos últimos estarían instrumentalizados por personas solo deseosas de su propio bienestar y totalmente indiferentes con respecto a la comunidad en la que viven. No solo los deseos más particulares podrían ser objeto de reivindicaciones sociales, al convertir los individuos su caso personal en el punto de partida de una demanda dirigida al legislador, sino que, además, la exigencia de igualdad, que motivaría los embates para cambiar las leyes, podría no tener ningún límite. La crítica a la dinámica igualitaria de la democracia se manifiesta también, en el siglo XXI, en un juicio a los derechos humanos, que se juzgan responsables de alimentar el individualismo y las infelices pasiones de individuos animados por un sentimiento de injusticia en parte imaginaria. Toda desigualdad, incluso toda diferencia, sería caso insoportable; alimentaría la insatisfacción y la envidia y generaría el conformismo. Así es como los derechos humanos son señalados como las causas de la desvitalización de la democracia y de la pérdida de un vínculo social y de los valores morales.

Un análisis de este tipo omite subrayar el vínculo entre la reivindicación de los derechos humanos y el desarrollo de solidaridades sociales y de colectivos políticos que amplían el horizonte de los individuos y manifiestan su capacidad para comprometerse con los otros. Cualquiera que recuerde los movimientos a favor de los derechos civiles, pero también los colectivos de enfermos de VIH aparecidos en la década de 1980, sabe que los militantes dan pruebas de una abnegación que contrasta con la actitud de repliegue sobre sí característica del individualismo: a menudo se sienten personalmente afectados por la discriminación o por la enfermedad, pero su lucha va mucho más allá de la defensa de sus intereses privados. Al declarar que «el carácter sagrado de los derechos humanos»[56] genera el individualismo y la anomia social, ¿no estamos tomando el efecto por la causa?

En la actualidad, y en los países que gozan de una cobertura social bastante generosa, los individuos son sin duda proclives a reclamar sus derechos al cuidado, a la educación, a las prestaciones sociales, olvidando lo que el acceso a estos bienes ha exigido y todavía exige de la sociedad y de cada uno de nosotros. Sin embargo, no puede deducirse de ello que los derechos humanos sean responsables del individualismo y del incivismo. Las generaciones que disfrutan de derechos civiles y sociales sin haber tenido que luchar por ellos tienden a creer que se dan por descontado y que son adquiridos, comportándose como poseedores de derechos e incluso como consumidores, pero este mal uso de los derechos humanos no basta para descalificarlos. Aque-

---

56 M. Gauchet, *La démocratie contre elle-même*, París, Gallimard, 2002 (trad. cast., *La democracia contra sí misma*, Buenos Aires, Homo Sapiens Ediciones, 2004).

llas y aquellos que creen que la inflación contemporánea de los derechos está en la raíz del declive de la sociedad descuidan reflexionar sobre lo que genera la carencia de un horizonte común: la sumisión de los individuos a un orden neoliberal que parece estar al acecho del recorte de sus derechos sociales y fomenta la competencia, la guerra de todos contra todos, la desconfianza y el repliegue sobre uno mismo. Equivocándose de diagnóstico al identificar las causas de la desintegración de lo común, los despreciadores de los derechos humanos se equivocan gravemente y hasta cometen un error político: aunque no son forzosamente enemigos de la democracia ni adeptos al neoliberalismo más despiadado, dan argumentos a los defensores del orden moral que se muestran intolerantes y a los que justifican el mantenimiento de las desigualdades sociales y recomiendan el cierre de fronteras, privando de todo derecho a las personas vulnerables.

En realidad, nos enfrentamos no tanto a una proliferación de derechos como a la expresión de reivindicaciones que son consecuencia de condiciones de vida precarias y de un déficit de reconocimiento vivido sobre todo en el lugar de trabajo, pero que también tiene su impacto en la subjetividad y el vínculo social y pone en riesgo el desarrollo de las cualidades que son indispensables para la deliberación y la participación democráticas. El carácter inarticulado de ciertas reivindicaciones que se refieren casi exclusivamente al poder adquisitivo, y que se distinguen de las luchas sociales anteriormente vinculadas a un proyecto de emancipación y a un ideal progresista, es igualmente el reflejo de un empobrecimiento de la vida interior y de la división social generado por la ley del mercado y la competencia ilimitada que se han impuesto en sustitución de las grandes utopías políticas como únicos motores de la historia y como su finalidad.

De hecho, esta ausencia de proyecto de emancipación ocupa el centro de las críticas que la izquierda dirige en nuestra época a los derechos humanos.[57] Esta vez, su juicio no viene del lado de la anti–Ilustración. En efecto, los derechos humanos se critican ahora en nombre del ideal de emancipación y hasta de una concepción radical de la democracia, pensada como inacabada y sin *télos* o fin determinado *a priori*. Se reprocha a estos derechos que fomentan el individualismo y el consumismo, y que así consolidan el paradigma neoliberal en lugar de contribuir a una mayor solidaridad. Lejos de favorecer la autonomía del sujeto, las reivindicaciones que ponen el acento esencialmente en el derecho a la igualdad conducirían también a los individuos a adoptar una postura de víctima en demanda de reparación, que no busca transformar la realidad a través de una acción política. Estas críticas, expresadas a menudo por las feministas, pueden resumirse así: no solo el discurso de los derechos refuerza el poder administrativo al vaciar de sentido la idea de emancipación y prorrogando formas insidiosas de dominación, sino que, además, no anima al individuo a comprometerse en favor de lo colectivo. Limitándose a reclamar simplemente la igualdad de derechos, se encierra al sujeto en la pasividad y, en última instancia, se lo empuja a replegarse en sí mismo una vez obtenida la satisfacción. Esa focalización en los derechos haría imposible la aparición de agentes capaces de actuar políticamente, es decir, con un proyecto colectivo en mano que pueda modificar la manera de compartir el poder y hacer entrar determinadas cuestiones en el corazón de la política.

La democracia supone indiscutiblemente la auto–institución de la sociedad: los cambios que atestiguan la aparición de la democracia y el hecho de que se trata de un proceso siempre inacabado no pueden darse si no es gracias a la acción de sujetos instituyentes que sean conscientes de que las opciones políticas del momento son contingentes y pueden, por tanto, evolu-

57 J. Lacroix y J.-Y. Pranchère, *Le procès des droits de l'homme, op. cit.*, pp. 74-83 y pp. 315-320.

cionar.[58] Esto ocurre a través de luchas de intereses y conflictos, pero también por la capacidad de los ciudadanos para organizarse, experimentar, dar a conocer los resultados de sus experimentos y convencer a los otros de la importancia de las causas que defienden. El discurso público que apunta a la emancipación no puede continuar centrado exclusivamente en los derechos de los individuos a beneficiarse de condiciones políticas y económicas que, se supone, les aseguran la libertad y el bienestar. Sin embargo, esto no significa que se deban abandonar los derechos humanos o que estos sean un obstáculo para el compromiso colectivo.

Al hacer un uso político, y no solo jurídico o moral, de los derechos humanos y al asociarlos a un proyecto de sociedad, escapamos a las críticas que se les dirige. Este enfoque, que nos recuerda que los derechos que poseemos no deberían ser independientes de nuestra relación con los otros, evita instrumentalizarlos convirtiéndolos en simples derechos subjetivos al servicio de los deseos de cada uno. Supera también la contradicción que hay entre los derechos humanos, que son considerados normas universales, y la pertenencia a un Estado soberano encargado de aplicar estas normas a su aire.

El hecho de haber vinculado los derechos humanos a la reivindicación de una soberanía nacional explica las reservas expresadas por Edmund Burke y Hannah Arendt. Estos dos análisis, confundidos con demasiada frecuencia, llegan a conclusiones opuestas. Parten de la misma observación sobre la debilidad de la construcción propia de la Revolución francesa, que confiere derechos universales a todo ser humano e inmediatamente los

---

58 C. Lefort, *L'invention démocratique. Les limites de la domination totalitaire*, París, Fayard, 1994 (trad. cast., *La invención democrática*, Buenos Aires, Nueva Visión, 1990), y C. Castoriadis, *L'institution imaginaire de la société*, París, Seuil, 1975 (trad. cast., *La institución imaginaria de la sociedad*, Barcelona, Tusquets, 2013).

subordina a la pertenencia a una comunidad nacional. Para Burke, esto es una estupidez, porque sostiene que no hay normas universales y que todo derecho es nacional. Para Arendt, esto es una tragedia, porque al subordinar el respeto a los derechos humanos a su pertenencia a una nación, se priva a ciertas personas de todo derecho a tener derechos, como fue el caso de los apátridas del período de entreguerras.[59]

La solución no es naturalizar los derechos humanos fundándolos en la noción de naturaleza humana y, por lo tanto, en un esencialismo que no tiene sentido en nuestra época. Más bien se trata de pensar un derecho de la humanidad que da a los derechos humanos un verdadero sentido político: «El derecho a tener derechos es el derecho a tener un lugar significativo en el mundo».[60] Ser humano significa estar inscrito en una comunidad de humanos que se caracteriza por la pluralidad. Los derechos humanos y el reconocimiento de la dignidad de una persona no dependen de su pertenencia a una nación ni del juicio arbitrario de los otros. Emanan de la pluralidad humana, que arraiga en el hecho de haber nacido y de formar parte de un mundo común, es decir, se basa en la condición humana y en la decisión de organizar la sociedad respetando la unicidad del individuo y la pluralidad. Sin embargo, los derechos humanos no son pensados como los fundamentos de una organización política, sino como los productos de una voluntad política.[61] Los derechos humanos no están subordinados a los derechos del ciudadano de este o aquel Estado

59 H. Arendt, *Los orígenes del totalitarismo*, Madrid, Alianza, 2007, pp. 414ss.
60 J. Lacroix y J.-Y. Pranchère, *Le procès des droits de l'homme, op. cit.*, p. 294.
61 *Ibid.*, pp. 301-303. Los autores citan a A. Kesby, *The Right to Have Rights. Citizenship, Humanity and International Law*, Oxford, Oxford University Press, 2012, p. 5 y a É. Tassin, «La signification politique des droits de l'homme: lectures de Hannah Arendt», en L. Couloubaritsis y M. Legros (eds.), *L'énigme de l'humanité en l'homme*, Bruselas, Ousia, 2015, p. 118. Este último escribe: «Los derechos del hombre significan que los hombres no son hombres si no se les

particular, pero hay una relación dialéctica entre ellos. De manera que no existen en sí mismos o de forma natural; son fruto de una elección que debe ser constantemente afirmada y que obliga a reflexionar sobre los obstáculos que restringen el acceso a esos derechos y las condiciones que dan a cada cual la posibilidad de hacer que su voz sea oída.[62]

Esta manera de pensar los derechos humanos aludiendo a un derecho de la humanidad permite responder a sus detractores y proseguir el proyecto de emancipación y justicia consustancial a la Ilustración. En efecto, la fórmula de Arendt, «el derecho a tener derechos», supera la contradicción, señalada por Burke, entre los derechos humanos y la soberanía nacional. Da también sólidos argumentos políticos para oponerse a los nacionalistas, que abogan por el cierre de fronteras y niegan todo derecho a quienes han dejado su patria y carecen de papeles, como es el caso ahora de muchos hombres, mujeres y niños que llegan a Europa huidos de la guerra. Una respuesta humanitaria no basta. La acogida de inmigrantes no es una cuestión periférica. La ausencia de una verdadera solución a este problema afecta profundamente al sentido que hemos dado a los derechos humanos y al papel que desempeñan en nuestras políticas públicas, en el ámbito nacional y europeo.[63]

Un nuevo humanismo

Otra evolución de los derechos humanos que muestra la necesidad de prolongar su legado y el de la Ilustración, aunque in-

---

reconoce como tales por hombres que declaran públicamente que todo hombre tiene el derecho a ser reconocido como un ser de derecho».

62 *Ibid.*, p. 307.
63 Se examinará esta cuestión en el último capítulo, cuando tratemos de Europa.

tentando resolver ciertas insuficiencias y contradicciones, nos lleva al tema central de este libro, a saber, la confrontación del proyecto todavía inacabado de las Luces con el desafío ecológico y la consideración debida a los intereses de los animales. Así como los derechos sociales hacen posible que los individuos ejerzan su ciudadanía y disfruten de sus libertades, también el derecho a disfrutar de un medioambiente sano y la preservación de los bienes comunes, en particular el aire y el agua, lo mismo que el acceso a los recursos vitales, son las condiciones que hacen posibles los derechos humanos. Los efectos globales del cambio climático, la pérdida de la biodiversidad, la degradación de los territorios y de los océanos constituyen «violaciones de los derechos fundamentales de los seres humanos».[64] Ponen en peligro sus vidas, amenazan su salud y generan conflictos y guerras. Además, los costes que se impondrán en un futuro próximo para hacer frente a la contaminación y a los acontecimientos climáticos extremos gravarán el presupuesto de los países y disminuirán los recursos asignados a los derechos sociales. Las amenazas globales que estos fenómenos representan tanto para la supervivencia de los individuos y de la humanidad como para la preservación del patrimonio natural y cultural, y de las instituciones que garantizan la justicia social, hacen necesaria la afirmación de un nuevo derecho existencial, que, en continuidad con los derechos humanos, aspire a proteger el planeta. Esta es la aportación de la «Declaración universal de los derechos de la humanidad».

Hay una continuidad entre esta declaración de 2015 y las anteriores, pero no hay que subestimar la ruptura que existe entre ellas en lo que concierne al fundamento del derecho. En efecto, a diferencia de los derechos humanos, los derechos de la

---

64 Preámbulo de la *Déclaration universelle des droits de l'humanité. Commentaire article par article,* bajo la dirección de Christian Huglo y Fabrice Picod, Bruselas, Bruylant, 2018, p. 27.

humanidad no se basan en el individuo pensado como un agente moral individual. Este fundamento individualista de los derechos humanos es inadecuado en el contexto actual, vinculado a la globalización y al reconocimiento de las consecuencias negativas de nuestras actividades económicas y de nuestro modelo de desarrollo sobre nuestra salud y sobre el planeta. También hace pensar que la degradación de los ecosistemas y la erosión de la biodiversidad no son moralmente problemáticas mientras no causen daño al otro, es decir, a los otros seres humanos que viven cerca de nosotros. Pero puesto que nuestros hábitos de consumo y nuestros modelos de producción son capaces de afectar de manera negativa a otras culturas y a otras especies y de pesar sobre las generaciones futuras, nuestra responsabilidad está comprometida. Lo mismo ocurre cuando sostenemos políticas que defienden un sistema insostenible en el ámbito ecológico a la vez que injusto, y aceptan, por ejemplo, que las empresas deslocalicen la producción para fabricar ropa en talleres de miseria o externalicen sus residuos al otro rincón del mundo. Que los individuos no causen intencionadamente esos daños y que nuestra responsabilidad parezca diluirse porque fingimos no saber que los productos que consumimos han recorrido varios países antes de acabar en nuestro plato o en nuestro ropero no cambia las cosas en absoluto.

La Declaración universal de los derechos de la humanidad se redactó para paliar las lagunas de las antiguas declaraciones de los derechos del hombre y adaptarlas al contexto actual. Los principios de responsabilidad, equidad y solidaridad intra e intergeneracionales que la sustentan proporcionan coordenadas para pensar la justicia en la era de la globalización y el calentamiento global. Permiten orientar la acción de las personas y de los gobiernos en el terreno de la utilización de los recursos, de la energía, de las aplicaciones tecnológicas, etc. Sus cuatro principios cardinales (el principio de responsabilidad, de dignidad, de continuidad y de no discriminación) no derivan de una idea abstracta de la humanidad y no son la expresión de una moral de la compasión o humanitaria. Derivan del conocimiento de las consecuencias que nuestro modelo de desarrollo tiene sobre las otras personas, las otras culturas, las generaciones futuras y las otras especies.

Una vez hayamos entendido que la Regla de Oro, que consiste en no hacer a otro ser humano lo que no queremos que nos hagan a nosotros ya no es suficiente, reconocemos la validez de esos principios que consiguen que la responsabilidad de la humanidad actual entre en el corazón del derecho. Esa responsabilidad es la de nuestra especie, pero también concierne a cada uno de nosotros. Añadamos que lo que está en juego es la dignidad de la humanidad, es decir, su capacidad para preservar condiciones de vida favorables a su realización y a sus ideales. Por todas esas razones, los principios de la Declaración universal de los derechos de la humanidad son inseparables de los deberes que imponen orientar el modelo de desarrollo y los progresos tecnológicos y científicos de manera que sean compatibles con la preservación de un medioambiente sano o que no ponga en peligro la vida ni la salud de los humanos y de las otras especies, con la justicia, la seguridad y la autodeterminación.

Cabe pensar, a primera vista, que esta Declaración es antropocéntrica y que solo busca garantizar el futuro de la existencia humana. Sin embargo, las otras especies entran con justicia, como indica el artículo 5: «La humanidad, igual que el conjunto de todas las especies vivas, tiene derecho a vivir en un entorno sano y ecológicamente sostenible». De modo que se reconoce el derecho a la vida y el respeto a las condiciones de existencia de las otras especies vivas, y el valor de los animales y de las plantas no se considera en su relación con los servicios que prestan ni con el placer que nos procuran. Además, aunque este texto no se refiere a los derechos de los animales tomados individualmente, sí precisa que no tenemos derecho a destruir su hábitat ni a condenarlos a la extinción dañando su entorno y privándolos de recursos. Por lo que esta declaración completa las precedentes al pensar los derechos humanos como derechos de la humanidad y fundarlos en un sujeto siempre relacional, siempre vinculado, por la materialidad de su existencia, por sus necesidades, sus actividades económicas y su desarrollo, al medioambiente, a los otros seres vivos y al conjunto de las generaciones.

La fidelidad a la Ilustración, que es indisociable de los principios de equidad y de un ideal de paz y que afirma, contra todo tipo de fatalismo, que el hombre puede y debe tomar su destino en sus manos y reorientar el curso de la historia, requiere una corrección de sus fundamentos y, en este sentido, una ruptura. Al apoyarse en una concepción del hombre que tiene en cuenta, a la vez, su libertad y la materialidad de su existencia, es decir, también las consecuencias de su modelo de desarrollo sobre el planeta y sobre los otros, humanos y no humanos, presentes y futuros, disponemos de normas universales o universalizables que subrayan la centralidad de la responsabilidad y serán importantes para la promoción de otro modelo de desarrollo.

Además, la fundamentación del derecho en un sujeto siempre relacional que, por el mero hecho de existir, siempre ejerce un impacto en los demás y en los entornos, hace que el víncu-lo entre los derechos y los deberes sea mucho más evidente que en las Declaraciones de 1789 y 1948. Mientras que los derechos del hombre fueron acusados de fomentar o reforzar el indivi-dualismo, los derechos de la humanidad articulan la libertad y la responsabilidad de una manera sumamente clara. La noción de individuo, es decir, un ser separado de los demás y pensado haciendo abstracción de su cuerpo y de sus dependencias so-ciales, parece una ficción jurídica. Esta abstracción era necesaria para fundar el Estado de derecho y otorgar a toda persona igual dignidad, independientemente de su función, su género, su etnia o su religión. Esa noción sigue siendo indispensable para luchar contra las discriminaciones y juzgar, en el caso de un proceso, a las personas en tanto que sujetos de derecho y autores de un delito, y no como individuos particulares con esta o aquella función social. Sin embargo, hay que reconocer que, con el paso del tiempo, esta ficción se ha tomado por una realidad intangible, y que se ha definido al individuo por su capacidad de tomar decisiones y poder cambiarlas. Esta concepción atomista y desencarnada del individuo ha llevado a erigir la autonomía en valor supremo vaciándola de todo contenido, a asimilarla a la simple independencia y al hecho de que ya no tiene nada universalizable o participable induciendo a los individuos a someterse a sus propios deseos que, la mayoría de las veces, no hacen sino reflejar lo que el mercado inculca. De modo que solo sustituyendo el fundamento individualista de los derechos humanos por una concepción encarnada y relacional del sujeto es posible mantener las promesas de igualdad y justicia o equidad vinculadas a la Ilustración. Podemos así proseguir su labor emancipadora vinculando la exigencia de libertad y autonomía a una reflexión sobre la responsabilidad de la humanidad y de cada individuo hacia las generaciones futuras, las otras culturas y las otras especies. La idea principal es que, solo partiendo de lo humano y de una comprensión renovada de lo humano, de otro humanismo, por lo tanto, podemos proteger la naturaleza y lo viviente.

Podemos otorgar una personalidad jurídica a determinadas entidades no humanas para sustraerlas a una explotación abusiva y preservar el patrimonio cultural de poblaciones indígenas, como sucedió en Nueva Zelanda en marzo de 2017 a propósito del río Whanganui o, unos años antes, del parque Te Urewera.[65] Asimismo, la edad de lo viviente impone proteger a los animales porque son seres sensibles e individuados. Esto implica concederles derechos básicos y diferenciados y determinar, en

---

65 P. Brunet, «Les droits de la nature et la personnalité juridique des entités scientifiques naturelles en Nouvelle-Zélande: un commun qui s'ignore?», en *Journal of Constitutional History*, t. XXXVIII, vol. 2 (2019), pp. 39-53.

el marco de una teoría política global, reglas de coexistencia entre humanos y animales que no resulten solo beneficiosas para los primeros.[66] Sin embargo, sin una modificación profunda en la forma en que nos percibimos a nosotros mismos y pensamos nuestro modo de habitar la Tierra, que es siempre una cohabitación con los otros, los derechos no son a menudo más que derechos sobre el papel. Si adoptamos una mirada crítica sobre las representaciones que sirven de base de las teorías políticas y sustituimos la idea de sujeto que prevalece en el liberalismo y en el republicanismo actuales por otra concepción que subraye su carácter terrestre y relacional, las finalidades de la política y nuestra forma de pensar las luchas sociales dejarán de ser las mismas. Dicho de otra manera, el proyecto de emancipación individual y política adquiere en la edad de lo viviente una dimensión que no existía en el siglo XVIII.

66 Nos remitimos a dos libros nuestros: *Les nourritures. Philosophie du corps politique, op. cit.* y *Manifiesto animalista: politizar la causa animal, op. cit.* En el primero proponemos una teoría política global que incluye considerar a los animales entre las finalidades de la política, y en el segundo indicamos algunas pistas que permiten introducir la causa animal en la democracia, teniendo en cuenta el pluralismo político y la asimetría existente entre los animales y nosotros, al no ser el derecho más que una herramienta, obviamente imprescindible, en ese trabajo que se enmarca en la filosofía política.

III. La autonomía recuperada

La atestación es fundamentalmente atestación *de sí*.
Esta confianza será, alternativamente, confianza en el poder
de decir, en el poder de hacer, en el poder de reconocerse
personaje de narración y, finalmente, en el poder de responder a
la acusación con el acusativo: ¡heme aquí!

PAUL RICŒUR, *Sí mismo como otro*

LA EMANCIPACIÓN INDIVIDUAL COMO DESGARRADURA

Autonomía y emancipación. El ejemplo del feminismo

«Autonomía» es la noción cardinal de la Ilustración. Podemos incluso hablar de ella como de un principio puesto en los fundamentos de una organización social y política que requiere el cuestionamiento de las jerarquías tradicionales, especialmente las religiosas, y la denuncia de los prejuicios y de las situaciones de opresión en nombre del derecho de todos a la autodeterminación y a la igualdad. La autonomía es, además, una reivindicación en el origen de los movimientos ecologistas.

Justamente para denunciar un tipo de sociedad heterónoma que no puede sino llevar a la destrucción de la subjetividad y de la naturaleza y que es incompatible con la convivencia y la democracia, un pensador como André Gorz coloca la ecología en el centro de su reflexión antropológica y política. Los movimientos ecologistas aparecieron mucho antes que el calentamiento global y la erosión de la biodiversidad se convirtieran en preocupaciones compartidas por un público más amplio consciente de las amenazas que representan para nuestra supervivencia. Nacieron de una protesta contra la destrucción por los aparatos del poder económico y administrativo de la cultura de lo cotidiano, es decir, «el conjunto de los conocimientos intuitivos, del saber hacer vernáculo [...] gracias a los cuales los individuos pueden interpretar, comprender y asumir su inserción en el mundo que los rodea».[1] Su motivación era, además de la protección del planeta, la defensa del mundo vivido «contra el reino de los expertos, contra la cuantificación y la evaluación monetaria, contra la sustitución de las relaciones comerciales, de clientela, de dependencia, por la capacidad de autonomía y de autodeterminación de los individuos».[2]

Asimismo, la denuncia del Esquema que rige nuestro mundo y que se funda en la dominación de los otros y de la naturaleza en el sí mismo y fuera del sí mismo lleva a oponerse al imperativo del rendimiento máximo y al reino de la competición y a hacer de la ecología el capítulo central de un proyecto alternativo de sociedad. Una organización social y política estructurada por el Esquema de la consideración se basa en la autonomía de los sujetos. La clave de la nueva Ilustración está en su capacidad de instituir nuevos significados y anudar vínculos con los otros, humanos y no humanos, que no sean relaciones de dominación.

La autonomía supone la libertad de pensar de los individuos. Esta libertad es la garante de instituciones que responden a ese

1 A. Gorz, *Éloge du suffisant,* París, Presses Universitaires de France, 2019, p. 27.
2 *Ibid.,* p. 32. Eso es verdad sobre todo aplicado a la tradición continental y a la ecología política francesa de la que Gorz es un eminente representante. Dicho esto, ese mismo motivo lo encontramos en Henry David Thoreau, un siglo antes de los primeros escritos de Aldo Leopold, que inspiró a los promotores de la ética medioambiental anglosajona centrada en el reconocimiento del valor intrínseco de los ecosistemas.

requisito de autonomía individual y política y también es en sí misma un horizonte, una tarea que requiere ciertas mediaciones, atraviesa etapas y jamás se consuma. Este enlace de reciprocidad entre la libertad individual y las instituciones es una característica de la Ilustración. Sin embargo, todavía nos queda mucho para sacar de ahí todas las consecuencias, ya que la mayoría de las veces primero anunciamos las reglas de la política, a menudo subordinada a los imperativos del mercado, para luego proceder a pensar cómo los individuos pueden adaptarse a la situación resultante, ya sea en su trabajo o en el ejercicio de su ciudadanía.

El reconocimiento del valor intrínseco de la libertad implica un cambio de paradigma en política. La democracia debe su legitimidad a un principio ético y a la concepción de la vida buena defendida por la Ilustración: una vida que valga la pena vivirla, coronada por el éxito o no, agradable o no, es una vida en la que uno usa libremente de su voluntad, en la que nadie le dicta en su lugar lo que debe pensar y en la que uno somete a examen sus propias opiniones.[3] La libertad supone, en fin, reconocer el propio deseo en lugar de admitir necesidades y aspiraciones dictadas desde el exterior y modeladas por el mercado. En este sentido hablamos de la preeminencia de la ética sobre la política. Una preeminencia rechazada por los anti-ilustrados que reducen la ética a una moral heterónoma que remite a las costumbres y a los dogmas. A esa ética, por otro lado, se la ataca abiertamente en nuestra sociedad, donde nuestra vida se encuentra cuadriculada según normas administrativas y donde las normas impuestas por el Esquema de la dominación, tal como

---

3 Reconocemos aquí el lema de la Ilustración formulado por Kant en su famoso folleto *¿Qué es la Ilustración?, op. cit.* Pero también podemos pensar en Platón, *Apología de Sócrates,* 38a, donde Sócrates dice que una vida humana sin examen no es digna de ser vivida. Por esta razón, Leo Strauss consideraba a Platón e incluso a Sócrates como padres de la Ilustración. Véase L. Strauss, «Cohen et Maïmonide» (1931) en *Revue de métaphysique et de morale,* 2 (2003), pp. 248, 251 y 258.

se pone en práctica en el sistema capitalista, generan conformismo social, ponen en riesgo la libertad de pensar y colonizan la imaginación, por más que todos tengamos la ilusión de vivir como pretendemos hacerlo y de no tener sino opiniones propias.

Hay que abordar, pues, la cuestión de la autonomía de los sujetos antes de contemplar las condiciones de una organización social y política que descansaría en la libertad y fuera capaz de responder a los retos que plantean la globalización y el calentamiento global. Ciertamente, todo no depende de los individuos; no hay que olvidar la importancia de la intersubjetividad ni la de las normas y de las prácticas sociales en la constitución de la identidad personal. La autonomía, como veremos, es el resultado de un proceso de subjetivación e individuación que exige la afirmación de lo que nos importa, pero también la capacidad de comprometernos aquí y ahora y el deseo de vivir en instituciones justas. Además, parece imposible que, en la conquista de su libertad, los sujetos puedan ahorrarse, por lo menos al inicio, una confrontación más o menos violenta con las normas existentes. En fin, si los motivos tradicionales de opresión y dominación, como la superstición, los prejuicios, los estereotipos y la ignorancia, están siempre a la orden del día, ser *ilustrado* en la edad de lo viviente significa ante todo liberarse de ciertas representaciones ancestrales ligadas al lugar del humano en la naturaleza y a su relación con las otras especies. La libertad individual debe conquistarse, por lo tanto, en reñida lucha porque los peligros externos e internos que la amenazan son ahora más insidiosos puesto que son menos visibles que en la época de la Inquisición o durante el *Ancien Régime*, ya que todos debemos liberarnos de la racionalidad instrumental, del rechazo del otro y del olvido de la corporeidad, que constituyen los vicios de nuestra civilización y han contaminado la Ilustración.

La autonomía es un proceso que consta de una fase deconstructiva y otra constructiva. La primera corresponde a la emancipación. Esta designa una desgarradura consecutiva a una crisis que saca a la luz el carácter insoportable e injusto de una situación. Esa concienciación conduce primero a un rechazo de las normas y de las prácticas existentes. La emancipación es a la vez individual y social, ya que la reflexividad del sujeto o el hecho de liberarse de una tutela que ya no acepta arroja una nueva luz sobre la organización global del mundo —lo que llamamos su Esquema—, que le lleva a reivindicaciones universalizables y a la constitución de colectivos. La emancipación no es nunca únicamente el fruto de la reflexión individual, del esfuerzo por el que cada uno «se atreve a pensar por sí mismo», hablando como Kant, porque el movimiento por el que el individuo accede a una nueva representación de su sí mismo pasa por poner en cuestión el orden social y político existente.[4]

Podemos hablar verdaderamente de autonomía cuando nos referimos a su segunda fase en el transcurso de la cual el individuo va más allá de la deconstrucción de los esquemas opresivos y afirma su capacidad de actuar adoptando un modo de vida alternativo. Se trata de una autonomía recuperada que no tiene nada que ver con el repliegue sobre sí mismo de un sujeto atomizado, sino que refleja un ensanchamiento de la subjetividad y una apertura al mundo común. Va más allá de la simple subjetivación o de la manifestación de su libertad de conciencia y no se encierra en una oposición frontal a los otros, sobre todo a las categorías sociales acusadas de ejercer la dominación sobre el otro.

Mientras que, en un momento inicial, el sujeto dedica toda su energía a desprenderse de normas y hábitos que lo alienaron o le provocaron comportamientos de sumisión, librando así un combate contra sí mismo y contra la sociedad, en un segundo tiempo cesa de vivir, por así decir, en el mundo de su adversario.

4 F. Tarragoni, «Émancipation», en P. Savidan (ed.), *Dictionnaire des inégalités et de la justice social,* París, Presses Universitaires de France, 2018, pp. 444-445.

Tiene suficiente confianza en sus propios recursos para promover un proyecto de sociedad que hace obsoletos los antiguos esquemas de opresión y dominación. También es capaz de dirigirse sin agresividad a las personas contra las que antes combatía considerando que pueden tener su propio lugar en una organización social y política diferente.

El feminismo ilustra claramente los envites y los desafíos de la emancipación. Muestra, en primer lugar, que la emancipación es una autoemancipación. Porque son los sujetos —y los colectivos que estos constituyen— quienes se liberan de la dominación al rechazar también la violencia simbólica que genera, esto es, la «adhesión a-reflexiva de los dominados a las categorías que, producidas por los dominantes, justifican su dominación»[5] y la hacen socialmente aceptable. En otras palabras, el feminismo impone romper con el esquema según el cual la emancipación del sujeto se llevaría a cabo gracias a otro.[6] Nótese que este esquema heterónomo de la emancipación, que remite a su historia y a la Ilustración del pasado, también se encuentra entre aquellos que Federico Tarragoni llama los «maestros emancipadores». Estos últimos imponen un relato de la liberación en lugar de

---

5 *Ibid*, p. 450. Tomamos aquí la definición dada por Federico Tarragoni de la violencia simbólica en Bourdieu, cuya concepción relativa al papel de los sociólogos, por lo demás, critica. En efecto, Bourdieu pensaba que los sociólogos emancipaban a los individuos, mientras que, según Federico Tarragoni, que en este punto sigue a Luc Boltanski, todo el mundo tiene, incluso bajo un régimen tiránico, la capacidad de reflexionar sobre la dominación que sufre.

6 Para entender la emancipación de la mujer conviene distanciarse de la etimología del término, que Federico Tarragoni recuerda en su artículo (p. 449). Efectivamente, emancipar viene del latín *mancipo* («extraer») y significa liberar a un menor o a un esclavo de su estado de tutela sacándolo de esa situación tomándolo de la mano (*ex manu capere*) para conferirle la capacidad civil u otorgarle la ciudadanía y los mismos derechos que a los demás, como en el caso de la «emancipación de los judíos» que procede de los decretos revolucionarios franceses de 1790 y 1791.

partir de los actores mismos y de los esfuerzos emprendidos por estos para liberarse de una situación de servidumbre y cambiar la sociedad.[7]

El feminismo es, pues, la historia de una emancipación llevada a cabo por las mujeres. Liberarse de una situación de opresión solo puede ser el resultado de la acción de las personas afectadas, y no de un discurso general y prominente en la sociedad. Lo vemos perfectamente si recordamos que la igualdad de los sexos suscitó muy intensas resistencias entre los revolucionarios más radicales. Como escribía Olympe de Gouges en su Declaración de 1791 de los derechos de la mujer y de la ciudadana, el derecho al cadalso debía otorgar también a las mujeres el derecho a la tribuna. Esta mujer, sin embargo, no conocerá más que el cadalso, porque será guillotinada el 3 de noviembre de 1793 por los Montagnards, que la acusaron de no ser suficientemente republicana. Habrá que esperar la ordenanza firmada el 21 de abril de 1944 por el general De Gaulle para que las mujeres se hicieran electoras y elegibles en las mismas condiciones que los hombres. La autonomía política reivindicada por los revolucionarios solo concernía a la mitad de la sociedad. Este ejemplo prueba igualmente que la emancipación es siempre local, parcial, inacabada y plural; las luchas siempre se renuevan y el riesgo de prologar una situación de dominación nunca se elimina.

Que el feminismo pone de manifiesto los retos y las dificultades vinculados a la emancipación es todavía verdad, incluso para las mujeres que han llegado a obtener la igualdad civil, como ocurre en nuestro país. En efecto, las desigualdades de género siguen existiendo y son desigualdades acumuladas.[8] La domina-

---

7 *Ibid.*, p. 445-446.

8 Así, la precariedad económica y el trabajo temporal forzoso son más frecuentes entre las mujeres que entre los hombres y la emancipación de las mujeres sigue siendo aún más difícil para las clases sociales desfavorecidas y en los países pobres.

ción masculina reviste igualmente nuevas formas inéditas, a veces insidiosas, que hacen necesario aplicar nuevas estrategias. Es importante, por lo tanto, no focalizarse en los problemas de género, e insertar las cuestiones referentes al feminismo en una reflexión política global que requiera el uso de categorías clásicas de la filosofía política, como la de la igualdad.[9] No se puede construir una sociedad en la que el valor y la contribución social de las mujeres y de los hombres se reconozcan por igual si no se destruye la lógica de la organización social y política actual, que pone a las personas en competencia y las cosifica. Por lo tanto, es preciso que el Esquema que impone a los individuos una forma determinada de vivir y de relacionarse con el cuerpo y con los otros, sobre todo con el otro sexo, se deconstruya y sea sustituido por un Esquema nuevo. La dominación masculina es un reflejo de una dominación más profunda de la que son víctimas las mujeres, pero aliena también a los hombres, haciéndolos prisioneros de las representaciones de sí mismos que los empujan a compararse constantemente con los otros para medir su poder y no los ayudan a tener relaciones enriquecedoras, basadas en el respeto mutuo y la capacidad de compartir.

Así, siempre es necesario deconstruir los prejuicios y los estereotipos que justifican la subordinación de las mujeres y que a veces las llevan a aceptar una situación de opresión sin darse cuenta o a no buscar puestos de responsabilidad. La dominación masculina debe hacerse visible, ya que casi siempre es invisible. Este aspecto explica el carácter fuertemente agresivo de las reivindicaciones feministas. Sin embargo, el feminismo no puede reducirse a su componente agresivo; debe poder culminar en la afirmación, hecha por las mujeres, de su capacidad para actuar, es decir, debe expresarse a través de opciones de vida que no se toman como reacción a un modelo formateado por hombres,

9 G. Fraisse, *La sexuation du monde. Réflexions sur l'émancipation,* París, Presses de la Fondation nationale des sciences politiques, 2016, pp. 35-42.

sino porque tienen sentido en sí y para la sociedad. En su fase más elevada, la autonomía se expresa, en efecto, por la búsqueda de una vida buena con y para (todos) los otros en el seno de instituciones justas.[10] La oposición al sistema no es un fin en sí mismo, pero la persona que se emancipa desea hacer evolucionar a la sociedad. Se libera del discurso de la dominación y lo sustituye por una concepción de la sociedad más inclusiva. El feminismo puede ser así uno de los caminos privilegiados que conducen a una organización social y política estructurada en torno a la consideración que implica reconocer la alteridad y poner en valor la contribución de cada uno y de cada una al mundo común.

Los experimentos llevados a cabo en numerosos ámbitos, de la agricultura a la educación pasando por el transporte y la vivienda, son también manifestaciones de la autonomía tal como la definimos. Las personas implicadas en estos experimentos no tienen en su ánimo el deseo de exhibir su marginalidad. Desarrollando modelos alternativos ecológicamente sostenibles y socialmente justos que las ayudan a recuperar su autoestima puesta en peligro por la sumisión al viejo modelo, ejercen su autonomía de forma constructiva y expresan su vertiente creativa. Sin embargo, antes de alcanzar esta autorrealización, los individuos pasan a menudo por una crisis: no soportan sus condiciones de vida, que les parecen absurdas e injustas, y son conscientes de que son necesarios cambios radicales, en su caso y a escala mundial.

---

10 Así es como define Ricœur la ipseidad y la constitución ternaria de la persona. Véase «Approches de la personne» (1990), en *Lectures 2. La contrée des philosophes*, París, Seuil, 1999, p. 204 (trad. cast., «Aproximaciones a la persona» en *Hermenéutica y responsabilidad. Homenaje a Paul Ricœur. Actas [de los] VII Encuentros Internacionales de Filosofía en el Camino de Santiago*, Santiago de Compostela-Pontevedra-La Coruña, 2005, pp. 133-160) y *Soi-même comme un autre*, París, Seuil, 1990, p. 202 (trad. cast., *Sí mismo como otro*, México, Siglo XXI, 1996, p. 214).

La emancipación supone una ruptura dolorosa con un estado de cosas y un orden antiguos. La cuestión es saber de quién y de qué hay que emanciparse y que la conciencia del *impasse* en la que uno se encuentra genere no desesperación, resignación o capitulación, sino acción. ¿Cómo se llega a superar el rechazo, a menudo asociado a una demanda de ayuda externa, para organizarse y proponer un proyecto capaz de durar y hasta de ser imitado? ¿Qué proceso de subjetivación y de individuación hace posible la articulación entre la emancipación, la autonomía y la justicia? En fin, se trata de comprender cómo el cuestionamiento de un modelo de desarrollo aberrante ecológica y socialmente puede llevar a un compromiso en favor de la vida y de los seres vivos que no degenere en modo alguno en ecofascismo.

¿Emanciparse de qué, de quién, cómo?

La Ilustración en la edad de lo viviente representa, igual que la del pasado, un proyecto de emancipación individual y colectiva y afirma la necesidad de una ruptura con un orden que aliena a los individuos y es destructor. La mayoría de los obstáculos para la liberación de los individuos no son los mismos que los de siglos anteriores, pero algunos se mantienen, pese a todo, inmutables.

El miedo al futuro sigue siendo una de las principales causas de superstición. Explica, como escribió Spinoza, que los individuos que «piden consejo a cualquiera» se entreguen a los «delirios de la imaginación», adhiriéndose a opiniones simplistas y poco fundadas en la razón. Los seres humanos, que «casi siempre fluctúan miserablemente entre el temor y la esperanza», a «la razón la llaman ciega y a la humana sabiduría cosa inútil».[11] El hecho

11 B. Spinoza, *Tratado teológico-político*, en *Obras completas*, 5 vols., Buenos Aires, Acervo cultural, 1997, pp. 5-6. Véase también *Tratado teológico-político*, Madrid, Alianza, 1997, pp. 60-61.

de preferir el amateurismo o la charlatanería a los discursos racionales, incluso a las demostraciones y argumentaciones científicas, se explica a menudo por el temor al mañana y al hundimiento de las antiguas certezas. No es, pues, forzosamente la expresión de un odio a la razón semejante al que caracteriza a los anti-Ilustrados, si bien estos últimos lo explotan cómodamente, como veremos en el análisis de las nuevas formas que reviste hoy el irracionalismo.

La dificultad de vivir en la incertidumbre y la necesidad de dejarse guiar por un maestro del espíritu, o incluso por un líder considerado todopoderoso y omnisciente, explican que el público conceda a veces más crédito a las palabras simplistas de personalidades mediáticas que a las de los investigadores que, aun siendo conscientes de la complejidad de los fenómenos que estudian y de las incertidumbres en cuanto a su evolución, no ocultan la gravedad de la situación y tratan de encontrar soluciones económicamente rentables y democráticas a la crisis ecológica.[12] Si los conocimientos científicos, y cualquier planteamiento riguroso y matizado de temas complejos, son a menudo difíciles de asimilar por la población, se debe en parte a que la gente quiere respuestas rápidas y prefiere identificar a los culpables a preguntarse por los medios para actuar de una manera concertada y pragmática.

Hay que reconocer que nuestra relación con las ciencias y las técnicas es hoy paradójica. Muchas personas confían en ellas

---

12 En los últimos años disponemos de numerosos informes que presentan soluciones concretas que permiten responder eficazmente y de manera contextualizada al calentamiento global y a la erosión de la biodiversidad. Abarcan todos los ámbitos: energía, alimentación, agricultura, transporte, fiscalidad, empleo, etc., y convergen en muchos puntos. Véase, en particular, el del *Shift Project* sobre la transición energética hacia una sociedad poscarbono: http://decarbonizeurope.org/#Propositions, los de la IPCC, sobre todo el informe de agosto de 2019 sobre los suelos: https://www.ipcc.ch/report/srccl/ y el de mayo de 2019 de la IPBES (Plataforma Intergubernamental en Biodiversidad y servicios de los ecosistemas): http://bit.ly/IPBESReport.

para resolver la mayoría de los problemas, sobre todo los relacionados con el calentamiento global; los discursos políticos hacen otro tanto. Por ejemplo, se cuenta con la geoingeniería o con la inteligencia artificial para inventar un futuro nuevo, aunque esta confianza descansa sobre pocas pruebas concretas. A la vez, preferimos ignorar las consecuencias a medio y largo plazo del uso civil o militar del átomo o del desarrollo acelerado de las tecnologías de manipulación de organismos vivos. El pánico desata reacciones irracionales y contradictorias; genera a un mismo tiempo desconfianza en la razón y en los discursos científicos y confianza irracional en la capacidad de las ciencias y las técnicas para resolver cualquier reto nuevo.

El hecho de que la irracionalidad pueda alojarse en la entraña misma de los laboratorios es un problema que la nueva Ilustración debe afrontar. Porque la idea de que las ciencias y las técnicas generan progreso no funciona del todo. El poder de las tecnologías actuales y la posibilidad de un holocausto nuclear exigen que tanto los dirigentes como los ciudadanos pongan en tela de juicio algunas de las ideas propias de la Ilustración pasada que asociaba el auge de las ciencias y de las técnicas con el progreso social. No se trata evidentemente de rechazar en bloque las ciencias y las técnicas, cuyo desarrollo es concurrente con el de la humanidad; han desempeñado y seguirán desempeñando un papel aún más importante en la evolución de las sociedades. No obstante, es imperativo examinar el sentido que hoy puede tener el progreso y pensar una cultura que nos permita emplear sabiamente las tecnologías en lugar de ser superados por ellas.[13]

Así, el problema de la credulidad es todavía actual en materia religiosa, aunque la religiosidad de ahora es diferente de la del pasado. La crítica de la Biblia tal como fue llevada a cabo por la Ilustración, por Hobbes y Spinoza y predecesores suyos como Uriel da Costa, así como la separación entre la religión y

13 Este punto se desarrollará en el capítulo v.

la política, explican que la obediencia a la tradición no es, hoy, fundamento de la fe.[14] La fe se basa ahora sobre todo en la convicción. Esta situación alimenta el sincretismo, como puede observarse en un buen número de personas que no se identifican con una religión en particular, sino que adoptan elementos de su vida espiritual tomados de varias tradiciones. El hecho de prescindir de toda mediación y de toda exégesis propicia asimismo la difusión del evangelismo, que puede tener un componente fanático. Sin embargo, si bien algunos creyentes hacen una lectura literal de los textos religiosos, no es la fe en los milagros lo que deviene el signo más flagrante de irracionalidad en nuestra sociedad. Sabemos perfectamente que los terroristas que invocan el paraíso para justificar los ataques que cometen refiriéndose al islam, y que a menudo adolecen de un conocimiento rudimentario del Corán, no es más que un pretexto. En ese contexto la religión sirve para cristalizar una necesidad identitaria y reunir a individuos que han perdido sus puntos de referencia en torno a una ideología simplista que opone amigos y enemigos, puros e impuros. En otras palabras, aunque los análisis que los filósofos de los siglos XVII y XVIII aplicaron a las causas del fanatismo son todavía actuales y la intolerancia contra la que ellos lucharon no ha desaparecido, el diagnóstico que hacemos de la situación presente y los problemas a los que nos enfrentamos, así como la manera de poder resolverlos, son diferentes.

La Ilustración hace del uso de la razón el remedio para luchar contra la ignorancia y el fanatismo. Ahora bien, no solo hemos visto en el primer capítulo que podía haber una irracionalidad del racionalismo y un extravío de la razón, sino que, además, la nueva Ilustración se distingue de la del pasado por su renuncia a la idea de la transparencia del sujeto de sí mismo. La hipótesis del inconsciente rebaja la pretensión de la conciencia de domi-

14 C. Pelluchon, *Leo Strauss. Une autre raison, d'autres Lumières, op. cit.,* pp. 35-38.

nar las pulsiones. Como dice Freud, «el yo no es dueño y señor de su propia casa»,[15] y en la segunda tópica nos presenta el ideal del yo como la máscara invertida del superyó. Así, nuestros valores y aspiraciones, nuestros gustos y disgustos, no serían el resultado de una elección personal y reflexiva, sino que estarían determinados por nuestro inconsciente, en particular por los conflictos psíquicos ligados al complejo de Edipo y a la interiorización de las prohibiciones familiares y sociales. El yo, por su parte, se encuentra dividido entre el ello, constituido por las pulsiones inconscientes, y el principio de realidad. Sin embargo, esto no significa que la razón se haya hecho accesoria en el gobierno del sí mismo.

El psicoanálisis ha renovado en profundidad el conocimiento de los mecanismos que actúan tanto en los movimientos de masas como en los procesos regresivos y en la manera en que un individuo puede reiniciar en parte el control de su vida dirigiendo hacia la conciencia ciertos conflictos psíquicos. Por eso Freud es un heredero de la Ilustración.[16] El psicoanálisis es, en efecto, una terapia y una técnica que ayudan al sujeto a liberarse de la influencia destructiva del inconsciente. Al solucionar, a través de la palabra y la transferencia, ciertas contradicciones existentes en el interior del sí mismo, y al hacerse consciente de los conflictos psíquicos remontándose especialmente a su historia familiar, el sujeto comprende mejor lo que lo mantiene prisionero del pasado, lo somete al deseo de los otros y obstaculiza su realización. No solo puede desprenderse, al menos en parte, de la historia del otro y ser más libre, sino que, además, su uso de la razón ya no es tan ingenuo porque sabe que puede ser el instrumento de la negación y de la represión. El psicoanálisis

15 S. Freud, «Una dificultad del psicoanálisis» (1917), en *Obras completas* II, Madrid, Biblioteca Nueva, 1968, p. 1112.
16 Sobre lo que acerca y distingue a Freud de la Ilustración del siglo XVIII, véase M. Ansart-Dourlen, *Freud et les Lumières,* París, Payot, 1985.

es, en este sentido, la expresión del posible triunfo de la conciencia individual sobre las fuerzas destructivas del inconsciente. Estas no desaparecen, pero se las identifica y su poder de dañar disminuye y hasta se neutraliza. Freud asigna a la civilización y a la cultura la tarea de dar a los individuos los medios necesarios para sublimar su agresividad. A pesar de su pesimismo, evidente después de *Más allá del principio del placer,* donde pone de manifiesto el conflicto entre Eros y Tánatos, entre el poder del amor y la destructividad, Freud es fiel a la Ilustración, que creía que la razón era el mejor aliado de la civilización y que la salvación de la humanidad pasaba por la educación y la cultura. Aunque las pulsiones destructivas no pueden ser eliminadas, es posible sublimarlas o cambiarlas de objeto, desplazarlas, y, en el caso de la pulsión de muerte, intentar bloquearla.[17] El papel de la educación es precisamente ayudar a los individuos a adueñarse de sus deseos y sublimar sus pulsiones. Al no estar estos sometidos a los conflictos psíquicos relacionados con su historia, tendrán menos necesidad de descargar su agresividad sobre otro o de destruirse. La sociedad también debe encontrar contrapesos a la destructividad humana y ofrecer a los individuos gratificaciones que puedan compensar los sacrificios y la represión de sus instintos, que se han hecho necesarias para la vida en sociedad.[18]

Es igualmente importante tener en cuenta las consecuencias que la historia, pero también la destrucción del planeta y la masacre de los animales tienen sobre el psiquismo. La hipótesis de un inconsciente colectivo, que debemos a Jung y que ha sido

---

17 S. Freud, «Los instintos y sus destinos», en *Metapsicología, en Obras completas, op. cit.,* I, pp. 1035-1045; «La represión», en *Ibid.,* pp. 1045-1051.

18 *Id., El malestar en la cultura, en Obras completas, op. cit.,* I, 1968, § VI, pp. 41-46. Véase también *Pourquoi la guerre?,* París, Payot-Rivages, 2005, p. 6 (una versión cast. de las cartas entre Eisntein y Freud puede verse en *¿Por qué la guerra? Einstein y Freud, 1933[1932], en* S. Freud, *Obras completas,* vol. XXII, Buenos Aires, Amorrortu Editores, 2013).

tomada muy en serio por los ecopsicólogos, debe sensibilizarnos ante las estrategias psicológicas de defensa que explican el desfase entre la conciencia ecológica y las dificultades que experimentan los individuos y los gobiernos a la hora de poner en práctica cambios que, no obstante, juzgan necesarios.[19] Debemos reflexionar, pues, sobre lo que exige una educación que pueda liberar al individuo y llevarlo a realizarse alcanzando una cierta madurez psíquica. Y aunque es fundamental desarrollar el espíritu crítico en todos los ámbitos, no hay que descuidar, cuando se habla de emancipación, la vida emocional, el cuerpo, las dimensiones arcaicas del psiquismo y el inconsciente.

Es importante integrar la contribución del psicoanálisis y la ecopsicología con la Ilustración en la época de lo viviente dado que los obstáculos a la emancipación individual y colectiva son particularmente difíciles de identificar en el contexto actual. La aparente permisividad de nuestras sociedades, el requerimiento a disfrutar y los modelos de rendimiento y éxito puestos en valor por la publicidad y los medios de comunicación no eliminan los bloqueos, sino que crean otros, que a veces son menos perceptibles que los que estaban causados por la moral sexualmente represiva y una educación religiosa culpabilizadora. Más aún, los prejuicios y las representaciones que hay que combatir para promover la nueva Ilustración son arcaicos; forman un todo con el inicio de la civilización, o por lo menos con los relatos que la explican. Por eso suscitan resistencias, como las que se pueden ver tan pronto como se trata de la subjetividad animal.

La Ilustración en la edad de lo viviente exige la superación del antropocentrismo cerrado y de los dualismos propios de filosofías anteriores y de la Ilustración del pasado. Este esfuerzo tiene un coste psicológico, incluso narcisista. A ciertas personas, por ejemplo, les resulta muy difícil reconocer la complejidad de la vida psíquica de los animales y, sobre todo, adaptarse a las

---

19 C. Pelluchon, *Éthique de la considération, op. cit.*, pp. 217-222.

consecuencias de los descubrimientos etológicos, porque eso perturba sus hábitos y muchas de sus prácticas están asociadas a esquemas culturales constitutivos de su identidad. Este es el caso de las corridas de toros, de la caza o hasta del consumo de carne —costumbres o hábitos que el imaginario popular sigue asociando todavía con la virilidad, la fuerza o la capacidad del humano de dominar la naturaleza salvaje—. Si la crítica de las costumbres es un lugar común de la Ilustración, el cuestionamiento intelectual y existencial que exige la edad de lo viviente también implica un rechazo de la educación que se ha recibido, moldeada en gran medida por las representaciones dualistas y antropocéntricas de la Ilustración del pasado.

La ampliación de la esfera de nuestra consideración a los otros seres vivos, cuya plenitud y derecho a existir limitan nuestra libertad, es el resultado de un proceso de autotransformación que afecta a nuestras representaciones, a nuestras valoraciones, a nuestras emociones y a los afectos que nos mueven a actuar. Esta transformación concierne también a los estratos de nuestro psiquismo, vinculados a la corporeidad y a las sensaciones. En lugar de atribuirse una soberanía absoluta sobre la creación y tener una relación de dominación sobre los otros, el humano, que es consciente de pertenecer a una comunidad biótica, se considera a sí mismo habitante de una Tierra que comparte con los otros seres vivos y, aunque la incorporación de este saber, que define la consideración, requiere su tiempo, llega por sí mismo a comportarse de manera más responsable y respetuosa.

La Ilustración en la edad de lo viviente descansa sobre una revolución en la forma de pensarse uno mismo y de pensar su estar-con-el-mundo-y-con-los-otros. Exige que el sujeto revise a fondo su forma de habitar la Tierra y de cohabitar con los otros, que se interrogue sobre lo que hay en su plato y sobre lo que está en su derecho de hacer o no hacer con su tiempo libre y su dinero. Hay que admitir también que la antigua Ilustración ofrece muy pocos elementos para pensar la relación del hombre con la naturaleza y los animales, la manera de producir y consumir o el uso de las tecnologías. Es importante examinar uno a uno los elementos heredados de la organización social y política y de la cultura del pasado y preguntarnos si deben conservarse, ampliarse o complementarse, o si hay que rechazarlos y combatirlos porque se han convertido en instrumentos de un racionalismo extraviado y son artilugios destinados a mantener un Esquema injusto.

La *epokhé* civilizacional, que implica poner en entredicho todo cuanto ha llevado a que nuestra civilización se invirtiera en barbarie y tiende a promover un racionalismo y un modelo de desarrollo capaz de poner de nuevo en marcha un proceso civilizacional, es a la vez condición y resultado de la autonomía. Sin embargo, antes de saber con qué reemplazar un sistema cuyas contraproductividades conocemos y antes de poder oponer a las representaciones y a los hábitos que se les asocian una manera de pensar y acciones que los pongan en el camino de la emancipación, los individuos y las sociedades pasan por un período de inestabilidad. Antes de la reestructuración que sigue a una reorganización psíquica, que afecta incluso a las raíces de la civilización, el desmoronamiento de los antiguos puntos de referencia hace reavivar, como en un retorno de lo reprimido, todos los viejos conflictos, los estigmas de heridas pasadas, de injusticias que nunca fueron reparadas.

Conviene ser consciente de los considerables esfuerzos que debemos hacer para efectuar la *epokhé* civilizacional y evitar las ideologías simplistas que vendrían a dar respuesta a la angustia consecutiva a la pérdida de nuestros antiguos puntos de referencia.

Las estrategias psicológicas de defensa puestas en acción por cada uno de nosotros resultan ser obstáculos para la transición ecológica, la promoción de una mayor justicia hacia los animales y la lucha contra la desmesura y el mal uso tecnológicos. Son muy eficaces, tanto si hablamos de la negación, del presentismo, del desacuerdo entre razón y sensibilidad, de la disonancia cognitiva, de la racionalización, de la minimización del mal o del argumento de la inoportunidad. [20] Y así, la mayoría de la gente es consciente del carácter inexorable del calentamiento global y de sus consecuencias y sabe que nuestro modelo de desarrollo es, en gran medida, el responsable, pero no por eso cambia su estilo de vida. Todos nos acostumbramos a pensar que no podemos reorientar el curso de nuestra vida ni el de los acontecimientos. Y, como nada cambia en el terreno de las políticas públicas, el calentamiento global empeora y la agricultura y la ganadería intensivas se generalizan, nos decimos que la realidad confirma el sentimiento de que no tenemos ningún peso en el asunto e incluso de que no somos responsables de la situación. Como esa actitud refuerza la negación y la fractura entre la razón y las emociones, el bucle se cierra.

Para abandonar el modelo de desarrollo destructor y deshumanizado como el nuestro, debemos rechazar las representaciones dualistas y antropocéntricas que se divulgan todavía por doquier, inscritas en el corazón de nuestras ciudades, en el sector de la construcción, la arquitectura, la urbanización incontrolada y el hormigonado generalizado. La amenaza que el calentamiento global lanza sobre la humanidad reaviva también nuestra angustia de muerte y nos dispone no a la acción sino a la huida. Esto no quiere decir que los individuos sean hoy todos fundamentalmente dualistas, que consideren, como Hobbes, que la naturaleza es un enemigo por conquistar, mientras que el hombre sería el obrero de la creación. Al contrario, pocas personas dudan hoy por hoy del carácter antropogénico de la erosión de la biodiversidad y del calentamiento global y del impacto

---

20 El argumento de la inoportunidad se utiliza con frecuencia para evitar plantear el problema de la igualdad de sexos, como muestra Geneviève Fraisse en *La sexuation du monde*. Si lo aplicamos a la causa animal, da el siguiente pretexto: queda mucho por hacer por los humanos que sufren, ahora no podemos ocuparnos de los animales, aunque sea un tema importante; ¡las prioridades son otras!

ecológico del crecimiento demográfico y de la *hýbris* tecnológica no escapa nadie. Asimismo, es raro encontrar a alguien que apruebe las prácticas asociadas a la ganadería intensiva. En otras palabras, los argumentos que intentan convencer a los individuos para que reduzcan su huella ecológica, rebajen el consumo de productos animales, tengan en cuenta las necesidades básicas de los otros seres sintientes y limiten al máximo el empleo de abonos químicos, por más que deban repetirse sin cesar, son insuficientes para inducir un verdadero cambio. En fin, existe un consenso bastante amplio sobre las soluciones que hay que establecer para hacer una transición energética y mejorar de manera sustancial la suerte de los animales, pero la mayoría de la gente no abandona sus hábitos consumistas porque su concienciación de los problemas se queda en un plano superficial y la ecología y la causa animal no comprometen todo su ser.

De manera que la cuestión no es saber de qué emanciparse, sino cómo llegar a emanciparse. ¿Con quién y contra quién luchamos cuando nos oponemos abiertamente a ciertas normas y, en nuestra vida cotidiana, renunciamos a determinadas prácticas? ¿Cómo conseguir que estos cambios duren? Además, para que este periodo de crisis, que transcurre desde el cuestionamiento de un Esquema a la elaboración paciente y estructurada de una organización social y política fundada en la consideración no sea solo un período de latencia, no importa tanto repetir que nos arriesgamos a un colapso como animar a los individuos a innovar en el ámbito local en el terreno de la agricultura, la ganadería, el comercio, el transporte, la energía, la educación y la asistencia a las personas vulnerables. Porque estas iniciativas renuevan la confianza en sí mismo y en el futuro mostrando que es posible reemplazar determinados modos de producción y de intercambio ligados al Esquema de la dominación por modelos más justos.

De la crisis a la atestación

Es imposible romper con las normas productivistas y consumistas que el modelo de desarrollo vinculado al orden economista del mundo nos impone si no lo sufrimos personalmente. Además, para que una situación provoque una profunda remodelación de nuestros valores es necesario que el mal que sufrimos no sea vivido simplemente como un infortunio personal, sino también como una injusticia que nos lleva a cuestionar los valores de la sociedad en que vivimos. Solo entonces el individuo toma la iniciativa de cuestionar globalmente el modelo de desarrollo responsable de su situación. Comienza descubriendo la lógica, es decir, identificando su Esquema, y levanta el velo de una organización económica que extiende por todas partes sus ramificaciones y de la que es, en la parte que le toca, víctima y cómplice al mismo tiempo.

Como sucede después de una depresión o tras una experiencia extrema que haya enfrentado al sujeto con sus límites hundiendo sus certezas morales, lo que en otro tiempo era el blanco de sus esfuerzos pierde ahora todo su interés. Se produce un desmoronamiento del yo. Aparece la tentación de parapetarse tras la soledad, o incluso de suicidarse, cuando parece que la situación no tiene salida y el sujeto se siente abandonado por los otros y por la sociedad. En el marco de una actividad profesional, esta travesía por lo negativo puede ser, no obstante, la ocasión de reciclarse o de pensar en soluciones que permitan seguir su trabajo modificando la forma de practicarlo. La innovación y la asunción de riesgos son, en estas condiciones, una cuestión de supervivencia.

Así es como cada vez más agricultores y ganaderos se liberan de un modelo productivista y consiguen vivir de su trabajo y vender su producción, a menudo localmente y gracias a la venta directa. Recuperan su autoestima y el placer de trabajar, pero también la libertad. El valor de esta no se relaciona con el hecho de que les vaya a permitir ser más competitivos o que será socialmente favorable; la libertad tiene un valor intrínseco. Ningún ser vivo se desarrolla plenamente si carece de libertad.[21]

Dado que la necesidad de expresarse y de apropiarse de su existencia es una aspiración profunda, algunas personas renuncian a un salario elevado para lanzarse a una actividad menos lucrativa pero, a su entender, más gratificante. A diferencia del libre albedrío, la libertad no está vacía de objetivos; está ligada al deseo de hacer algo que sea coherente con lo que uno es y con lo que uno cree. El hecho de someterse a los deseos ajenos y a los mandatos del mercado no solo ahoga la creatividad, sino que, además, es una situación que a la larga crea fatiga moral y disminuye el deseo de vivir. Porque la libertad, que es un componente de la felicidad y la condición de la plenitud personal, confiere un sabor especial a la vida. Aunque una persona tenga dificultades para conseguir lo que necesita y tiene que hacer sacrificios, cuando gana o recupera su libertad experimenta un placer de vivir que ninguna de las ventajas ligadas a una situación más confortable, pero alienante, puede proporcionarle.

La libertad es aún mayor si podemos expresar aquello que nos importa y vivir de acuerdo con los valores de los que nos consideramos garantes. Por eso, la libertad se expresa hoy sobre todo en los estilos de vida. Aunque la globalización lleva a los individuos a pensar que su voto ejerce un escaso impacto en el orden de las cosas, sí entienden que sus decisiones sobre el consumo tienen consecuencias para la producción local y el empleo y que influyen también en las empresas y en los poderes públicos. El paso de lo individual a lo colectivo se efectúa sobre todo

---

21 John Stuart Mill dice que la libertad es un componente esencial de la felicidad de los individuos y que, por esta razón, es útil a la sociedad. Nos adherimos a la primera parte de esta afirmación, pero, en nuestra opinión, la libertad tiene valor por sí misma. J. S. Mill, *Sobre la libertad,* Madrid, Alianza, 2004, capítulo 3.

en el plano de las decisiones alimentarias, que repercuten de forma muy importante en los otros humanos y en los animales y tienen su impacto en la autoestima y en la convivencia, que significa precisamente vivir compartiendo con los otros *(cum vivere)*.

La transición ecológica, que concierne a la vez al medioambiente, a la salud, a la justicia y a la relación con los animales, implica cambios en los estilos de vida. Incluso se juega en gran parte en la mesa. En efecto, comer no es solo un acto privado; junta la preocupación por uno mismo, la preocupación por los demás, humanos y no humanos, y la preocupación por la naturaleza. El hecho de velar por lo que comemos y por la procedencia de los alimentos expresa el deseo de vivir una vida buena con los demás y en un mundo más justo en el terreno económico, social y político. Esto ilustra la «atestación moral» de la que habla Paul Ricœur, que destaca el vínculo, manifiesto en el término alemán *Bezeugung,* entre las propias convicciones *(Überzeugungen)* y el hecho de vivir de acuerdo con ellas dando testimonio ante los demás de ese compromiso *(Zeugnis,* «testimonio»).

Por tanto, no nos parece excesivo decir que la emancipación se expresa en la forma en que hacemos las compras y en lo que comemos. Al alinear las decisiones alimentarias con sus valores, el sujeto afirma el vínculo que hay entre el deseo de reapropiarse de su existencia y de disfrutar de la libertad y su preocupación por los otros y por el mundo común. Pone, además, fin al divorcio entre la felicidad y el deber y al conflicto entre el individuo y la sociedad, que explican que los individuos se habitúen a vivir en desacuerdo con sus convicciones traicionando su sentir moral.

En otras palabras, aunque la emancipación supone una ruptura con las normas existentes porque la conciencia de la alienación y de la heteronomía solo se consigue haciendo visible una situación de opresión o de dominación y oponiéndose a ella, no se lleva a cabo plenamente en la contestación o en la reacción, sino en la participación y el compromiso. También la innovación, que implica tener la audacia de emprender y saber encontrar aliados, es la solución a la crisis que desencadenó el proceso de emancipación. Los ejemplos de emancipación lograda, que por ahora solo existen en el terreno local, no suprimen la necesidad ni la aspereza de los combates, como hemos visto con el feminismo y la causa animal. Sin embargo, muestran que los individuos que se liberan de los antiguos esquemas y logran encontrar su camino no tienen necesidad, para gozar del placer de vivir, de señalar culpables. Pueden, con palabras y acciones, poner en entredicho el Esquema de la dominación sin transformar en enemigos a los particulares que lo mantienen y que la mayoría de las veces están simplemente engañados. Así, el paso de la emancipación a la autonomía presupone que, mientas hacemos luz sobre las representaciones y los hábitos que hay que cambiar, nos concentremos en la búsqueda de soluciones constructivas.

AUTONOMÍA Y MUNDO COMÚN

Transdescendencia, creatividad individual e imaginario colectivo

La fuerza del Esquema que organiza nuestra sociedad reside en las actividades que genera, pero se explica sobre todo por las representaciones con las que se asocia y que se introducen en los corazones y las mentes de la gente. Por ello, la conquista de la autonomía y el abandono del Esquema de la dominación suponen la descolonización de nuestro imaginario. Si bien este proceso a menudo suele estar producido por una crisis existencial, la transformación interior que sigue al cuestionamiento de sí mismo y de la sociedad no lleva a adoptar una postura de indignación en la que se creería que es el único en poseer la verdad. No obstante, aunque el paso de la emancipación a la atestación testifica nuestra inscripción en el mundo, es el reconocimiento de una comunidad de destino existente entre los humanos, y hasta entre los seres vivos, lo que nos permite ensanchar nuestra subjetividad.

La consideración, que es inseparable de ese movimiento de profundización del conocimiento de sí mismo como ser carnal, vinculado por nacimiento y vulnerabilidad a los otros seres y al mundo común, hace que el Esquema de la dominación sea inoperante sustituyéndolo por otra forma de estar en el mundo y otro imaginario. Estos últimos tienen también una fuerza estructurante y hacen desvanecer la necesidad de dominar al otro, la obsesión por el control y el comportamiento depredador hacia la naturaleza y los otros seres vivos. Mientras que la dominación siempre está vinculada a una relación violenta con los otros y arraiga en la inseguridad interior del sujeto que busca imponerse y ve al otro como un competidor, la consideración designa la actitud global o la manera de ser propia de un individuo verdaderamente autónomo: sabe quién es y no tiene necesidad de aplastar al otro para existir. Y porque asume su vulnerabilidad y su finitud, entiende que su tarea, durante el tiempo que se le ha concedido, es contribuir a su manera a reparar el mundo, actuando de manera que los otros puedan vivir en él tan bien como sea posible, y coopera con ellos para transmitir un planeta habitable.[22] La consideración aporta inteligencia del Bien, transforma la autonomía en coraje y se afirma en la no violencia. Esta no es simplemente ausencia de agresión; implica también arrancar de cuajo la dominación, hacer la guerra a la guerra: el mundo ya no se divide en amigos y enemigos, y se es capaz de proponer alternativas que permitan que todos dispongan de su espacio.

---

22 C. Pelluchon, *Réparons le monde. Humains, animaux, nature,* París, Rivages poche, 2020 (trad. cast., *Reparemos el mundo. Humanos, animales, naturaleza,* Barcelona, NED, 2022).

La consideración consta de grados, ciertamente. Culminando en el amor al mundo común y en la voluntad de establecer relaciones de justicia con todos los seres vivos, se expresa ante todo y la mayoría de las veces en forma de convivencia y solidaridad con los semejantes. No obstante, aunque la convivencia no es más que el primer grado de consideración, enseña a los individuos a ensanchar la percepción que tienen de sí mismos. Porque la adquisición de los rasgos morales que permiten vivir bien con los otros en instituciones justas y los desafíos sanitarios y ecológicos que expresan la interdependencia de los humanos entre sí y con los animales cambian progresivamente la mirada con la que los individuos contemplan el mundo, llevándolos a sentir de manera más permanente lo que los une con los otros seres vivos y a adoptar un punto de vista que sobrepasa las fronteras de su país y se extiende más allá del presente.

En general, el paso de la emancipación a la autonormatividad, es decir, a la capacidad de inventar nuevas normas y tomar iniciativas, inscribe o reinscribe al sujeto en el mundo que es siempre, para él, un mundo situado, un entorno con sus limitaciones y especificidades, dentro del cual interactúa con los otros. Aunque esta acción se lleva a cabo en un ámbito local y con el objetivo de abandonar una situación insoportable, pertenece al ámbito de la consideración. Porque, para cambiar el modelo de producción superando las relaciones de rivalidad y de competición es preciso haber iniciado un proceso de autosubjetivación y de individuación, y sentir que lo que nos une a los otros es más fuerte que lo que nos divide. En una palabra, es necesario haber hecho la mitad del camino —haber llegado ya a la consideración— para ser capaces de poner en cuestión las estructuras mentales y sociales asociadas al Esquema de la dominación y atrevernos a innovar. Sin embargo, lo cierto es que lo que hace real la individuación y vuelve al sujeto más autónomo, más libre, más creativo, hasta llevarlo a preocuparse más por los otros y por el mundo común, es la transdescendencia. La exteriorización de esa autonomía y de ese compromiso en obras o en acciones acaba de echar por tierra el Esquema de la dominación.

La transdescendencia descoloniza nuestro imaginario, porque es una experiencia vivida en primera persona *(Erlebnis)* y no una experiencia objetiva o un dato comprendido solo de manera intelectual *(Erfahrung)*. El sujeto que experimenta corporalmente su pertenencia al mundo común y lo que lo vincula a los otros seres vivos siente el deseo de transmitir un planeta habitable y de promover instituciones que permitan a todos realizarse, sin que haya necesidad de someterse a reglamentaciones represivas. Exige cambios drásticos en los hábitos de consumo y en los modos de producción, pero la transición ecológica no se vive ya como una carga asociada a sacrificios y renuncias, sino como una liberación. Siendo la ocasión de abandonar esquemas anticuados, ofrece también la posibilidad de imaginar nuevas maneras de trabajar, comer, cultivar la tierra e intercambiar y estimula la creatividad a menudo encorsetada en una sociedad regida por el Esquema de la dominación.

El redescubrimiento de la propia autonomía no beneficia solo al sujeto. Si este recupera su autoestima y si su razón se fortifica por la consideración, que degeneraba en cálculo y se empobrecía cuando estaba al servicio de objetivos de competitividad y rendimiento, su creatividad beneficia también a la colectividad. Este aspecto muestra a las claras que el Esquema de la consideración entra en el ámbito de la Ilustración, según la cual los avances sociales y políticos dependen estrechamente de la capacidad de los individuos de pensar por sí mismos y ser autónomos. Más aún, al probar la experiencia, con la transdescendencia, de su pertenencia al mundo común, el sujeto percibe claramente el vínculo entre la explotación ilimitada de los otros seres vivos, la depredación de la naturaleza y las políticas de identidad que ponen el acento no en lo que une a los seres, sino en lo que los contrapone. No solo consigue superar los prejuicios ligados a su pertenencia étnica, religiosa o de clase, sino que, además, entiende la ecología como un eje estructurador que puede servir para fundar una sociedad radicalmente diferente. La ecología, pensada como la sabiduría de nuestro habitar la Tierra, requiere determinar reglas de convivencia con los otros que no solo sean beneficiosas para un grupo y no excluyan a nadie.

La consideración modifica desde el interior la libertad, que deviene una libertad con los otros y no contra los otros. Y, porque ya no se basa en una noción abstracta, como la noción kantiana de persona, sino en un sujeto carnal y engendrado que experimenta su pertenencia a un mundo más antiguo que él y a la comunidad de destino que lo vincula a los otros seres vivos, promueve una sociedad más inclusiva y ecológica. En el Esquema de la consideración, la libertad del sujeto, o su soberanía, no se opone a las normas ecológicas: las reclama. Además, no hay que elegir entre la defensa de la democracia y la transición ecológica, aunque esta última requiera, como veremos, democratizar la democracia y construir un proyecto de sociedad que otorgue una mayor iniciativa a los individuos y defienda la necesidad de adoptar un punto de vista cosmopolita y no solo nacional. Estas observaciones subrayan, una vez más, la pertenencia del Esquema de la consideración y del proyecto de sociedad ecológica y democrática que le corresponde a la nueva Ilustración y su oposición, punto por punto, a la anti-Ilustración.

La convicción —convicción muy querida por la Ilustración de ayer y de hoy, pero que la crisis ecológica refuerza— de que la humanidad es una y el punto de vista cosmopolita, que es su consecuencia y sigue también a la expansión de la subjetividad, no equivale a la defensa de un Estado mundial.[23] Esta afirmación de la unidad de la humanidad no implica la homogeneización

---

23 U. Beck, *Qu'est-ce que le cosmopolitisme?*, París, Aubier, 2006, pp. 51–67 y *Pouvoir et contre-pouvoir à l'ère de la mondialisation*, París, Aubier, 2003, pp. 89–90 y 513–515 (trad. cast., *Poder y contrapoder en la era global. La nueva econo-*

de las sociedades ni la conformidad entre ellas. Al contrario, una organización social y política estructurada en torno a la ecología implica que los seres humanos forman pequeñas comunidades estrechamente integradas en su medio, pues ante todo es en el seno de estas comunidades donde nacen su interés por proteger al ser vivo y su responsabilidad hacia el mundo común y la humanidad. El cosmopolitismo se opone al nacionalismo, que es un punto de vista chauvinista que proviene del rechazo a admitir nuestra comunidad de destino, pero no prohíbe insertarse en un entorno particular. Asimismo, los caminos de la consideración son necesariamente plurales, porque cada uno expresa su preocupación por el mundo común a su manera particular, y la consideración, que permite al individuo ser, a la vez, más libre, más ilustrado y solidario, estimula la creatividad. En otros términos, el punto de partida de la consideración es la situación propia de cada uno, su cuerpo, su *hicceidad,* es decir, el hecho de que habita siempre en un aquí, y partiendo de este aquí, de su medio, de los seres con los que se codea, de su cultura y su lenguaje, es como puede acercarse a los otros, ensanchar sus centros de interés y asumir sus responsabilidades para poner en obra los cambios indispensables para la transición ecológica.

En una sociedad estructurada por la consideración son esenciales la diversidad y la experimentación, lo cual no excluye que los seres humanos tengan un horizonte común y objetivos que alcanzar. La ecología y el respeto a lo viviente serán, así, objetivos que reunirán a los humanos en el Esquema de la consideración. Por consiguiente, si debe haber un movimiento colectivo que conduzca a la descolonización del imaginario de los individuos y de los pueblos y a la eliminación del Esquema de la dominación, dicho movimiento no va a expresarse a través de una religión ni a través de una ideología. Hablar de la Ilus-

---

mía política mundial, Barcelona, Paidós, 2004, pp. 70ss). Tratamos de este punto en *Les nourritures, op. cit.,* pp. 365-397.

tración en la edad de lo viviente supone que puede haber una visión global del mundo —lo que llamamos un Esquema—. Sin embargo, la consideración no puede impregnar a la sociedad tal como lo hace un dogma o un discurso totalizador. Que la transdescendencia sea la condición de la autonomía en la edad de lo viviente significa, en efecto, que es el mundo común, y no Dios o la nación, lo que confiere espesor a su existencia y que la relación con lo que supera su existencia individual es, como la responsabilidad hacia los otros, una experiencia vivida en primera persona. Este aspecto merece toda nuestra atención porque ilustra la relación entre filosofía y política en el Esquema de la consideración.

La Ilustración en la edad de lo viviente se difunde de un modo horizontal, no vertical. Y es así porque descansa sobre una antropología que reconoce que el individuo tiene la posibilidad de transformarse para saber elegir el Bien, es decir, la preservación del mundo común. Esa confianza no es en absoluto expresión de un angelismo que se niega a reconocer la capacidad destructora del humano. Pero para extirpar el vicio de la civilización y liberar la razón de las artimañas de la dominación es necesario que se sea capaz, en el plano individual y en cierta manera en el colectivo, de atacar el mal en su raíz. Ponerse en ese camino y perseverar en el esfuerzo por liberar la creatividad de los individuos y hacerles desear el Bien requiere una ascesis y una vigilancia de cada momento, porque la tentación de la omnipotencia y la distracción a menudo desvían de esta trayectoria. Sin embargo, la consideración significa que, si el mal es, como decía Kant, una propensión, y además es radical, también hay en nosotros una disposición al Bien. Estamos más de acuerdo con nosotros mismos cuando nos abrimos a lo universal y constituimos el mundo común como horizonte de nuestras acciones que cuando hacemos al otro lo que no podemos querer que él (nos) haga y pensamos en términos de amigos y enemigos.

Mientras que Hobbes cree que la vanidad y el egoísmo del humano lo vuelven pendenciero y piensa, por esa razón, que el Estado debe estar por encima de toda contestación posible si quiere mantener el orden y la paz, gobernar en una sociedad regida por el Esquema de la consideración excluye gobernar por miedo y a través de la domesticación. Todo debe descansar sobre una educación que ayude a todos a ampliar la propia subjetividad y a percibir lo que nos une a los otros seres vivos, a reconciliarnos, por lo tanto, con su vulnerabilidad y su finitud. Nadie tiene el derecho de dictar a los otros lo que deben hacer para seguir el camino de la consideración, porque esta echa raíces en una experiencia subjetiva. Pero esto no significa que los filósofos tan solo tengan un papel de pedagogos, o que la filosofía no sea más que una mayéutica. Una vez más, la Ilustración en la edad de lo viviente se inscribe en un contexto evolutivo o en un proceso vinculado a un vasto movimiento que transcurre por una emancipación a la vez individual y colectiva. Ese movimiento debe conducir a cambios en las representaciones y a opciones económicas, sociales y tecnológicas nuevas; brevemente, a otra sociedad y a otro imaginario. Los filósofos deben acompañarlo y hasta pueden contribuir. Sin embargo, su función se distingue de la que la Ilustración del pasado les atribuía.

Nacida de filosofías que anunciaban los principios con los que la sociedad y la política debían organizarse, la pasada Ilustración adoptaba la mayoría de las veces un enfoque deontológico. Esto es relevante, como hemos mostrado al hablar de los derechos del hombre. En general, es útil formular los principios que iluminan la estructura de una sociedad para identificar su Esquema y, si es necesario, denunciarlo y hacer propuestas que abran el camino hacia otra organización social y política. Sin embargo, este trabajo de explicitación no da cuenta de la manera en que se difunde la Ilustración y cómo un Esquema penetra en la sociedad hasta el punto de modificar las prácticas sociales, los modos de producción, los estilos de vida y la gubernamentalidad. Los intelectuales deben encontrar la forma adecuada de expresar esta exuberancia creativa, ya sea a través del concepto, del relato o recurriendo a la imaginación. Deben estar atentos a los signos que, en la sociedad, traducen el agotamiento de ciertas evidencias o anticipan la aparición de un mundo nuevo. Su tarea es describir las manifestaciones de la transdescendencia y las vías de acceso al mundo común de una manera que entre en consonancia con las preocupaciones actuales de los individuos y de los pueblos. En ese trabajo, que asocia la búsqueda de la verdad, la erudición que proporciona coordenadas que sitúan los puntos de ruptura y la continuidad entre el pasado y el presente, la atención a los contextos y a los individuos y el estilo debe consistir la tarea y la ambición de los intelectuales que estén convencidos de que puede llegar una nueva época que nos evite lo peor e incluso nos abra un horizonte de esperanza.

Los hombres del campo, pioneros de la Ilustración en la edad de lo viviente

Quien piense que es necesario un cambio de sociedad y de Esquema debe preguntarse por qué la función y la imagen de los hombres del campo ya no pueden ser las mismas que las del imaginario heredado de la Revolución francesa. Hay que recordar, en efecto, que la modernidad y la época contemporánea apenas han dado importancia a los campesinos: a menudo se les ha considerado como individuos atrasados en comparación con los habitantes de las ciudades, incapaces de contribuir a la evolución de la sociedad y buenos apenas para suministrar productos alimentarios a las ciudades y morir en los campos de batalla. Entre 1845 y 1875, la tesis de que la población rural estaba demasiado atrasada y aislada para percibir el interés general sirvió incluso de justificación para rechazar el principio, muy del gusto de los radicales, de la participación popular y para la defensa de una democracia puramente representativa.[24] Marx escribió en *El manifiesto comunista* —no lo olvidemos— que uno de los méritos de la burguesía era haber arrancado a una gran parte de la población del «cretinismo de la vida rural».[25] Para él, la revolución solo era posible a través de la dictadura del proletariado constituida por los trabajadores de las fábricas. En general, el progreso se asocia a la ciudad y el modelo de ciudadanía y de política es urbano: *polis* significa ciudad y, entre ellas, Atenas, que se abre al mar y desarrolla el comercio, es el emblema; la civilización implica ser civilizado y refinado, a imagen de los habitantes de las ciudades y de los hombres y las mujeres de los salones.

Esos prejuicios no desaparecen fácilmente. Explican por qué los agricultores y los ganaderos, después de la Segunda Guerra Mundial y especialmente en las décadas de 1960 y 1970, se volcaron masivamente hacia un modelo industrial, endeudándose para poder adquirir material sofisticado, aceptando que las granjas se transformaran en fábricas y que desaparecieran los bosques, y optando por el monocultivo y la utilización de productos fitosanitarios que se suponía aumentaban la rentabilidad. Sus hijos, si no han huido a las ciudades, han renegado del buen hacer de sus padres para adherirse a las normas de una agricultura productivista que debía, además, permitirles acercarse a los estándares dominantes, es decir, a los criterios de éxito tal como los definen los habitantes de las ciudades. Esta aculturación ha vaciado poco a poco el campo y la compra por los urbanitas de casas que se ocupan de vez en cuando no ha sido suficiente para transformar los pueblos en espacios de intercambio y convivencia, mientras que la multiplicación de pequeñas explotaciones fomentaba años atrás el intercambio de experiencias.

---

24 J. Zask, *La démocratie aux champs*, París, La Découverte, 2016, pp. 138-139.
25 F. Engels y K. Marx, *El manifiesto comunista* (1848), Madrid, Ayuso, 1974. Véase cap. I, p. 77.

Sin embargo, si lo que hemos dicho sobre la ecología es correcto y si la promoción de un modelo de desarrollo más sostenible y justo es algo imperativo, la agricultura debe formar parte del núcleo de nuestras preocupaciones. Es indispensable acabar con el productivismo, optar por una agricultura campesina y utilizar mejor las tierras de cultivo; nuestra seguridad alimentaria depende de ello. El desprecio y la condescendencia de ciertos habitantes de la ciudad hacia los agricultores son aún más impropios si tenemos en cuenta que la mayoría de los conocimientos agrícolas que estos se transmiten de generación en generación se han renovado o puesto al día en la actualidad a través de la permacultura y la agroecología. Los conocimientos y el saber hacer de aquellas y aquellos que cuidan de la tierra y conocen los estrechos vínculos entre los seres vivos y los ecosistemas son bazas esenciales en la lucha contra la contaminación, el agostamiento de las tierras y los riesgos para la salud asociados al uso de pesticidas. Su manera de habitar la Tierra y de organizarse para liberarse de un sistema contraproductivo constituye incluso un modelo que imitar.

Efectivamente, trabajar la tierra con respeto, preservándola, cuidar de los animales y del paisaje, estar atentos a la calidad de los productos, ser pacientes y desarrollar la solidaridad son cualidades que convierten a los hombres del campo, que optan por un modelo de agricultura responsable, en pioneros de la Ilustración en la edad de lo viviente. Obtienen resultados que atestiguan qué bien fundadas están sus decisiones y muestran también su capacidad de salir vencedores de la dependencia de un sistema que los había llevado a la miseria. Su forma de interactuar con la naturaleza y con los otros es un compromiso a favor del mundo común. Porque se preocupan de la salud de la tierra, llevan dentro de sí la inquietud por las generaciones futuras. Además, su producción, que tiene por objeto garantizar las condiciones de la subsistencia, en lugar de estar subordinada al *diktat* de los beneficios y estandarizarse, da un nuevo sentido a su trabajo y a la economía. Cultivando sus tierras de manera ecológica y distribuyendo localmente los frutos de su trabajo, reducen la huella ecológica, ofrecen a los otros alimentos saludables y contribuyen a la vitalidad del campo, recreando cuencas de empleo y zonas de convivencia en territorios abandonados. Estos agricultores ilustran lo que pueden ser una autonomía reencontrada y un proyecto de civilización que asocian la preocupación por uno mismo, por los otros y por el mundo común. Poniendo en práctica experiencias que son positivas para el medioambiente, para la salud, para la autoestima y para la colectividad se liberan de un sistema alienante y contribuyen a instalar el Esquema de la consideración.

Los hombres del campo, especialmente maltratados por el Esquema dominante, pueden ayudar a nuestra sociedad a afrontar los numerosos desafíos que le salen al paso: la contaminación, los problemas de soberanía y de seguridad alimentaria, la supresión de muchos puestos de trabajo como consecuencia de la generalización de la robotización y la inteligencia artificial. Eso no significa que se deban descuidar las otras actividades productivas, en especial la industria. Sin embargo, los callejones sin salida a los que el sistema actual empuja a agricultores y ganaderos, obligándolos a optar por el modelo intensivo, a endeudarse, a trabajar más para ganar menos, privándolos incluso de cualquier reconocimiento, por cuanto se les acusa de contaminar el suelo y de maltratar a los animales, muestran de manera flagrante las aberraciones de ese sistema. Todo va como si las contraproductividades de nuestro modelo de desarrollo se condensaran en la agricultura y la ganadería: desastre ecológico, mala calidad de los productos, miseria social, maltrato animal. La única solución es abandonar este modelo. Pero cuando los agricultores cambian su modo de producción, la agricultura aparece también como solución a la crisis global que vivimos, incluidos los problemas de desertización del campo y las desigualdades territoriales.

Sin embargo, todavía nos apuntamos al productivismo, como atestiguan las políticas agrícolas de la mayoría de países industrializados. Por esa razón, la salida del modelo intensivo sigue siendo ante todo una decisión individual. De todos modos, quienes tienen la firme voluntad de modificar sus modos de producción deben coordinar sus esfuerzos y desarrollar alianzas con colectividades capaces de comprar directamente sus productos. Cuando consiguen integrarse en una comunidad y crean vínculos de confianza entre productores y consumidores, surge un círculo virtuoso que junta la preservación de la salud de la Tierra y de las personas, la convivencia, la solidaridad, el empleo y la prosperidad.

A menudo se dice que la agricultura es responsable de una parte importante de la producción de gases de efecto invernadero vinculados a la actividad humana. Esto es cierto en el caso de la agricultura industrial, pero la agricultura de la que hablamos trasvasa de la atmósfera mucho más CO_2 del que produce. Prados, campos cultivados, forestas, bosques y setos capturan la energía del sol y almacenan el carbono de la atmósfera, generando materia orgánica a través de la fotosíntesis y el enriquecimiento de los suelos. En realidad, regenerar nuestras tierras de cultivo y los bosques es el medio más eficaz para luchar contra el calentamiento global.

El extraordinario potencial de este tipo de agricultura permite entender en qué sentido es el paradigma de la Ilustración en la edad de lo viviente. Esa concienciación descoloniza nuestro imaginario, saturado de tópicos negativos sobre los campesinos y la vida en el campo. Nos lleva a reelaborar nuestras representaciones del éxito estrechamente asociadas a la vida urbana y provenientes de esquemas difundidos por la publicidad que reflejan la influencia del mercado sobre el conjunto de la sociedad. Así como es importante no exportar nuestros reflejos urbanos al campo si queremos que el cultivo de la tierra, la inmersión en un paisaje, el trato o el encuentro inesperado con un animal nos enseñen algo, así también debemos apreciar en su justo valor los esfuerzos que realizan los campesinos cuando recuperan confianza en sí mismos y en sus capacidades, intercambian conocimientos, modifican su modo de producción y preparan sin hacer ruido la derrota del economismo.

El papel esencial de los hombres del campo en la vida de las comunidades rurales, en la preservación de la capacidad de resiliencia de los ecosistemas y de la belleza de los paisajes, así como los conocimientos y las virtudes indispensables para este trabajo, explican que los valores y el modo de vida de los campesinos, liberados de la agricultura industrial, pueden inspirar la reorganización del trabajo y de la misma sociedad. La independencia con interdependencia, el desarrollo de relaciones horizontales y cooperativas, el cuidado de los otros seres vivos mostrando sensibilidad a sus necesidades, son, en efecto, rasgos morales valiosos en todos los ámbitos, pero que pocas actividades fomentan en nuestros días. Sin embargo, recubriendo nuestro país de tierras armoniosamente cultivadas que puedan alimentar de forma sostenible a la población, podríamos reiniciar un proceso civilizacional asociado a la reparación de un mundo social, ecológica, política y económicamente deteriorado, y reemplazar la cultura de muerte, de la que son emblema la destrucción del suelo y la masacre industrial de animales, por una cultura de respeto y amor a la vida.

Los jardines ilustran lo que podría ser la sociedad de mañana. Podemos pensar en los jardines comunitarios expandidos casi por todo el mundo, que permiten a las familias hacer frente a las crisis económicas y a las personas marginadas recuperar el gusto por la vida dedicándose a una actividad a la vez gratificante y útil. Los jardines son una imagen de la Ilustración en la edad de lo viviente, porque revisten multitud de formas. Un jardín es a la vez una pequeña parcela y el reflejo del mundo —un microcosmos—, variado, que da cobijo a huéspedes insospechados, se cierra como un refugio y se abre al mundo.

Recuerda así lo que hemos dicho sobre la relación entre el individuo y la sociedad, lo interior y lo exterior, el cierre y la apertura. Además, cuando cuidamos el jardín hay que poseer un cierto saber y estar dispuestos a preparar la tierra, plantar las semillas y, en el momento adecuado, regar. No se labora para sacar un máximo de vegetales o por un deseo de productividad. Es momento de entender que la calidad debe prevalecer sobre la cantidad y que las actividades deben organizarse en función de su sentido y del valor de todo lo implicado, en lugar de estar subordinadas a la norma del máximo rendimiento. Las flores de los jardines están ahí por sí mismas y nos procuran placer. El jardín es un himno a la gratuidad y al valor inestimable de actividades que pretenden, sobre todo, dejar espacio a la belleza. También simboliza lo que podría ser una sociedad de la consideración: no estaría compuesta por ociosos o aficionados, y las interacciones de los individuos entre sí y con su entorno serían (más) horizontales; cada cual se entregaría a su ritmo a una actividad significativa para su sí mismo, que contribuiría a preservar el mundo común, y el trabajo, que no se reduciría al salario, sería muy diferente de lo que es hoy en día.

Pensando el trabajo y la educación desde la consideración

En una sociedad heterónoma y regida por el beneficio, el trabajo es necesariamente trabajo alienado. El esquema de la dominación lleva, entre otras perversiones, a organizar la atención y las actividades vinculadas a la relación con los seres vivos como si se tratara de procesos industriales. Por eso el trabajo pierde todo su sentido. No contribuye a la realización personal ni a la preservación del mundo común, y para el asalariado no es más que una forma de ganarse la vida. Este tiene la sensación de que la vida real se desarrolla en otra parte y experimenta una desubjetivación que tiende a favorecer una actitud consumista y la búsqueda de distracciones, es decir, literalmente, de actividades que lo alejan de uno mismo. En cambio, cuando el trabajo se concibe a partir de la consideración, tiene sentido y permite que cada cual desarrolle su potencial participando en una obra útil para la comunidad.

Mientras que en el modelo fordista la formación, la profesión y la jubilación son tres momentos separados en la vida de un individuo, una sociedad estructurada por la consideración tiene como objetivo dar a todos la posibilidad de autorrealizarse encontrando su lugar en el mundo y dando valor a lo que puede aportar en las diferentes edades de la vida en función de sus experiencias. Debe hacer posibles los cambios de actividad en función de la evolución personal de cada uno, favorecer la formación requerida por esas reorientaciones y permitir que las personas mayores reduzcan su actividad con el paso de los años mientras transmiten sus conocimientos y su saber hacer a los más jóvenes.

El trabajo debería ser un medio para que cada persona afirmara su libertad. Si esto nos parece inconcebible es porque creemos que no hay alternativa a la forma en que está organizado en las sociedades donde el economismo es el rey y la gestión autoritaria y la gobernanza por cifras y algoritmos nos convencen de que trabajar en estas condiciones es lo natural. Hemos perdido de vista las finalidades del trabajo. Este condicionamiento explica la proliferación de empleos que no están directamente vinculados con la producción y con la satisfacción de las necesidades reales, pero que se anteponen en el imaginario colectivo al trabajo realmente útil. De hecho, en las sociedades contemporáneas han aparecido muchos oficios relacionados con la financiarización, el control, la evaluación, el *marketing* y la publicidad. Se sobreponen a las profesiones tradicionales y revisten más importancia y son a menudo mejor remunerados que aquellas. Los creó el capitalismo, que necesita instancias de control o salvaguardia para garantizar su supervivencia, pero también para contener la ley del lucro, que sin ellos conduciría al caos.

Así, en todos los ámbitos de actividad, responsables de la comunicación y del *marketing*, zootécnicos, gestores de recursos humanos controlan la productividad. Imponen normas de competitividad de forma abstracta y desencarnada, apoyándose en encuestas y análisis informáticos desconectados de la realidad y de la vida. Esos oficios que se interponen entre los sanitarios y los pacientes, entre los granjeros y sus animales, generan importantes contraproductividades.[26] Los trabajadores de todas las profesiones se ven obligados a lidiar con una organización burocrática que afecta a su actividad productiva y los somete a ritmos poco realistas. Muy a menudo no les queda energía suficiente para dedicarse eficazmente a las tareas que constituyen su profesión. El caso de los profesionales de la sanidad, que pasan cada vez menos tiempo con sus pacientes, es bien conocido. La mayoría de esas profesiones intermedias, que son esenciales para la supervivencia del sistema capitalista, son oficios parasitarios.[27] En cambio, en una sociedad al servicio de los seres vivos y de la transmisión de un mundo habitable, no solo confiaríamos en la inteligencia de las personas, sino que la mayoría de estas profesiones parasitarias desaparecerían.

Pensar la organización del trabajo a partir de la consideración implica inscribirlo en el mundo común, pero también significa

26 Como podemos ver por el número de suicidios de policías, de médicos, pero que se constata igualmente por el aumento de las bajas laborales, la aparición de casos de maltrato o errores relacionados con el estrés, el agotamiento, etc.

27 Podemos referirnos también a lo que dice David Graeber en *Bullshit Jobs*, París, Les liens qui libèrent, 2018 (trad. cast., *Trabajos de mierda. Una teoría*, Barcelona, Ariel, 2018). El autor sostiene que estas profesiones inútiles han vaciado de sentido el trabajo de los que tienen un oficio útil, pero habla también de la falta de compromiso o de la «desmotivación en el trabajo» *(Brown-out)* de las personas que trabajan en esos *bullshit jobs*.

que las empresas que se insertan en un ecosistema, en un entorno geográfico, social y cultural, no tienen la vocación de generar únicamente beneficios. Debe evaluase su contribución al mundo común. No es legítimo crear una empresa con el único fin de obtener beneficios y sin ser responsable de los efectos que su actividad provoca en el medioambiente en el que se implanta. La consideración impone igualmente límites a lo que un empresario tiene derecho a exigir de sus asalariados. Aunque es necesario que una empresa obtenga beneficios para sobrevivir, debe ser transparente en sus fines y sus medios. Deben favorecerse las iniciativas que ejerzan un impacto positivo en el entorno geográfico y social y que reparen el mundo o lo transformen de un modo constructivo, tanto si son obra de los campesinos de los que hemos hablado antes como si se trata de empresas que tengan un proyecto compatible con el de una sociedad convivencial y con la transición ecológica. Ese enfoque supone igualmente prohibir la deslocalización de la producción cuando no es estructuralmente indispensable y su único objetivo sea reducir los costes de producción. En efecto, el bajo precio de las mercancías producidas de ese modo no tiene en cuenta las externalidades negativas, pese a que su coste medioambiental y social puede ser exorbitante.

Esa manera de considerar nuestras actividades teniendo como horizonte la preservación del mundo común tiene importantes consecuencias sobre los modos de producción y distribución, sobre el tipo de bienes y servicios propuestos, sobre la creación de empleo y sobre la organización del trabajo. Se opone, por tanto, a las empresas con agricultura fuera del suelo, que ofrecen productos estandarizados provenientes de un modelo industrializado que ignora las normas relativas a la ecología, a la salud, a las condiciones de trabajo de las personas y al bienestar animal. Invita asimismo a reubicar la producción y a desarrollar la riqueza de un territorio. En fin, repercute en las vivencias de las personas y en las otras actividades, como la vida de familia, el compromiso asociativo y el ejercicio de la ciudadanía.

La reducción del tiempo de trabajo y la renta básica universal son temas que suelen debatirse estos días. Está claro que, en una sociedad estructurada según el Esquema de la consideración, todo el mundo debe tener lo necesario para comer, alojarse, cuidarse y educar a los hijos, y que debe hacerse todo lo posible para que cada cual encuentre su lugar en el mundo. Sin embargo, no se debe concluir con demasiada facilidad que la renta básica universal incondicional sea la panacea, porque en nuestra sociedad, que se basa en la explotación y el consumo, no haría (necesariamente) que las personas se autorrealizaran y contribuyeran al mundo común cultivando su autonomía, desarrollando su participación social y aportando su grano de arena. En cambio, la solución consistente en proponer una renta de transición ecológica, que es un ingreso universal condicional, parece mucho más pertinente. En efecto, este dispositivo propone una ayuda financiera y logística a las personas que tengan un proyecto de elevado valor añadido en el terreno social y ecológico.[28] No sustituye a la asistencia social y la ayuda que aporta no es solo financiera; abarca también la formación y la creación de redes entre las distintas partes interesadas. Efectivamente, las personas que quieran lanzarse a una actividad ecológica y socialmente útil deben disponer de tiempo y sentirse acompañadas en su proyecto para que la viabilidad de este tenga garantías

28 S. Swaton, *Pour un revenu de transition écologique,* París, Presses Universitaires de France, 2018. Los criterios para la obtención de la renta de transición ecológica (RTE) están definidos por una Cooperativa de Transición Ecológica (CTE) que, además, financia en parte este ingreso y deja margen de error. Este dispositivo ha seducido a algunas regiones de Francia, pero también a algunos países en vías de desarrollo, como Burkina Faso. Es muy adecuado para agricultores y ganaderos que quieren alejarse del modelo intensivo para desarrollar la agricultura ecológica, la permacultura o para ofrecer a sus animales condiciones de vida decentes. También podría ser útil para ayudar a las personas que trabajan en sectores que implican explotación animal, como los domadores que han trabajado en circos o delfinarios, para reciclarse.

y se inscriba en un tejido social y económico preexistente o en curso de elaboración.

Aunque la renta de transición ecológica tenga como objetivo fomentar las iniciativas individuales, no se nos impide imaginar que las colectividades podrían identificar las necesidades locales en términos de educación, de asistencia a las personas de edad avanzada o discapacitadas, de cuidado, de comercio y de agricultura. Podrían lanzar ofertas y poner a disposición de los candidatos seleccionados locales y terrenos o facilitar su instalación. Esta ayuda podría acoplarse a la que proviene del dispositivo antes mencionado. El objetivo sería hacer más visibles las necesidades y los recursos de una colectividad y atraer a personas que no encuentran un empleo a la altura de su cualificación o que desean instalarse en el campo.[29] Una vez más, el reparto de recursos y la reorganización del trabajo favorecerían la solidaridad y la convivencia, a la vez que servirían para reestructurar la economía y poner a la sociedad en el buen camino.

Esta concepción dinámica del trabajo pide una reestructuración intelectual y psicológica. Más allá de las dificultades encontradas cuando cambiamos de actividad o cuando nos damos cuenta de que nuestra formación no conduce a ningún empleo, el principal obstáculo para esta reorganización del trabajo proviene de esquemas a los que nos hemos habituado, ya sea nues-

---

29 Para anticipar las posibles consecuencias del uso de la inteligencia artificial y de la robotización, que reemplazarán al humano en gran número de tareas manuales e intelectuales, sería interesante inspirarse en la propuesta que hizo Bernard Stiegler en *La société automatique. I, L'avenir du travail,* París, Fayard, 2015. Consiste en generalizar el estatuto de los trabajadores intermitentes del espectáculo, para que las personas que trabajan una o dos semanas al mes tuvieran de qué vivir. Sin embargo, pienso que para que esta solución sea equitativa el complemento financiero que se les pudiera dar debería tener una contrapartida: esas personas podrían atender, según sus posibilidades, a necesidades existentes en términos de ayuda a la persona, acompañamiento escolar, creación de huertos, cuidado de niños y animales, etc.

tra tendencia a identificar empleo y salario, la organización jerárquica que rige tanto en el sector privado como en el público o la multiplicación de instancias de control y evaluación que instalan la desconfianza entre los empleados. Los debates sobre la edad de jubilación son también fuente de confusión si se desarrollan sin tener en cuenta el sentido del trabajo y el papel que desempeña en la vida de una persona. El aumento de la duración de la vida, el crecimiento de los gastos sanitarios dedicados a la alta dependencia, la robótica, el comercio *on line* y la inteligencia artificial, que conducen a la transformación y desaparición de muchos oficios, la aparición de nuevas necesidades creadoras de empleo, en particular en el ámbito ecológico y en la atención a la dependencia, exigen el abandono de nuestras ideas preconcebidas sobre el trabajo. Debemos emanciparnos de ideas obsoletas que son herencia de la industrialización, del fordismo y de la burocratización de la sociedad para imaginar soluciones constructivas que permitan a los individuos evolucionar a lo largo de su vida profesional, dinamizar territorios abandonados y dar respuesta al desafío climático y energético. En fin, en lugar de despedir a los jubilados, que a menudo disponen de conocimientos y un saber hacer valiosos, sería importante darles la oportunidad de ejercer una actividad, si es que lo desean. Porque la ruptura brusca que separa la actividad y la jubilación es un puro producto del trabajo asalariado y no tiene ciertamente ningún sentido en la sociedad de mañana.

En un mundo en plena mutación, donde el empleo en sectores en otros tiempos apreciados se reduce, donde el cambio climático y la mayor esperanza de vida conllevan relevantes transformaciones en la economía y donde es imperativo rehabilitar el campo y las periferias, los Estados que no reorganicen el trabajo, apoyándose en la idea del mundo común y de la consideración, implosionarán. Un país que no haya hecho la transición energética, incapaz de garantizar su seguridad alimentaria, totalmente dependiente de los otros para los productos de primera necesidad y los medicamentos, y que no llegue a prestar servicios de calidad, en especial con las personas de más edad, acusará un considerable retraso económico y se hundirá en el caos social y político. Pero ¿cómo hacer que los dirigentes adopten una concepción menos estática de la realidad y promuevan las iniciativas constructivas de los ciudadanos? ¿Cómo sería una sociedad que posibilitara la aparición de individuos ilustrados, capaces de promover un modelo de desarrollo ecológicamente sostenible, justo y adaptado a los retos actuales?

Estos interrogantes implican precisar en qué consiste una organización política verdaderamente democrática. Pero antes es necesario abordar el problema de la educación. Este tema, fundamental para la Ilustración, no consiste tanto en preguntarse por los métodos de enseñanza como en cuáles son sus objetivos; una cuestión no suficientemente examinada en nuestros días.

Puede parecer paradójico, pero muchos individuos no han desarrollado un pensamiento crítico, ni siquiera tras haber finalizado una trayectoria escolar y universitaria que les ha proporcionado conocimientos generales y competencias técnicas a menudo notables. Raros son los que consiguen hacer un uso público de su razón, lo cual va en detrimento de la calidad de los debates en una democracia pluralista. Esta situación se explica en primer lugar porque la enseñanza se dirige casi exclusivamente al entendimiento en lugar de hacerlo a la persona en su globalidad. La dimensión emocional de los individuos a menudo se deja de lado o no se cultiva. No se hace nada para darles la oportunidad de compartir lo que sienten y aprender a reconocer el contenido cognitivo que ocultan sus emociones. Y así, su reflexividad se ve amenazada o sofocada; son prisioneros de sus pasiones o bien reprimen sus emociones negativas, separan razón y sensibilidad, haciéndose indiferentes o apáticos y sirviéndose de la racionalidad como de un instrumento de negación.

Además, la educación en una sociedad del rendimiento fomenta una relación instrumental con el cuerpo. En lugar de permitirnos ser-con-el-mundo-y-con-la-naturaleza y sentir lo que nos une a los otros seres vivos, el cuerpo se utiliza para dominar al otro. La mayor parte del tiempo no tenemos ninguna experiencia de la inmersión en la naturaleza, y el cultivo de los sentidos y del gusto y el conocimiento de otras formas de existencia brillan por su ausencia. Cortados de nuestros cuerpos y de la naturaleza, nos hemos amputado las dimensiones esenciales de nuestra existencia. Desvalidos en el terreno emocional, no conseguimos transformar los temores vinculados al cambio climático y a las crisis sanitarias en recursos que nos permitan actuar de manera responsable, y adoptamos comportamientos escapistas o empapados de egoísmo.

Como ya hemos dicho, la Ilustración en la edad de lo viviente implica, a diferencia de la Ilustración del pasado, que reconozcamos el papel del inconsciente, incluido el inconsciente colectivo, en la vida psíquica y que aprendamos a liberarnos de ciertos conflictos psíquicos que pueden generar comportamientos destructivos o autodestructivos. Este aprendizaje debe empezar en la más temprana edad. Porque solo con esa condición se enseñará a los individuos a resistir los comportamientos regresivos y a los movimientos de masas que conducen al desencadenamiento de la violencia y la barbarie.[30] En fin, si el discerni-

---

30 Podemos recordar que, para Adorno, hay que hacer todo lo posible en el terreno de la cultura para evitar que la gente caiga en la barbarie. Como escribe en *Dialéctica negativa, op. cit.,* p. 365: «Hitler ha impuesto a los hombres un nuevo imperativo categórico para su actual estado de esclavitud: el de orientar su pensamiento y acción de modo que Auschwitz no se repita, que no vuelva a ocurrir nada semejante». No obstante, en *Minima moralia* (París, Payot, 2003, pp. 72-79 y especialmente pp. 339-341 [trad. cast., *Minima moralia. Reflexiones desde la vida dañada,* Madrid, Taurus, 2001, p. 87]) habla de la «inversión *[investissement]* de lo pequeño» («Posfacio: Le coix du petit», inexistente en la ed. cast.) en la lucha contra la dominación e insiste en la impor-

miento moral va ligado a la conciencia de los propios límites y de su falibilidad, y si la adquisición de virtudes indispensables para las relaciones intersubjetivas y para la promoción de un modelo de desarrollo ecológicamente sostenible deriva del reconocimiento de nuestra vulnerabilidad, de nuestra finitud y de la comunidad de destino que nos une a los otros seres vivos,[31] es obligado constatar que la escuela y las universidades no animan demasiado a tomar este camino. Al contrario, exacerban la rivalidad y la competencia entre los individuos y refuerzan comportamientos de dominación.

Para resumir, una educación fundada en la consideración requiere que nos dirijamos a los más jóvenes y a los que no lo son tanto, prestemos atención a las diferentes dimensiones de su psiquismo y tengamos en cuenta la singularidad de cada cual, así como su inscripción en un entorno geográfico, social y cultural. El objetivo de la educación debe ser la libertad del individuo y su realización, que pasa también por su contribución al mundo común. Debe desarrollar y mantener el espíritu crítico de las personas para orientar al propio conocimiento, pero también es necesario que nos ayude a ampliar nuestros intereses para que el mundo común sea el horizonte de nuestro pensar y de nuestro obrar. Si la educación pierde de vista esa finalidad, la sociedad nunca fomentará la aparición de individuos ilustrados con intereses más vastos que los del enriquecimiento material, la búsqueda de la notoriedad y el bienestar inmediato. Los que sean elegidos para las más altas funciones serán psíquicamente inmaduros y estarán desconectados de la realidad. Sabios en los detalles y ciegos para los fines que persiguen, los seres humanos

---

tancia de la experiencia individual y corporal y en la confianza otorgada al individuo para que no se ahogue en la masa y no se deje arrastrar por los movimientos de la multitud.

31 Me remito a mi *Éthique de la considération* (pp. 185-222) donde desarrollo con más detalle este punto y la cuestión de una educación que pueda servir de respaldo a la consideración.

tendrán dificultades para deliberar y ejercer su libertad política, poniendo en peligro la democracia, que es una organización social y una elección de la sociedad que descansa sobre la autonomía de los individuos.

IV. El proyecto de una sociedad democrática y ecológica

La creación del proyecto de autonomía, la actividad reflexiva del pensamiento y la lucha por la creación de instituciones autorreflexivas, es decir, democráticas, son fruto y manifestación del hacer humano. Es la actividad humana la que ha engendrado la exigencia de una verdad que rompe el muro de las representaciones de la tribu mientras van creándose. Es la actividad humana la que ha creado la exigencia de libertad, de igualdad y de justicia, en su lucha contra las instituciones establecidas. Y es nuestro reconocimiento, libre e histórico, de la validez de ese proyecto y la eficacia de su realización, hasta ahora parcial, que nos adhiere a estas exigencias —de verdad, de libertad, de justicia— y nos motiva en la continuación de esta lucha.

CORNELIUS CASTORIADIS, *El mundo fragmentado.*
Las encrucijadas del laberinto

LA ECOLOGÍA COMO PROYECTO DE EMANCIPACIÓN

La democracia como sociedad abierta y sus enemigos

La fórmula de Abraham Lincoln, que definía la democracia como «el gobierno del pueblo, por el pueblo y para el pueblo»,[1] permite por supuesto oponerla al *Ancien Régime* y a las tiranías. Sin embargo, más allá de que Lincoln no creyera que un régimen

---

1 A. Lincoln, *El discurso de Gettysburg y otros escritos sobre la Unión, op. cit.*

basado en la libertad y la igualdad de los seres humanos pudiera lograrse de una vez para siempre, esa manera de caracterizar la democracia es insuficiente para entender lo que, actualmente, pone en entredicho los ideales de libertad, igualdad y justicia que le son propios.

La degradación del vínculo social y el hecho de no considerar lo que nos une a los otros y al mundo común constituyen un terreno favorable a la instalación de regímenes autoritarios y totalitarios y contribuyen, además, al éxito electoral de partidos populistas.[2] Vemos mejor lo que aleja a la democracia de sus enemigos cuando se la define por el pluralismo, y no simplemente por sus instituciones. En efecto, la progresión actual de partidos populistas, especialmente de aquellos que defienden un nacionalismo agresivo y racista, no implica la destrucción de las instituciones democráticas: los líderes populistas son elegidos por sufragio universal y exhiben su preocupación por el pueblo que ellos pretenden encarnar. No es, pues, la voluntad de hablar en nombre del pueblo lo que distingue a la democracia de organizaciones sociales y políticas opuestas a ella.

Los populistas acusan a las élites de desvirtuar la democracia, de desposeer al pueblo de su soberanía abusando de sus funciones y de estar tan alejadas de sus intereses que no tienen legitimidad alguna para representarlo. Esta crítica les permite justificar que recurran a referendos, de los que se sirven sobre todo para plebiscitar al líder. El modelo de representación que valoran exige la semejanza, no la diferencia, entre representantes y representados. En lugar de estimar que la representación se funda en una separación que obliga a los representantes a rendir cuentas de sus acciones y requiere la reflexividad o el pensamiento crítico de los representados, ese modelo fomenta la fusión entre un pueblo y un líder carismático con el que se identifican los

---

2 Recordemos que, aunque los sistemas totalitarios del pasado provenían de partidos populistas, no todos los populismos devienen totalitarismos.

individuos por más que los gobierne de manera autoritaria y a veces violenta. La oposición entre la democracia representativa y la democracia directa que, en Atenas, se basaba en la isonomía o la regla de igualdad y en la posibilidad, como decía Aristóteles, de ser por turnos gobernante y gobernado, no permite captar la especificidad del populismo ni comprender en qué sentido es una patología de la democracia. La demagogia tampoco ayuda a distinguir el populismo de la democracia, ya que este estilo de comunicación es común a varios regímenes, incluida la antigua Grecia, donde había demagogos, pero no populistas.

Si decimos que lo específico de la democracia es que es inseparable del reconocimiento del pluralismo, mientras que los regímenes totalitarios y los populismos lo aborrecen, nos obligamos a pensarla como un proceso que debe garantizar la expresión de reivindicaciones e intereses múltiples y a veces contradictorios. En cambio, los partidos o los líderes populistas pretenden encarnar lo que el pueblo es y rechazan a aquellas y aquellos que no encajan con su concepción de sentimiento de comunidad. Los populistas son antidemócratas porque son antipluralistas.[3] Insistiendo en el pluralismo de la democracia y en el hecho de que designa un proceso siempre inacabado que hace posible la discusión de las diferentes reivindicaciones y la conflictividad, podemos trazar una frontera neta entre una forma de organización fiel a la herencia de la Ilustración y sus adversarios.

La democracia es una sociedad abierta: implica la negociación constante de la pertenencia al *demos*.[4] La conflictividad, que no es solo ni esencialmente la impugnación del poder, sino la

---

3 La fórmula que puede traducir el populismo es la siguiente: «nosotros y solo nosotros somos el pueblo». Véase J.-W. Müller, *Qu'est-ce que le populisme?*, París, Gallimard, 2018, pp. 53, 79 (trad. cast., *¿Qué es el populismo?*, México, Grano de Sal, 2017).

4 *Ibid.*, p. 117.

conformación de reivindicaciones plurales y divergentes, es uno de los resortes de las transformaciones sociales. Y al contrario, las formas no democráticas de organización política rechazan reconocer que la existencia colectiva sea el resultado de una actividad reflexiva en devenir.

Esta manera de caracterizar la democracia hace evidente la bipolarización entre Ilustración y anti-Ilustración. Ayuda también a entender que los gobiernos tecnócratas, que se presentan, no obstante, como los adversarios de los populistas y como su único antídoto, comparten con ellos una cierta dificultad a abrirse al pluralismo. En efecto, creen que los ciudadanos no son aptos para intervenir en los asuntos públicos, y que los problemas vinculados a la globalización son demasiado complejos para que los comprenda el primer advenedizo. Considerando que no hay alternativa a las normas neoliberales de la competencia, estos gobiernos son reticentes a valorar las iniciativas manejadas por los diferentes actores de la sociedad y no hacen nada por difundir los resultados de sus experimentaciones.

Además del pluralismo, la democracia supone el proyecto de una sociedad autónoma, es decir, de una sociedad en la que los individuos son conscientes de ser la fuente de las normas. Se plantea entonces la cuestión de saber qué exige esto a las instituciones y al Estado: ¿qué organización puede generar individuos autónomos?

El proyecto de una sociedad autónoma y el imaginario instituyente

Una sociedad democrática es una sociedad autónoma en la que los individuos admiten que toda institución es contingente, que el lugar de la economía, los objetivos asignados a la técnica, la educación, la validez y la legitimidad de las normas se enmarcan en el imaginario instituyente. En otras palabras, los significados que caracterizan lo que llamamos el Esquema de una sociedad son elegidos y asumidos por ella. Los individuos saben que ellos son el origen del sentido y, por lo tanto, de un sistema, incluso cuando lo sufren. En cambio, en las otras organizaciones sociales se considera que las normas derivan de una fuente exterior, de la tradición, de la naturaleza o de un orden económico presentado como el único posible. Hablando como Castoriadis, la democracia significa la ruptura de la clausura del sentido;[5] supone que «el "poder" fundamental en una sociedad, el poder primero del que dependen todos los otros [...] es el poder *instituyente*»[6] y que los individuos están dispuestos a asumir la responsabilidad que deriva de este reconocimiento.

Una afirmación de esa índole demanda referirnos a la antigua Grecia. Aunque se basaba en la esclavitud y no era en absoluto inclusiva, la democracia ateniense representa, por primera vez en la historia, una ruptura de la clausura del sentido. El nacimiento de la democracia coincide por esa razón con el nacimiento de la filosofía; una y otra «co-significan. Ambas son expresiones y encarnaciones centrales del proyecto de autonomía. [...] La democracia es el proyecto de romper la clausura a nivel colectivo. La filosofía, que crea una subjetividad reflexionante, es el proyecto de romper la clausura a nivel del pensamiento».[7] Así, en lugar de oponer simplemente la democracia directa o semidirecta propia de Atenas y la democracia representativa basada en el principio oligárquico de la elección, se trata de ver que la sociedad ateniense no es un modelo que imitar, sino una fuente de inspiración que nos debe invitar a crear una nueva relación entre lo instituido y lo instituyente en el nivel colectivo

---

5 C. Castoriadis, «El fin de la philosophie?», *Le monde morcelé. Les carrefours du labyrinthe, 3*, París, Seuil, 2000, p. 305 (trad. cast., «¿El fin de la filosofía?», en *El mundo fragmentado,* La Plata, Terramar, 2008, p. 156).

6 *Id.,* «Pouvoir, politique, autonomie», *Le Monde morcelé. Les carrefours du labyrinthe, 3, op. cit.,* p. 165 (trad. cast. «Poder, política, autonomía», en *El mundo fragmentado, op. cit.,* p. 107).

7 *Id.,* «¿El fin de la filosofía?», en *El mundo fragmentado, op. cit.,* p, 156).

y a dar muestras de una mayor reflexividad en lo subjetivo.[8] Reconocer que los significados sociales son instituidos, incluidos los que nos alienan y han colonizado los imaginarios, como el capitalismo y la ley de la competencia sin límites,[9] es admitir que no tienen nada natural o necesario y que es posible cambiarlos. Los sujetos deben hacerse conscientes de su poder instituyente, pero también han de reconocer que es indispensable remitirse, en algún momento, a la institución y a la autoridad de las leyes. En efecto, los seres humanos deben crear una forma de vida nueva y organizarse políticamente para vivir juntos de la mejor manera posible. Sin embargo, es difícil entenderse de un modo permanente y tener la certeza de que mañana querrán lo que quieren hoy, como observaba Hobbes. Su deseo de dominar a los otros, su inclinación a la omnipotencia, incluso su destructividad, explican que las leyes sean necesarias. La política tiene, pues, su razón de ser en el hecho de que el humano, a diferencia de los animales gregarios como las abejas y las hormigas, que persiguen naturalmente lo que es bueno para su comunidad, tiende al desorden, si no al mal. Consiste en una actividad tendente a organizar el espacio *entre* los humanos y se funda en la libertad, lo que significa que presupone una elección de sociedad, una decisión.[10] Sin embargo, nunca podemos estar seguros de que esta forma de organización, que es el resultado de una creación que pasa por la autotransformación de uno mismo,

8 *Id.*, «La *polis* grecque et la création de la démocratie», en *Domaines de l'homme. Les carrefours du labyrinthe, 2*, París, Seuil, 1999, pp. 328 y 382 (trad. cast., «La *polis griega* y la creación de la democracia», en *Los dominios del hombre: las encrucijadas del laberinto,* Barcelona, Gedisa, 2005, p. 97s y 115s).

9 Esto remite a lo que Marcuse llama pensamiento y conducta unidimensional. Véase H. Marcuse, *El hombre unidimensional. Ensayo sobre la ideología de la sociedad industrial avanzada,* Barcelona, Ariel, 2005, cap. I, sobre todo p. 44ss.

10 H. Arendt, «El sentido de la política», en *¿Qué es la política?,* México-Barcelona, Paidós–ICE de la Universidad Autónoma de Barcelona, 1997, pp. 131ss.

generará el bien y la sabiduría. En este sentido, la democracia es trágica.

En otras palabras, la tarea de la política es hacer posibles las negociaciones requeridas por la pluralidad de reivindicaciones a veces antagonistas, pero implica también saber poner fin a las deliberaciones para decidir. Pero la conciencia de la contingencia *y* de la necesidad de la institución equivale a aceptar que toda decisión tenga sus límites. Este hecho de conciencia es esencial si queremos evitar la *hýbris* y el caos que dimanan de la pretensión de todos a poseer la verdad, como vemos a la vez en Antígona y en Creonte.[11]

Creonte, que identifica la justicia con la obediencia a las leyes de la ciudad y niega sepultura a Polinices, y Antígona, que cree que nuestras obligaciones con los muertos son más importantes que las leyes positivas, tienen razón. El conflicto surge porque cada uno defiende esa verdad de forma unilateral y absoluta, y en estas condiciones solo puede resolverse con la muerte de uno de ellos. Para superar este punto muerto, es necesario no buscar una tercera vía que sea la síntesis de estos dos puntos de vista irreconciliables, sino actuar de manera que cada parte renuncie a su punto de vista parcial, para reorientar la acción y hallar los medios para superar la crisis de la mejor manera posible. Este es el sentido de la sabiduría práctica en situación, ilustrada o enseñada por la sabiduría trágica y su repuesta, «el pensar justo», escribe Ricœur citando el coro de *Antígona,* en cuanto es «la réplica buscada a sufrir lo terrible».[12]

La democracia, porque se funda en la autonomía, es el régimen de autolimitación. Su salud o lo que la preserva de la des-

---

11 C. Castoriadis, *La cité et les lois. Ce qui fait la Grèce, 2. Séminaires 1983-1984.* «Séminaire du 4 mai 1983», París, Seuil, 2008, pp. 140-145 (trad. cast., *Lo que hace a Grecia, 2. La ciudad y las leyes. Seminarios 1983-1984,* Ciudad de México, Fondo de Cultura Económica, 2012). Véase también P. Ricœur, *Sí mismo como otro,* Noveno estudio, Interludio, *op. cit.,* pp. 260-270.

12 P. Ricœur, *Sí mismo como otro, op. cit.,* pp. 266-267.

mesura no consiste solo en saber nutrirse de la conflictividad y controlarla, para mantenerse y evolucionar. Los gobernantes y los gobernados, conscientes de que el poder es siempre instituido, y por tanto contingente, también deben renunciar a pensar que una decisión o una política que represente el bien absoluto pueda poner fin a la inestabilidad.[13] Toda idea debe ser susceptible de ser puesta en entredicho; el reto está en encontrar los medios que hagan prevalecer las ideas más sabias y adecuadas para superarlo.

La actividad creativa en el origen de las transformaciones sociales no es solo obra de la teoría; la imaginación también desempeña un papel esencial en la praxis. El imaginario social se compone de significados que son la fuente de nuestras representaciones, de nuestras instituciones y de nuestras leyes. Ese imaginario instituyente hace evidente que una sociedad no solo tiene un fundamento racional y que no debe reducirse a normas y a procedimientos que han de ser, por otra parte, aceptados, validados y respaldados por un conjunto de prácticas, de disposiciones morales y afectos, sin todo lo cual no serían más que conchas vacías. El imaginario social confiere a una sociedad su unidad y su especificidad. Posee un fuerte componente simbólico que se adhiere a los símbolos (o a los significantes) de los significados, es decir, representaciones, órdenes, requerimientos o incitaciones a actuar de esa o aquella otra manera. Ese imaginario instituyente e instituido es el verdadero poder; gobierna en las mentes y en los corazones.

Una sociedad autónoma es lo opuesto a las sociedades cerradas en las que el cuerpo político se define *a priori* como un todo homogéneo fundado en criterios étnicos o culturales.[14] Esta he-

13 C. Castoriadis, *La cité et les lois, op. cit.,* p. 140-141.
14 De ordinario, las sociedades abiertas suelen oponerse a las sociedades cerradas. Aquí insistimos en que una sociedad autónoma se diferencia de las sociedades cerradas por el hecho de que rompe la clausura de sentido y supone que los ciudadanos son conscientes de que son ellos los que instituyen el sentido. Esta característica que la distingue de las sociedades cerradas fun-

teronomía de la norma predispone a los individuos a la sumisión, a la intolerancia y al fanatismo. Además, una sociedad autónoma se distingue radicalmente de los regímenes populistas que, si bien toman prestadas algunas características aparentes de democracia, rechazan el pluralismo y no toleran conflictividad alguna.

Así, el proyecto de una sociedad autónoma se opone al capitalismo. Este último es la negación de la autonomía: no se limita en absoluto, por la división y la parcelación del trabajo y por la extensión de la mercantilización a todas las esferas de la existencia, a empobrecer las relaciones intersubjetivas y a explotar a los seres humanos; los aliena colonizando su imaginario y destruyendo todo espacio común entre los individuos. Este orden economista del mundo no puede ser destruido mientras se tenga por definitivo, lo hayan interiorizado los individuos y se haga todo lo posible para que se olviden de que ha sido instituido. En cambio, las patologías propias de las democracias contemporáneas, que en realidad son oligarquías liberales, aparecen claramente cuando se formula el proyecto de una sociedad democrática y se reconoce que descansa en la capacidad de los individuos de interrogarse sobre los imaginarios sociales e impugnarlos, es decir, en la autonomía. Esta no significa sumisión a la ley moral, sino «el actuar reflexivo de una razón que se crea en un movimiento sin fin, de una manera a la vez individual y social».[15]

De modo que la actual descomposición de la sociedad se debe a su estancamiento en un imaginario capitalista. Los significados sociales que lo constituyen permiten entender por qué ese sistema continúa manteniéndose, pero también indican su fragilidad. El irracionalismo de la racionalidad instrumental se

---

dadas en la sumisión a un orden jerárquico la hace también más abierta e inclusiva.

15 C. Castoriadis, «Poder, política, autonomía», en *El mundo fragmentado, op. cit.,* p. 104.

hace, en efecto, evidente cuando tenemos conciencia de que, aun manteniéndose racionales en sus procedimientos, muchos de los proyectos e iniciativas que caracterizan nuestro tiempo, y están dictados por el productivismo y la búsqueda del beneficio, son absurdos en sus fines. Las categorías clásicas de la filosofía política, como la lucha de clases o la distinción entre la sociedad civil y el Estado, no ayudan a superar la constatación de una descomposición de la sociedad actual que priva a la mayoría de los conflictos sociales de toda proyección política emancipadora. En cambio, hablar de poder instituyente permite redefinir un imaginario colectivo y elaborar un proyecto de sociedad que puede constituir una alternativa a la constitución de un sujeto y de una sociedad neoliberales.

La ecología ofrece la ocasión de cuestionar los significados sociales propios del imaginario capitalista porque demuestra que el productivismo y el consumo excesivo son incompatibles con la protección del planeta, pero también porque pone en duda un estilo de vida que alimenta este modelo de desarrollo. Además, sustituye la competencia y la acumulación de bienes por los valores de la cooperación, la convivencia, la sobriedad y la participación. Al hacerlo, posee un potencial emancipador considerable. Paradójicamente, es deconstruyendo algunos de los presupuestos de la pasada Ilustración, relacionados sobre todo con su antropocentrismo y el dualismo naturaleza/cultura, como la ecología reconecta con sus principios de libertad, igualdad y justicia y es fiel a su *éthos* filosófico: llevar a cabo una reflexión crítica sobre su presente siendo consciente de pertenecer a una época, formulando su tarea y combatiendo la anti-Ilustración.

La fuerza emancipadora de la ecología

No se puede defender honestamente el proyecto de una sociedad ecológica y hacer de la ganancia el objetivo al que todos los otros deben estar subordinados. La ecología política tiene por objetivo el establecimiento de una sociedad autónoma que tenga como función principal reconstituir el mundo vivido que el capitalismo ha destruido al asignar un puesto soberano a la financiarización y a la economía. En efecto, como no tiene otro fin que ella misma, la economía fomenta una racionalidad instrumental deshumanizada y generadora de múltiples contraproductividades. Entendido desde esta perspectiva, el proyecto de una sociedad ecológica presupone que la riqueza y los recursos se reparten de forma equitativa para que cada cual pueda prosperar contribuyendo a la transmisión de un mundo habitable. La ecología, pensada desde su dimensión ambiental, social y mental, desmonta el conjunto de significaciones sociales, de representaciones y afectos responsables de la sumisión de los individuos al imaginario capitalista y al economismo.

Nadie puede hacer cambios profundos y duraderos en su estilo de vida si no tiene más deseos que los del *homo œconomicus* y si los cambios que efectúa en sus hábitos no le procuran un sentimiento de autoestima. No es, pues, saturando el espacio público con mandatos moralizadores y paralizantes ni multiplicando los impuestos y las reglamentaciones como se puede hacer evolucionar a la sociedad. Esto es particularmente evidente en el caso de la sobriedad, que es un horizonte que es necesario alcanzar si queremos reducir nuestra huella ecológica y que implica el placer. También la creatividad de las empresas y de los agentes económicos puede ser una aliada de la ecología. Esta creatividad es a menudo una respuesta a las demandas de los consumidores que, cada vez más interesados por la calidad y el origen de los productos que consumen, ejercen presión sobre los fabricantes. Pueden ponerse en práctica de esa forma soluciones innovadoras de manera que determinados productos se retiran del mercado o se sustituyen, como puede observarse en el terreno de la moda con el uso de la piel sintética o del cuero vegetal y con el reciclaje de la lana.[16] En cambio, si las normas medioambientales o relativas al bienestar animal se imponen solo desde el exterior, es decir, sin una interiorización de las razones que las justifican y sin la implicación directa de los individuos, todo el mundo intenta rehuirlas.

Así, la ecología cambia por completo el sentido de la política. En lugar de politizar la ecología, es la política la que se ecologiza. En cuanto nos proponemos habitar de manera más sabia la Tierra dejando espacio a los otros, humanos y no humanos, el planeta se convierte en nuestro hogar —«el nombre mítico de nuestro anclaje corporal en el mundo»—.[17] La Tierra es una, como la humanidad, y la comunidad de destino que nos une a otros seres vivos se impone como una evidencia desde el momento en que nos tomamos en serio nuestra condición terrestre. No obstante, siempre somos locales. Al igual que la producción, las decisiones políticas deben adaptarse a los entornos y a los diferentes contextos. Los objetivos del Estado y la forma de decidir, así como la gubernamentalidad, no pueden ser los mismos que los del sistema oligárquico y burocrático actual, donde los poderes públicos suelen ignorar el saber hacer local, y donde la ecología se considera, en el mejor de los casos, un simple elemento de un proyecto de sociedad y donde los gobiernos tratan de conciliar los imperativos de la reducción de los gases de efecto invernadero con los del crecimiento, ignorando las externalidades negativas y continuando fieles a la ley del beneficio. Sus propuestas, que se reducen a reglamentos, son

16 Recordemos que la moda tiene un enorme coste medioambiental, que las pieles, el cuero e incluso la lana imponen a los animales condiciones de vida y de muerte horribles y que la transformación de la piel animal en material utilizable para la industria de la moda requiere el uso de productos químicos tóxicos y perjudiciales para el medio ambiente y para la salud de quienes trabajan, a menudo en el otro extremo del mundo, en las curtidurías o el teñido de la ropa.

17 P. Ricœur, *Sí mismo como otro, op. cit.*, p. 150.

incoherentes e ineficaces, y no suscitan la adhesión de los ciudadanos ni la admiración de los otros Estados. Si la ecología está en disposición de destruir el imaginario capitalista, de liberar la creatividad y de proporcionar una base sólida para las políticas públicas que pueden reorientar la economía, de efectuar la transición energética y alimentaria y de reorganizar el trabajo y los intercambios, es porque la visión global de la organización social y política que implica es inseparable de una reflexión profunda sobre nuestra condición y el sentido de la existencia. Esta reflexión exige que seamos libres, pero en un sentido diferente al que el ideal de rendimiento y el imaginario capitalista nos han acostumbrado.

No basta integrar los imperativos ecológicos en un proyecto de sociedad autónoma conservando el ideal de libertad, de justicia y solidaridad de la Ilustración y adaptando esa herencia al contexto ecológico, demográfico y tecnológico actual. Existen, ciertamente, sobre todo en la historia de la izquierda y del socialismo, propuestas prometedoras que asocian el ideal emancipador de la Ilustración con la protección de la naturaleza y la defensa de los animales, y estaría bien inspirarse en ellas.[18] Nuestro planteamiento es, sin embargo, diferente porque la Ilustración ecológica a la que nos referimos y que deseamos implica abandonar el ideal de dominio inherente a esa Ilustración.[19]

El proyecto de dominio de la naturaleza en el exterior y en el interior del sí mismo no permite mantener las promesas de libertad, justicia e igualdad que los Modernos habían puesto como fundamento de su ideal de sociedad. En un principio aspiraban a ayudar a la humanidad a conquistar espacios de li-

18 S. Audier, en *La société écologique et ses ennemis. Pour une histoire alternative de l'émancipation*, París, La Découverte, 2017.

19 Que retomemos la bipolarización Ilustración y anti-Ilustración no significa que aceptemos todas las tesis de Zeev Sternhell, que exagera la oposición existente entre la Ilustración y la ecología al desplazar a los románticos al lado de los anti-ilustrados.

bertad accesibles al mayor número, pero en la actualidad constatamos que la humanidad está dividida en dos: una minoría que posee los medios técnicos y financieros para escapar de las consecuencias del calentamiento global podrá continuar ejerciendo su depredación sobre los recursos existentes y hacer retroceder los límites biológicos de la especie, mientras que los otros sufrirán o perecerán. Las Luces se convierten en su contrario. Si no se cuestiona seriamente el ideal que refuerza la dominación de la naturaleza y de los otros, humanos y no humanos, esto llevará a un empeoramiento de las desigualdades sociales y económicas y a la destrucción de toda forma de vida sobre la Tierra.[20]

En otras palabras, la Ilustración ecológica es una nueva Ilustración: pasa por el cuestionamiento de los fundamentos antropocéntricos de las filosofías del siglo XVIII, por la superación de sus dualismos y de lo que forma parte del núcleo central de su proyecto de dominación de la naturaleza dentro y fuera del sí mismo, es decir, del rechazo de la alteridad y del cuerpo. Ese rechazo, como hemos visto, es el vicio de la civilización y lo que la Ilustración tiene en común con la anti-Ilustración. Es urgente romper con el Esquema de la dominación que explica que nuestra civilización no ha sabido guardarse de su autodestrucción y que tolera el saqueo del planeta y la cosificación de los otros seres vivos.

Para conservar el ideal de emancipación de la Ilustración y arrancar de raíz la necesidad de dominar que explica que el progreso se haya convertido en regresión, es necesario prestar consideración a lo viviente, en sí mismo y en el exterior de sí mismo. Esta transformación interior es indispensable porque, para cambiar de Esquema, no basta con adaptar la Ilustración

---

20 Es lo que hace decir a determinados autores que la ecología impone acabar con la Ilustración y romper definitivamente con ella. Véase, sobre todo, W. Ophuls, *Requiem for Modern Politics. The Tragedy of the Enlightenment and the Challenge of The New Millennium,* Medford, Tufts University, 1998.

del pasado a la realidad del presente; la nueva Ilustración nace de un *shock* vinculado al reconocimiento de la barbarie que el humano puede ejercer sobre sus semejantes y al hecho de ser conscientes de la destrucción de la naturaleza y de la violencia infligida a los animales.

Al analizar el vínculo entre esas destrucciones sin por ello confundirlas, vemos que la Ilustración en la edad de lo viviente proviene de ese humanismo herido. Con todo, el deseo de transmitir un mundo habitable, que es constitutivo de su proyecto, no proviene solo de motivos negativos; se nutre también del sentimiento de asombro ante la belleza del mundo, del sentido de responsabilidad que sentimos hacia los otros seres vivos y de la certeza de que el ser humano es capaz de lo peor, pero también de lo mejor. La Ilustración ecológica no se impone solo porque hemos tomado la medida de los peligros asociados al calentamiento global y a la erosión de la biodiversidad. Su contenido positivo, que la convierte en una fuerza emancipadora, es el resultado de una proximidad reencontrada con lo viviente que cambia profundamente las representaciones, los apegos, las valoraciones y las emociones, y asigna a la racionalidad una tarea distinta a la de dominar la naturaleza cosificándola con el fin de obtener beneficios. La Ilustración ecológica acepta la apuesta de que el humano y las sociedades humanas son capaces de evolucionar en la buena dirección.

Por ello, la edad de lo viviente es la edad de un nuevo Esquema y un nuevo imaginario instituyente. Si este último se expande, serán muchos los que tendrán el deseo de abandonar la situación de servidumbre que les impone el orden economista del mundo para recuperar de nuevo su existencia y convertirse en actores de la transición ecológica. Ese nuevo imaginario implica que la percepción que los sujetos tienen del progreso social, su manera de considerar las otras formas de vida y de valorar su lugar en el seno de la naturaleza no son las mismas que en el mundo precedente.

No habrá sociedad ecológica y autónoma sin esta ruptura de la clausura del sentido que corresponde a la fase deconstructiva y crítica de la emancipación. Esto conlleva también, como hemos visto, un elemento dinámico y liberador y abre un horizonte de esperanza asociado a un proyecto colectivo. Recordemos que la crisis existencial, que es el punto de partida de la emancipación, también puede ser vivida por los grupos o por la colectividad. Esto sucede, en especial, en el transcurso de períodos históricos que se caracterizan por la confrontación de los individuos y las naciones con los límites de un sistema, por la pérdida de puntos de referencia, pero también por la desconfianza hacia las instituciones y las personas que encarnan la autoridad y por la escalada de la contestación.

Por lo tanto, no solo debemos contemplar la experiencia personal o los experimentos locales si queremos entender por qué, en un momento dado de la historia y en una sociedad concreta, aparecen, sin previo concierto y a menudo con un orden que desafía toda lógica, signos precursores testigos del colapso de un imaginario instituyente y de la emergencia o de la esperanza de otro imaginario. Aunque la mayoría de los conflictos sociales de nuestros días no expresan un ideal emancipador porque las reivindicaciones quedan centradas con frecuencia en preocupaciones individuales, como el poder adquisitivo y los salarios, la necesidad de hacerse oír, incluso cuando solo se trata de desafiar el orden establecido y el poder vigente, traduce el deseo de un cambio social y político. Además, los movimientos sociales, gracias a la concienciación que ocasionan y a los vínculos que permiten anudar, pueden ayudar a los individuos a ampliar sus horizontes y a adquirir una nueva conciencia política. La condición para que esto ocurra es que la ideología no sea omnipresente y que las personas no se cierren en el círculo de sus semejantes, sino que lleguen a elaborar una reflexión crítica sobre el mundo actual —y no solo sobre su situación particular—. Como escribe Jean Duvignaud, «en el momento en que las instituciones de una sociedad se desestructuran y dejan espacio a la efervescencia de los individuos, de las agrupaciones y de las clases dinámicas y orientadas en múltiples sentidos por intencionalidades igualmente múltiples, se revela o se manifiesta una necesidad infinita que ninguna satisfacción hasta entonces aceptada puede llenar o apaciguar».[21] Este «exceso de deseo», siguiendo a Durkheim, a menudo conduce a la destrucción, pero también puede desembocar en una mayor reflexividad, transformando a los sujetos en sujetos políticos, dotados de autonomía existencial y capaces de comprometerse en favor de la colectividad.

Es necesario que se hayan integrado, en la cultura y en las instituciones, las críticas dirigidas por el posmodernismo al racionalismo hegemónico de la Ilustración y que se difundan las ideas asociadas a la Ilustración en la edad de lo viviente, sobre todo la crítica del antropocentrismo y hasta la del especismo. Sin estos cambios individuales y colectivos, la ecología seguirá siendo superficial y se reducirá a requerimientos morales. En cambio, considerada como imaginario instituyente, puede convertirse en una fuerza social y política tanto más innovadora cuanto que lleva a sobrepasar las fronteras de su grupo y hasta de las naciones y a adoptar un punto de vista cosmopolita.

Importa, pues, preguntarse cómo pueden organizarse los individuos para que esta reestructuración psíquica e intelectual, vivida individualmente por un número cada vez más amplio de personas, cree un imaginario colectivo y se convierta en una fuerza política imprescindible. ¿Cómo pueden las instituciones democráticas fomentar esa autotransformación de la sociedad de forma que el Estado haga lo mismo?

---

21 J. Duvignaud, *Hérésie et subversion. Essais sur l'anomie,* París, La Découverte, 1986, p. 40 (trad. cast., *Herejía y subversión. Ensayo sobre la anomia,* Barcelona, Icaria, 1990, p. 44s). Citado por F. Tarragoni, «L'émancipation dans la pensée sociologique: un point aveugle?», en *Revue du Mauss,* París, La Découverte, n.º 48, 2 (2016), p. 123.

LAS TRANSFORMACIONES DE LA DEMOCRACIA EN LA EDAD DE LO VIVIENTE

Descentralizar la democracia

La emancipación se produce cuando los individuos y los grupos engendran nuevos ideales que alientan nuevas formas de producir, consumir y vivir juntos, y cuando la acción colectiva prepara un terreno favorable para la renovación de las instituciones. En todo caso, es preciso que esta creatividad no sea reprimida por la sociedad en la que vivimos e interaccionamos.

Una sociedad autónoma y ecológica supone profundas transformaciones de la democracia que van más allá de lo contemplado por los teóricos de la democracia deliberativa. En efecto, en una sociedad plural y compleja, donde las interacciones entre las personas y los grupos hacen emerger públicos transnacionales y donde los efectos de la globalización y del calentamiento global se experimentan de forma heterogénea y a distintos ritmos, el recurso al paradigma deliberativo no basta. No solo no es suficientemente inclusivo, sino que, al desvelar y estructurar los conflictos para crear un consenso, conlleva el riesgo de eliminar las oposiciones y ocultar las relaciones de poder. Una verdadera democratización de la sociedad supone también que los ciudadanos evalúen las opciones científicas, tecnológicas y ecológicas de la sociedad. En fin, para que las políticas públicas puedan corregir las injusticias y permitir que cada cual pueda desarrollar su potencial, los representantes deben conocer las diferentes necesidades y dificultades de los ciudadanos. Ahora bien, la influencia de los minipúblicos constituidos por las reuniones de ciudadanos y por foros híbridos es limitada. Los procedimientos estrictos de la democracia participativa se utilizan, en el mejor de los casos, para informar a los representantes de las expectativas y aspiraciones de la población y para darles la impresión de que sus opiniones se tendrán en cuenta, pero los

IV. El proyecto de una sociedad democrática y ecológica

resultados a los que llegan los ciudadanos elegidos por sorteo e involucrados en esos foros raramente inspiran una política pública.[22]

Sin embargo, las razones por las que la democracia necesita transformarse más radicalmente que en el modelo deliberativo y participativo son más profundas de lo que sugieren estas críticas ya clásicas. Es discutible la idea de que se pueda descubrir una voluntad general unificada o construirla gracias a los procedimientos deliberativos y participativos. Esto no significa que se deba rechazar el voluntarismo político y el intervencionismo estatal. Sin embargo, reconozcamos que actualmente no solo estamos tratando, como en toda sociedad pluralista y multicultural, de valores e intereses divergentes; la realidad es que no formamos un todo y que es necesario abandonar el modelo de la soberanía popular[23] y descentralizar la democracia.

Hay que hacer posible la expresión de múltiples puntos de vista sin tratar en absoluto de conseguir que converjan, porque el bien común que pudiera resultar sería artificial y efímero y sería vivido como una imposición por la mayoría de los sujetos afectados. Corresponde a los individuos organizarse y, como veremos, a los públicos constituirse mostrando líneas de fuerza que pueden finalmente diseñar un proyecto político, que los

22 Existen métodos precisos que permiten sacar conclusiones de los medios deliberativos y participativos. En Francia y en otros países, instituciones como la Comisión Nacional del Debate Público (CNDP, creada en 1995), se encargan incluso de organizar esos debates de acuerdo con un reglamento. Sin embargo, los procedimientos deliberativos y participativos no siempre se utilizan con el rigor necesario y a veces están instrumentalizados por el poder.
23 Este modelo corresponde, por otra parte, a una organización del espacio público que se identifica con la aplicación en política de la perspectiva de punto de fuga único, que hay en el arte y en la cartografía. Véase G. Ruggie, *Constructing the World Polity,* Londres, Routledge, 2000, p. 186, y J. Bohman, «Realizing Deliberative Democracy as a Mode of Inquiry. Pragmatism, Social Facts and Normative Theory», en *Journal of Speculative Philosophy,* 18, vol. 1 (2004), pp. 23-43.

representantes traducirán de manera articulada y accesible. La democracia es, por tanto, un método que facilita este trabajo de elaboración en un contexto en el que la globalización y las tecnologías de la información son, a la vez, obstáculos y recursos. Estas últimas posibilitan, en efecto, la difusión rápida de la información por todo el mundo, haciendo difícil ocultar hechos importantes y contribuyendo a la formación de públicos transnacionales, pero favorecen también la simplificación, difunden inexactitudes y empujan a los individuos a comunicarse, sobre todo, con los que piensan como ellos.

Se necesitan cambios profundos en la forma de pensar el *demos* y de gobernar apuntando a un ahondamiento e incluso a una radicalización de la democracia. El pueblo no es un todo unificado que se trataría de representar, como en el modelo bonapartista de la representación-encarnación. Tampoco basta acercarse a él con toda su polifonía esperando construir con el tiempo la voluntad general.[24] Porque esta concepción que insiste en la función educativa de la representación supone que los clérigos y los electos tienen competencias que les confieren una superioridad sobre los otros que los capacita para identificar el bien común en lugar de los representados.

De modo que el giro deliberativo que, desde Habermas, ha inspirado a muchos investigadores que optan por una concepción consensuada, o por el contrario agonística, de la deliberación, debe complementarse con un enfoque pragmático que sustituya la noción de soberanía popular por la de «público». Esta noción, tomada de John Dewey, se refiere al conjunto de individuos que sufren las consecuencias indirectas de la globalización, de las tecnologías, del calentamiento global, en definitiva, de la acción colectiva cuyos efectos no son forzosamente queridos ni

---

24 Esta es la opción de Pierre Rosanvallon; véase «Penser le populisme», en C. Colliot-Hélène y F. Guénard (eds.), *Peuples et populisme,* París, Presses Universitaires de France, 2014, pp. 39-42.

previsibles.[25] Es indispensable que los individuos y los grupos puedan expresar sus necesidades y sus reivindicaciones para que el Estado aporte una respuesta adecuada a sus demandas de cuidado o de indemnización, en lugar de aplicar normas abstractas. Es asimismo fundamental comprender que, al menos inicialmente, no hay solo un público formando una verdadera comunidad política, sino muchos públicos dispersos que no se conocen forzosamente y cuyos intereses no se superponen. Las instituciones democráticas, los medios de comunicación y la cultura tienen la tarea de fomentar los intercambios y las interacciones entre estos públicos diferentes, vigilando que ninguno de ellos confisque el bien común.

La democracia deviene así en un régimen con múltiples perspectivas que fomentan la aparición de públicos que interactúen entre sí y con las instituciones. Esas también deben contribuir a la formación del criterio de los individuos y a la difusión de los conocimientos y de las informaciones que se requieran. De esa manera los gobiernos podrán ilustrarse sobre el estado de la sociedad, es decir, sobre las consecuencias directas e indirectas que los fenómenos climáticos, económicos, geopolíticos y los cambios tecnológicos ejercen sobre la vida de los individuos y sobre los públicos. Además, los representantes también podrán evaluar el impacto de las políticas públicas que llevan a cabo y así se darán cuenta mejor del daño causado por una gestión tecnocrática de los problemas ecológicos y sociales.

En lugar de venir de lo alto, como en el modelo del déspota ilustrado, que sigue siendo todavía el *habitus* de los gobernantes y de los intelectuales que se remiten al legado de los filósofos del siglo XVIII, la Ilustración en la edad de lo viviente nace

---

25 J. Dewey, *La opinión pública y sus problemas,* Madrid, Morata, 2004, pp. 97-98. Véase también p. 65: «El público lo componen todos aquellos que se ven afectados por las consecuencias indirectas de las transacciones, hasta el punto en que se considera necesario ocuparse sistemáticamente de estas consecuencias».

de las interacciones entre los individuos y sus entornos. Pero decir que parte de abajo, del pueblo o de la multitud, no es del todo exacto. Porque hemos visto que el pueblo concebido como una unidad *a priori* no existe. De la multitud o de la masa hay que decir que no se forma un público ni se configuran públicos, porque eso requeriría que los individuos que los componen fueran conscientes de los intereses comunes, lo cual está lejos de ser evidente. Por lo tanto, no debemos caricaturizar lo que John Dewey llamó inteligencia colectiva u organizada *(organized intelligence)*, que considera como la condición de una organización inteligente.[26] En efecto, evidentemente se trata de una inteligencia compartida. Pero requiere individuos emancipados y supone también instituciones que ayuden a gobernantes y a gobernados a desprenderse de hábitos de pensar que los impidan evaluar los fenómenos sociales con objetividad y someter sus creencias a la prueba de la realidad y al test de la falibilidad.[27]

26 J. Dewey, *Cómo pensamos. La relación entre pensamiento reflexivo y proceso educativo,* Barcelona, Paidós, 2007.

27 C.S. Peirce, *Oeuvres I. Pragmatisme et pragmaticisme,* París, Cerf, 2002. Véase sobre todo «Comment se fixe la croyance» y «Comment rendre nos idées claires» (1876), pp. 215-235 y 237-260 (trad. cast., *La fijación de la creencia. Cómo aclarar nuestras ideas,* Oviedo, KRK, 2007; «Cómo esclarecer nuestras ideas», en C. S. Peirce, *El hombre, un signo [El pragmatismo de Peirce],* Barcelona, Crítica, 1988, pp. 200-223). En contraposición al método de la tenacidad (creer lo que todo el mundo cree), del método de la autoridad (el Estado impone las creencias) y del método *a priori* (en el que la creencia se evalúa en función del propio gusto), Peirce defiende el método científico, que tiende a establecer creencias correctas testadas con la prueba de la falibilidad, que permite ver lo que producen en la realidad y evaluar su validez. Véase también J. Dewey, *Lógica: teoría de la investigación,* Ciudad de México-Buenos Aires, Fondo de Cultura Económica, 1950. Con la investigación *(inquiry),* según Peirce, pasamos de un estado de duda, que marca una perturbación en el plano teórico y práctico, a un estado de creencia. Para Dewey, la duda no es un estado, sino una situación problemática que el conocimiento derivado de la investigación esclarece liberando la iniciativa del

IV. El proyecto de una sociedad democrática y ecológica

La democracia aparece entonces no tanto como un régimen o un conjunto de instituciones, sino como un método y un modo de vida que implica la participación de los individuos y exige que las medidas colectivas no se decreten de forma vertical y burocrática ni se deduzcan de principios fijos. Puesto que la realidad es cambiante y está constituida por las interacciones de los seres con sus entornos y entre sí y por las propiedades emergentes y *a priori* imprevisibles y derivadas, la política debe estar pensada de forma experimental. Siguiendo a Dewey, ha de considerarse como una investigación *(inquiry)* que permita adaptarse a un entorno cambiante. Esto supone recoger las informaciones pertinentes, sacar consecuencias y evaluar las prácticas, las normas y las instituciones verificando su pertinencia a la luz de los nuevos hechos sociales y someterlas, como toda idea, a los criterios pragmáticos de lo verdadero.[28] Si los principios que se defendía hasta ese momento parecen obsoletos o inútiles, habrá que rechazarlos.

La democracia descansa, así, sobre la experimentación y el ensayo. En lugar de aferrarse a dogmas o a ideologías, los dirigentes deben esforzarse por tener un conocimiento fiable de los hechos sociales y han de comprobar la validez de sus políticas en función de estos últimos. Es igualmente importante que haya mediaciones (sindicatos, asociaciones, foros de participación, medios de comunicación, etc.) para que los grupos afectados por actuaciones de tan amplia y diversa magnitud, que impiden

---

sujeto y ayudándole a responder a esta situación, como un organismo que se adapta a su entorno cambiante.

28 Una idea verdadera es «una idea que funciona» en el sentido de que sus consecuencias en la práctica son positivas y en ella supera con éxito la prueba de la falibilidad. Por lo tanto, se la somete a la prueba de la realidad y permite ilustrarla bajo una nueva luz, pudiendo así actuar sobre lo real, a diferencia de ideas que no aportan nada en el plano teórico ni en el de la acción. Véase W. James, *Pragmatismo. Un nuevo nombre para algunos antiguos modos de pensar,* Barcelona, Folio, 1999.

que «el público resultante pueda identificarse»,[29] lleguen a formular sus intereses comunes, se constituyan como público y entren en relación con las instituciones y los representantes. Sin esa práctica de la democracia será difícil reducir la brecha entre los representados y los representantes, y el Estado, una de cuyas tareas es reparar los estragos que pueden ocasionar ciertos cambios provocados por las tecnologías, las crisis medioambientales, sanitarias o políticas, será una simple burocracia, mientras que los ciudadanos, atomizados, no tendrán la posibilidad ni el deseo de transformar la sociedad mediante iniciativas innovadoras.

Asimismo, los individuos y los grupos que sufren el cambio climático y aquellos que, como los agricultores y el personal auxiliar sufren las consecuencias adversas de la organización gerencial del trabajo y del productivismo, deben disponer de informaciones validadas, completas y actualizadas sobre los hechos sociales que les conciernen para juzgar acerca de la adecuación de las instituciones y de las políticas públicas que se supone responden a sus necesidades. Estas informaciones deben ser públicas. En este sentido escribe Dewey que ««no puede haber público sin plena publicidad respecto de todas las consecuencias que le atañen. Todo lo que obstruya y restrinja la publicidad limita y distorsiona la opinión pública y frena y deforma la reflexión sobre los asuntos sociales».[30] Es también indispensable que los individuos y colectivos puedan proponer, fundándose en sus experiencias, alternativas o adaptaciones contextuales a las soluciones implementadas. En lugar de reprimir sus iniciativas, el Estado debe apoyarlas y ha de establecer procedimientos para evaluar su relevancia y su eficacia.[31]

29 J. Dewey, *La opinión pública y sus problemas, op. cit.*, p. 125.
30 *Ibid.*, p. 147.
31 A la luz de estas observaciones, vemos que los experimentos y el saber hacer de los habitantes de la ZAD, en Notre-Dame-des-Landes, podrían haber constituido un laboratorio para dar a conocer y probar la validez de ciertas prácticas, incluso a costa de tener que supervisarlas más de lo que deseaban

En fin, la adecuación de los fines a los medios es esencial en una democracia. Es incluso un criterio que la distingue de los regímenes que no la admiten. En efecto, la democracia no se define solamente por los fines que «incluso las dictaduras reivindican actualmente como propios: la seguridad de las personas y la igualdad de oportunidades en el desarrollo de su personalidad. [...] El principio fundamental de la democracia consiste en que los fines de libertad y de individualidad para todos solo pueden ser alcanzados por medios que están de acuerdo con esos fines».[32] Su especificidad es apoyarse en la actividad voluntaria de los individuos, en su asentimiento y su consentimiento, y no en la violencia, y apostar por «la fuerza de una organización inteligente» y no por una «organización impuesta desde el exterior y desde arriba».[33]

De modo que la multiplicidad de perspectivas, la renuncia a la ficción de una voluntad general unificada por el carisma de un líder o las habilidades de los clérigos, y la relación entre los fines y los medios son tres características esenciales de la democracia que la diferencian radicalmente de sus enemigos. Estos, en la actualidad, no se limitan a los regímenes autoritarios y totalitarios; se incluyen también en las democracias iliberales. Esta caracterización de la democracia confiere también un sentido nuevo a la oposición entre la Ilustración y la anti-Ilustración. En efecto, los regímenes contrarios a la democracia siempre

---

los zadistas más anarquistas. (Se refiere a las acciones de protesta en la década del año 2000, por motivos medioambientales, contra el proyecto de la construcción de un aeropuerto en una localidad de Nantes, bautizadas como ZAD —Zona A Defender—; quienes la llevaban a cabo se hacían llamar «zadistas» [N. del T.]).

32 J. Dewey, «Democracy is radical», en *Later Works (1925-1953)*, Carbonale, Southern Illinois University Press, 1983, vol. 2, p. 298 (trad. cast., «La democracia es radical», en *Liberalismo y acción social y otros ensayos*, Valencia, Edicions Alfons el Magnànim, 1996, pp. 171-175).

33 *Ibid.*

utilizan, como los anti-ilustrados, medios desproporcionados, incluso ilimitados. Defienden una concepción homogénea y a menudo étnica del pueblo y combaten el pluralismo, ya sea de los valores o el epistémico del que habla Dewey.

Dos razones adicionales atestiguan el interés que hay en definir la democracia de ese modo. En primer lugar, para promover los ideales de la Ilustración es preciso poner en entredicho determinados esquemas heredados del pasado, en este caso el concepto de soberanía popular. Este concepto implica que la verdad sería una, que se fundaría en la razón y que sería, como en el modelo vertical de la Ilustración francesa, el privilegio de los espíritus libres que pueden enseñarla e incluso imponérsela a los otros. En segundo lugar, esta definición nos descubre otro adversario de la democracia y de la Ilustración, más difícil de identificar que los otros en la medida en que no utiliza el terror y que la violencia que ejerce sobre las personas es más simbólica que física: el neoliberalismo. Este último agrava las desigualdades, destruye el vínculo social y genera resentimiento entre aquellos que experimentan el desclasamiento social, empujándolos a poner en tela de juicio las instituciones clásicamente asociadas al liberalismo y a la democracia representativa.

La Ilustración contra el neoliberalismo y el papel de las minorías

Es importante recordar lo que diferencia al neoliberalismo del liberalismo clásico y del ultraliberalismo si queremos entender por qué el primero constituye una amenaza para la democracia y la Ilustración, cuando en realidad no ataca a las instituciones democráticas, exhibe a menudo un cierto progresismo en materia de costumbres, es amante de las tecnologías y no pone en entredicho la soberanía del sujeto ni el derecho de los individuos a consumir.

IV. El proyecto de una sociedad democrática y ecológica

A diferencia del liberalismo nacido en el siglo XVIII, el neo-liberalismo no se basa en el ideal de un gobierno limitado encargado de proteger las libertades individuales y de garantizar la igualdad y así rechazar, por esa razón, inmiscuirse en la vida privada de las personas o interferir en su voluntad mientras no causen daño al otro. Tampoco hay que confundir el neoliberalismo con el ultraliberalismo que preconiza la no intervención del Estado en nombre del *laissez faire*. En efecto, no se opone al Estado, aunque cuestiona su papel redistributivo: lo utiliza para controlar la vida de los individuos. Además, no solo extiende la ley de la mercantilización a todas las esferas de la existencia, desde la escuela al trabajo y al ocio, y pasando por el esparcimiento; también impone un tipo particular de gubernamentalidad.[34] Como para él la competencia económica es la norma absoluta, la reducción del gasto público o el saneamiento de la balanza de pagos se presentan como los objetivos de toda política pública razonable. Además, esta norma está tan incorporada por los sujetos que se someten a ella incluso cuando tienen la impresión de estar ejerciendo su libertad de decidir. La política está al servicio de la economía de mercado, y no al servicio de la libertad, la igualdad y la justicia. Las políticas de demanda y de redistribución y, de manera general, el keynesianismo, son sistemáticamente abandonadas. El economismo condiciona a los individuos y «hace del mercado el "medio" a través del cual puede ser gobernado el hombre económico».[35] No hay abandono del Estado, pero este controla a los individuos a distancia: no los coacciona por la fuerza, pero una panoplia de incitaciones

---

34 J.-C. Monod, *L'art de ne pas être trop gouverné*, París, Seuil, 2019. Véase sobre todo la introducción.

35 Por ello Ferhat Taylan habla de mesopolítica en *Mésopolitique. Connaître, théoriser et gouverner les milieux de vie (1750-1900)*, París, Éditions de la Sorbonne, 2018. Citado por C. Laval, *Foucault, Bourdieu et la question néolibérale*, París, La Découverte, 2018, p. 69 (trad. cast., *Foucault, Bourdieu y la cuestión neoliberal*, Barcelona, Gedisa, 2020, p. 79ss).

con un objetivo, manifiesto a través de las políticas públicas y de la comunicación, genera en ellos una especie de autorregulación. Y así toman decisiones según sus intereses en un entorno modelado por la ley del mercado. Se los recompensa con primas y honores cuando se adaptan a este entorno y juegan el juego de la competencia generalizada. En caso contrario, se los excluye y se los condena a la invisibilidad social y política.

El neoliberalismo, que se impuso a finales de la década de 1970 en Francia, pero cuyos fundamentos intelectuales se remontan a la década de 1930, es una amenaza para la democracia porque despolitiza la política.[36] Esta no consiste en dar forma a las opiniones y a los intereses de los individuos, sino que está totalmente al servicio de la economía de mercado. Además, este economismo genera un pensamiento único o un conformismo que explica que pocas personas lo pongan verdaderamente en tela de juicio. Deviene en ortodoxia y en un dispositivo mental que depaupera la subjetividad, pero ofrece puntos de referencia a los individuos. La sociedad está dividida por el aumento de las desigualdades y, al mismo tiempo, se uniformiza. En ese contexto, la conflictividad, que es la condición de la autorreflexividad en una democracia, se sintetiza en la mayoría de los casos en resistencias o en levantamientos dispersos que no conducen a una verdadera transformación social. No son suficientes para modificar en pro-

36 Muchos investigadores hacen referencia al coloquio Dewey-Lippmann de 1938 insistiendo en el análisis que del mismo hizo Michel Foucault en sus cursos en el Collège de France en 1979 *(Naissance de la biopolitique. Cours au Collège de France, 1978-1979*, París, EHESS-Seuil-Gallimard, 2004; trad. cast., *Nacimiento de la biopolítica. Curso del Collège de France, 1978-1979*, Madrid, Akal, 2011). Véase en particular C. Laval, *Foucault, Bourdieu y la cuestión neoliberal, op. cit.,* y B. Stiegler, quien en *Il faut s'adapter. Sur un nouvel impératif politique* (París, Gallimard, 2019), subraya las divergencias entre esos dos autores en cuanto a su interpretaciones de Darwin. Véase también el punto de vista de S. Audier en *Le Colloque Lippmann. Aux origines du néolibéralisme,* Burdeos, Le Bord de l'eau, 2012.

fundidad las ideas dominantes que mantienen vivo el Esquema de la dominación que rige en la sociedad capitalista, uno de cuyos pilares es la adhesión al economismo y a los valores del mercado. Las instituciones, por su parte, están alejadas de fomentar la formación de públicos y no tienen en cuenta la multiplicidad de perspectivas sobre el mundo, ya que todos los dominios, del derecho a las políticas de sanidad y educación pasando por la organización del trabajo y el comercio, sostienen el economismo.

El economismo va de la mano con una concepción vertical del poder que se apoya en expertos y tecnócratas y expresa una representación estática de la sociedad, así como un cierto desprecio por las masas, consideradas incapaces de encontrar soluciones a problemas complejos. Las creencias refuerzan los dispositivos y tampoco se hace nada en el plano de las instituciones ni en el de la comunicación para alentar la aparición de una opinión pública que pueda juzgar con discernimiento las decisiones colectivas y discutir sobre la racionalidad de los fines y el carácter proporcionado de los medios. ¿Significa esto que, en un mundo así, no hay salida y que estamos condenados a sufrir políticas públicas incompatibles con un modelo de desarrollo ecológicamente sostenible y más justo?

Responder, como la mayoría de los dirigentes de las oligarquías liberales, que debemos adaptarnos al orden economista como a una fatalidad significa que se ha abandonado el proyecto y la ambición de la Ilustración y que no tardaremos en vernos atrapados por la anti-Ilustración. Porque esta última no retrocede ante ninguna de las consecuencias sociales, medioambientales y geopolíticas del neoliberalismo. Cabe hacer notar que, en nuestros días, los enemigos de la democracia y de la Ilustración no combaten el neoliberalismo y la economía de mercado, a diferencia de los regímenes totalitarios del pasado; son aliados suyos. Al mismo tiempo, los gobiernos que todavía creen en la posibilidad de conciliar ecología, justicia social y capitalismo y rechazan comprender que el proyecto de una sociedad democrática y ecológica implica romper radicalmente con el neoliberalismo, serán cada vez más débiles. Porque solo consiguiendo que la lucha contra la injusticia y la transición ecológica sea su prioridad, y siendo solidarios, pueden esos gobiernos mantener los ideales de la Ilustración. Evitarán así ser dominados por gobiernos corruptos y nacionalistas que buscan imponer un orden jerárquico y no igualitario que se aprovechan del sostén de multinacionales, que los animan a proponer respuestas exclusivamente tecnológicas al calentamiento global, a conquistar el espacio, a hacer la guerra y a soñar con una sociedad transhumanista.

Para quienes creen que la fatalidad no existe, se trata de procurar el advenimiento de la Ilustración ecológica y de reorganizar la sociedad y las instituciones de acuerdo con este ideal civilizacional. En principio, la lucha por la Ilustración es siempre una necesidad imperiosa. Aparte de ser una estructura intelectual, representa una manera de dejarse llevar por un principio ético: hay que combatir el mal y defender la libertad y, hoy más que nunca, es necesario proteger la naturaleza y a los seres vivos.

La clave para tomar en nuestra mano el control del destino y derrumbar el imaginario capitalista y el Esquema de la dominación es la autonomía. Esta supone la afirmación por el individuo de su capacidad de actuar. También requiere la constitución de públicos que se formen tanto dentro como fuera de las fronteras nacionales y que se reúnan en torno a causas comunes. Convertidos en minorías activas, estos públicos no tienen esencialmente vocación de conquistar el poder. Su objetivo es, sobre todo, ejercer su influencia impulsando las representaciones dominantes, empujando a los gobiernos, a los particulares y a las empresas a cuestionar sus esquemas de pensamiento y sus costumbres. Así es como las minorías activas pueden contribuir poco a poco, de una manera visible o más soterrada, a cambiar la sociedad a fondo.[37]

---

37 Sobre la distinción entre la influencia y el poder y el papel de las minorías, véase S. Moscovici, *Psychologie des minorités actives,* París, Presses Universitaires

El motor de la innovación no es la conformidad con la norma ni la autoridad que confiere una posición de poder, sino la heterodoxia, la capacidad que tienen personas, que comparten ideas diferentes a las del resto del grupo y que las encarnan en su estilo de vida, de romper la unanimidad y alzar dudas sobre las antiguas certezas. El conformismo o la sumisión a las normas dominantes es fruto sobre todo de la necesidad de sentirnos seguros e integrados. Como señala Serge Moscovici, el consenso cobra su fuerza no tanto del número como de la unanimidad; esta condiciona a la mayoría y no a la inversa. Ahora bien, no se basa en la convicción de que las normas a las que uno se somete son verdaderas, sino en el hecho de que proporcionan una especie de seguridad mental: «Los hombres se comportan racionalmente de manera irracional. Se someten a la autoridad de la mayoría, ya sea por confianza o por complacencia. [...] Prefieren equivocarse con los otros antes que tener razón solo ellos».[38] No obstante, cuando las desigualdades aumentan y muchos se quedan al margen de la sociedad y las aberraciones de un modelo de desarrollo que amenazan la salud de las personas y del planeta son innegables, el tejido social se resquebraja. La contestación y la disidencia hacen acto de presencia.

No toda contestación lleva a la innovación social. Sin embargo, cuando la disidencia se convierte en un factor de trans-

---

de France, 1979, p. 10 (trad. cast., *Psicología de las minorías activas,* Madrid, Morata, 1996, p. 21ss); también C. Faucheux y S. Moscovici, «Le style de comportement d'une minorité et son influence sur les réponses d'une majorité», en C. Faucheux y S. Moscovici (eds.), *Psychologie sociale théorique et expérimentale. Recueil de textes choisis et présentés,* París-La Haya, Mouton, cap. XXIII, pp. 343-372. Véase F. Augagneur, «Du pouvoir à l'influence. Réflexions sur la théorie des minorités actives de Serge Moscovici», en G. Hess, C. Pelluchon y J.-P. Pierron (eds.), *Humains, animaux, nature. Quelle éthique des vertus pour le monde qui vient?,* París, Hermann, 2020, pp. 163-174.

38 S. Moscovici, «Influence consciente et influence inconsciente», en S. Moscovici (ed.), *Psychologie sociale des relations à autrui,* París, Nathan, 1994, p. 143.

formación de la sociedad, tenemos la prueba de que no se trata de un accidente o de una patología individual, sino que expresa algo profundo. Para que los movimientos contestatarios tengan alguna influencia deben cumplirse varias condiciones. Se puede hablar, a propósito de ello, de minorías activas cuando se oponen de manera resuelta a las normas dominantes, muestran con sus luchas la existencia de otras posibilidades distintas a las ofrecidas por una organización social determinada y exhiben su voluntad de modificar las representaciones dominantes. Otro rasgo distintivo de las minorías activas es que su influencia no se ejerce solo en el espacio público o en la arena mediática y política, sino que contribuyen igualmente a transformar la subjetividad. Al hacer tambalear determinadas certezas y al poner en entredicho las prácticas, crean un conflicto en el interior de los individuos, lo cual los lleva a reorganizar sus ideas y a reevaluar sus estilos de vida o incluso a modificarlos.

Las minorías activas fundan su legitimidad en ideas y en conocimientos actuales que constituyen un corpus bien establecido, pero sus puntos de referencia se remontan también al pasado, y eso les permite subrayar la intemporalidad y hasta la universalidad de la causa que defienden. En fin, ponen de relieve a personas que, por la coherencia de sus pensamientos y de sus acciones, y por su sinceridad, aportan una garantía a su lucha, suscitando la confianza de los militantes y apremiando a los otros, incluidos los que les son hostiles, a suministrar argumentos que justifiquen sus posturas. Así, al adoptar un punto de vista coherente que está en desacuerdo con la norma dominante y al entrar en conflicto con la mayoría, y así ganar, con esta acción, visibilidad y un cierto reconocimiento social, a la vez que fuerzan el respeto por la adecuación de sus ideas con sus actos, las minorías activas se transforman en una fuente de innovaciones. Los cambios que inducen atañen al campo de las representaciones, de la percepción, de la memoria y del inconsciente, penetrando más hondamente en el psiquismo que el conformismo y las costumbres.[39] La incidencia que tienen los movimientos animalistas y las minorías veganas en la sociedad actual ilustra la pertinencia de los análisis de Serge Moscovici.[40] Esos movimientos pueden ser considerados como minorías activas que, en los últimos años, han obligado a la sociedad a preguntarse por las condiciones de vida y de muerte impuestas a los animales. Gracias a su influencia, muchas prácticas generadoras de sufrimiento animal ya no se dan por descontado si es que no han sido ya abolidas. Al denunciar un sistema que se funda en la explotación sin límites de otros seres vivos y que solo aprovecha a una minoría de personas, los defensores de los animales han deconstruido las ideas erróneas en las que se basa dicho sistema y han propuesto alternativas a las prácticas asociadas a la explotación animal. Combatiendo los prejuicios especistas que justifican la explotación animal, oponiéndose a las normas y a las prácticas, los animalistas han constituido un movimiento social y político con el que deberán contar en adelante gobiernos y partidos políticos. Obligan, por lo demás, a todos a afrontar nuestras contradicciones en lugar de echar un velo sobre el sufrimiento animal.

Revolución, violencia y resolución

La radicalidad y la conflictividad son indispensables para la transformación de la sociedad y son las personalidades heterodoxas quienes, cuando muestran su espíritu crítico, su pragmatismo y

---

39 S. Moscovici, *La machine à faire des dieux*, París, Fayard, 1988, pp. 218-219.
40 De todos modos, Serge Moscovici ilustra su reflexión sobre las principales causas de las innovaciones sociales y sobre las razones del fracaso de ciertos movimientos en la misión de transformar la sociedad, estudiando la militancia de los ecologistas.

su generosidad, pueden ser los motores de la innovación social.[41] Para romper las normas, acabar con las formas habituales de pensar y las tradiciones, se requiere un choque individual y una ruptura con el Esquema dominante. Las personas que ocupan los puestos de poder en el gobierno, en los sindicatos, en las empresas, o los mismos intelectuales cómodamente instalados en la república de las ideas, rara vez son el inicio de alguna de las transformaciones más profundas de la sociedad. Sin embargo, ese choque también debe ser compartido, transmitido y formulado de tal manera que la indignación expresada también aparezca como la respuesta a una situación de injusticia global que muestre el conjunto de víctimas de un sistema totalmente superado y que necesita ser reemplazado con urgencia.

Para que las transformaciones sean profundas y sostenibles deben afectar a los modos de producción y de consumo y referirse al mismo tiempo a las ideas, a los sentimientos y a las capas más arcaicas del psiquismo. Es así como podrá emerger un nuevo imaginario. Los conocimientos científicos y los argumentos filosóficos no bastan para cambiar la sociedad. La mayoría de las veces no pueden competir contra los intereses económicos y las costumbres. En cambio, un pensamiento coherente que propone una visión de conjunto de la sociedad, se dirige tanto a la razón como al corazón, articula el pensamiento con la acción e inspira creaciones imaginarias añadiendo nuevos significados a

41 Aunque Serge Moscovici demuestra de forma convincente que la influencia de las minorías activas debe mucho a su radicalidad y a su forma de entrar abiertamente en conflicto con las normas y prácticas existentes, debemos añadir que es también la capacidad que tienen los militantes de dialogar con los diferentes actores de la sociedad y de negociar con los poderes al mando, sin comprometerse ni aceptar soluciones insatisfactorias, lo que permite llegar a resultados concretos, a cambios en el terreno legislativo y económico. Pero, así como la radicalidad no excluye saber negociar, tampoco la capacidad de llevar una causa minoritaria a la escena política, y no solo ante la sociedad civil o los medios de comunicación, le priva a nadie de su heterodoxia.

las palabras empleadas puede llevar a un replanteamiento radical de las ideas y de las prácticas vinculadas al Esquema de la dominación. Puede dar fuerza simbólica y una estructuración a los movimientos que ciudadanos de diversos públicos han hecho nacer, subrayando los puntos compartidos por muchas luchas y el potencial emancipador de las alternativas a los modos de producción y consumo habituales. Todo eso junto puede provocar una efervescencia intelectual y una creatividad que dispone a la gente a actuar, dándole confianza en sí misma y en el futuro, poniéndonos a todos en una trayectoria que no es otra que la de una verdadera transformación social.

Reconocemos aquí ciertos elementos característicos de las revoluciones. Sin embargo, aunque el cambio del que hablamos es radical no debemos compararlo forzosamente con una revolución, porque los cambios tanto estructurales como internos que testifican la entrada en la edad de lo viviente no aparecen de golpe y, sobre todo, son cambios que traducen la sustitución de un Esquema por otro, y no solo la caída de un sistema. La destitución del Esquema de la dominación por la Ilustración en la edad de lo viviente implica reorganizar la sociedad, la política y el trabajo a partir de la consideración, es decir, de la libertad y del mundo común. No solo puede hacerse de un modo progresivo y sin derramamiento de sangre, sino que, además, ha de tener como objetivo erradicar la dominación y, por lo tanto, se ha de oponer a la violencia a la que, tan a menudo, conducen las revoluciones.

No obstante, el cuestionamiento de nuestro modelo de desarrollo exige que seamos muy conscientes de la incompatibilidad existente entre el Esquema de la dominación y el Esquema de la consideración. Como ya se ha dicho, no podemos defender un proyecto de sociedad ecológica y democrática y, al mismo tiempo, seguir sosteniendo el orden economista del mundo y practicando el tipo de gubernamentalidad que este implica. La nueva Ilustración combate igualmente sin ningún tipo de ambigüedad las políticas que exhiben un nacionalismo agresivo y fomentan el racismo y la xenofobia.

De manera que un cambio de Esquema corresponde a un proceso civilizador que afecta a estructuras sociales y mentales muy profundas. No obstante, para que este movimiento de fondo se imponga a la sociedad, ¿no deberíamos esperar enfrentamientos más o menos violentos? ¿O podemos imaginar que los conflictos sociales, la influencia de las minorías y la propagación de un nuevo Esquema y de un nuevo imaginario instituyente supondrán un cambio de mentalidad o de *éthos* tan profundos que las innovaciones, que aparecen primero en el plano local, se extenderán poco a poco y sin mayores enfrentamientos, renovando los fundamentos de la economía e impulsando a los dirigentes empresariales y a los gobiernos a inspirarse en ellas?

Es probable que aquí y allá se produzcan acontecimientos violentos, mientras que, en otros lugares del mundo, la Ilustración en la edad de lo viviente se propagará de manera progresiva y pacífica. A los que piensan que la violencia es necesaria para derribar un viejo orden no debemos responder solo que el reto es pasar de un Esquema que organiza las relaciones sociales y la relación con la naturaleza en torno a la dominación y, como veremos, en torno a la guerra, a otro que es esencialmente no violento. Hay que añadir que, debido a los medios tecnológicos y a las armas de que disponemos en este momento, debemos hacer todo cuanto esté a nuestro alcance para evitar la escalada de violencia. Debemos hacer de la guerra a la guerra una prioridad y recordar incesantemente que la proporción entre los medios y los fines es uno de los criterios que separan la democracia de sus enemigos. El riesgo que el recurso a la violencia supondría para la humanidad y para todo viviente es hoy demasiado excesivo. La limitación de los armamentos, la prohibición del empleo de la bomba atómica y de las armas químicas y el control de la utilización de drones u otros medios dirigidos a aniquilar vidas a distancia deben ser también objeto de compromisos nacionales e internacionales. Se trata de imperativos categóricos.

Parece evidente que, si no conseguimos ahondar y radicalizar la democracia y reducir las desigualdades entre los individuos y las naciones, las injusticias y las frustraciones serán de tal magnitud que la violencia estallará entre los individuos y entre las potencias. Será difícil evitar conflictos armados, sobre todo si los Estados siguen practicando políticas que tienen por objeto afirmar su dominación. Asimismo, sin movimientos culturales potentes que den respaldo a un ideal de civilización que combine la preocupación por sí mismo, por los otros y por la naturaleza, así como el sentido de la justicia, no podrá impedirse que se elijan como jefes de Estado y demás cargos elevados a personalidades narcisistas, proclives a la desmesura y capaces de transformar la Tierra en un desierto. Pero no olvidemos lo que decía Hannah Arendt a propósito de las guerras de aniquilación y de los movimientos totalitarios, que comparaba con las tormentas de arena: se producen cuando la gente ya se ha acostumbrado al desierto, cuando ya ni siquiera sufre por su acosmismo y por la destrucción de lo político[42] y piensan que «todo es posible»,[43] que no hay límites para lo que uno puede hacer. Defender la Ilustración, incluso y especialmente cuando los riesgos de colapso y de guerra son elevados, significa también y, ante todo, luchar contra la desmesura y emprender el camino de la consideración, que está esencialmente ligada al amor al mundo y a la inquietud por cuidar de los otros y de la Tierra.

En una época en la que el nihilismo se expresa de forma desacomplejada, el amor a lo viviente en sí mismo y en el ex-

---

42 H. Arendt, «Del desierto y los oasis», en *Revista de Occidente,* 305 (2006), pp. 99-102.

43 Esta expresión caracteriza al régimen nazi según David Rousset, a quien Arendt cita en *Los orígines del totalitarismo,* Madrid, Alianza, 2007, p. 588. D. Rousset, *L'univers concentrationnaire,* París, Pluriel, 2011, p. 181 (trad. cast., *El universo concentracionario,* Barcelona, Anthropos, 2004, p. 103).

terior de sí mismo puede congregar a las personas que desean dar sentido a su existencia manteniendo un horizonte que las trascienda. Ese horizonte puede dar el valor y la esperanza indispensables si se quiere seguir siendo humano en un mundo inhumano y vivir con y para los otros, trabajando para la preservación del mundo común. Ayuda también a detectar la mistificación de los que se presentan como los herederos de las Luces porque hacen el elogio de la ciencia y del progreso técnico, mientras se oponen a la unidad del género humano y su proyecto de dominación es muestra de una racionalidad irracional característica de los anti-ilustrados.

V. Técnica y mundo común

La evolución de la «prótesis», que no es ella misma viva,
y por la que el hombre, sin embargo, se define como ser vivo,
constituye la realidad de la evolución del hombre, como si,
con él, la historia de la vida debiera continuar por otros
medios que la vida: es la paradoja de un ser vivo
caracterizado en sus formas de vida por lo no-vivo.

BERNARD STIEGLER, *La técnica y el tiempo. 1.*
El pecado de Epimeteo

FENOMENOLOGÍA DE LA TÉCNICA

Examinar la oposición técnica/cultura

La nueva Ilustración pone en entredicho el ideal de progreso
que prevaleció en el siglo XIX y que suponía una mejora conti-
nua de las condiciones de vida y de la sociedad gracias a la ciencia y a las técnicas. La bomba atómica es una ruptura porque
nadie podía imaginar hasta entonces que el ser humano desa-
rrollaría técnicas que podrían constituirlo en artífice de su propia
aniquilación y de la del mundo. El poder destructor de las técnicas contemporáneas impone reflexionar sobre lo que las ha
hecho posibles y las ha distanciado del proyecto de autonomía,
justicia e igualdad asociado a la Ilustración del pasado. ¿Cómo
explicar que la técnica, que en el siglo XVIII representaba uno de
los elementos de la perfectibilidad humana y estaba subordinada a un objetivo de emancipación social e individual, desarro-

215

llaría tal potencial deshumanizador? ¿Sabremos reorientarla a fines civilizacionales?

La noción de perfectibilidad, que nace de la pluma de Jean-Jacques Rousseau, es distinta de la de progreso. Expresa nuestra incompletud e indeterminación: el humano, que no tiene una naturaleza fija, crea las condiciones de su existencia y nada puede asegurar que la ingeniosidad humana sea por fuerza una bendición en todos los terrenos. La perfectibilidad incluso debería advertirnos de la posibilidad de que el ser humano se extravíe y se convierta a la larga en «tirano de sí mismo y de la naturaleza».[1] Siendo a la vez causa de vicios y virtudes, hace necesarias una educación y una política que ayuden al ser humano a realizarse, además de ser capaz de vivir con los otros en el seno de instituciones justas. En otras palabras, las ciencias y las técnicas que, en el siglo XVIII e incluso en el XIX, todavía no se han separado de las artes, no garantizan el progreso moral de nuestra especie ni del individuo. Cada uno de nosotros debe humanizarse en el transcurso de un proceso educativo que exige el desarrollo de la propia reflexividad y la armonización de la razón con las emociones. Este proceso requiere instituciones, así como una educación y una cultura capaces de desarrollar las disposiciones morales o virtudes que dan a los ciudadanos el sentido de la obligación.[2] Así, los filósofos del siglo XVIII tienen una concepción humanista de la perfectibilidad. Otorgan un lugar fundamental a las ciencias y a las tecnologías en la evolución de la

---

1 J.-J. Rousseau, *Discours sur l'origine et les fondements de l'inégalité parmi les hommes*, París, Flammarion, 1992, p. 184 (trad. cast., *Discurso sobre el origen de la desigualdad entre los hombres y otros escritos*, Madrid, Tecnos, 2018, p. 133. Véase N. Le Dévédec, «De l'humanisme au post-humanisme: les mutations de la perfectibilité», en *Journal du Mauss*, 1 de diciembre de 2008. https://www.journaldumauss.net/?De-l-humanisme-au-post-humanisme.

2 J.-J. Rousseau, *Émile ou De l'éducation*, París, Flammarion, 2009 y *Du contrat social*, París, Flammarion, 2001, véase sobre todo el libro II (trad. cast., *Emilio o de la educación*, Madrid, Alianza, 2011 y *El contrato social*, Madrid, Istmo, 2004).

sociedad, pero no hacen de ellas el motor principal de la historia, ya que eso equivaldría a renunciar a todo ideal de emancipación social y política. Para desarrollar su potencial, el humano no ha de ser transformado por la técnica: esta debe integrarse en un proyecto global cuyo objetivo sea promover más autonomía y más justicia.

En cambio, la sacralización de la técnica, considerada como condición del perfeccionamiento del hombre, o incluso de su superación, ata a cada individuo a su equipamiento biológico, que la tecnología tendría por vocación modificar para adaptarlo a las nuevas necesidades. Así, para el transhumanismo, el futuro del hombre no pasa por la educación, sino por la remodelación de su constitución genética y biológica con el fin de aumentar su rendimiento individual. El proyecto de emancipación individual y colectiva que caracteriza a la Ilustración queda, pues, enterrado porque la sociedad no es la culminación de una reflexión crítica sobre sí misma, de una auto-institución, y que su evolución está determinada por las tecnologías que sirven para «aumentar» lo humano. No solo esta aspiración a modificar lo humano no nos dispone a cultivar las virtudes cívicas indispensables para la democracia, sino que, además, fomenta el eugenismo y conducirá inexorablemente a escindir la humanidad en dos subespecies, una remodelada «por su bien» y la otra, «imperfecta». Soluble en el capitalismo que empuja a los individuos a transformarse en su cuerpo y su subjetividad para ser competitivos, esa voluntad de remodelar lo humano ancla los valores del mercado en el alma de los individuos, que se representan entonces la vida como una guerra en la que no hay lugar para los más débiles. El transhumanismo representa así la culminación de una ideología que, por más que se exhiba como progresista, se opone punto por punto a los ideales de la Ilustración y a la democracia, y es, en la actualidad, una de las manifestaciones de la anti-Ilustración.

El lugar asignado a la técnica, su integración en un proyecto social y cultural o, por el contrario, su autonomización, nos revelan el tipo de sociedad en la que nos encontramos o, más exactamente, el tipo de Esquema que la rige. Debemos examinar las razones que han llevado a la técnica, a partir del siglo XX, a escapar de nuestro control, a acelerar la inversión de la razón en irracionalidad e incluso a alimentar una mitología que cristaliza en el sueño escatológico de salida de la naturaleza y de la humanidad.[3]

No obstante, la técnica forma parte de la existencia. La Ilustración en la edad de lo viviente debe, por tanto, superar no solo el dualismo naturaleza/cultura, propio de las filosofías de la libertad, sino también la oposición entre lo humano y la técnica. Para hacer eso, el método fenomenológico es útil porque muestra que la técnica no es exterior al humano y que no es un medio, sino una condición de nuestra existencia. En otras palabras, la técnica pertenece al mundo común a igual título que el conjunto de las generaciones y el patrimonio natural y cultural de la humanidad. Más aún, mediatiza nuestra relación con el mundo común; gracias a ella conocemos las obras del pasado y a través de ella transmitimos esta herencia y nuestros inventos. Las técnicas son el soporte de la memoria y permiten la acumulación de conocimientos, su difusión y su superación. Son las condiciones de posibilidad de la transmisión y renovación del mundo, por más que, en la actualidad, lo amenacen también con la extinción.

Como escribe el antropólogo André Leroi-Gourhan, podemos hablar de una hibridación técnica de lo humano y de una

---

3 Este es el sueño de los partidarios de la singularidad tecnológica, por ejemplo. Afirma que, en un futuro próximo, las tecnologías, ya autónomas, se desarrollarán por sí solas: tras llegar a su última etapa el programa de convergencia entre nanotecnología, biotecnología, tecnologías de la información y ciencia cognitiva (NBIC), la tecnología se hibridará con lo viviente y conocerá su apogeo independientemente de lo humano, de la materia y de la vida orgánica. Véase J.-G. Ganascia, *Le mythe de la singularité. Faut-il craindre l'intelligence artificielle?*, París, Seuil, 2017.

co-pertenencia o de una co-institución entre el hombre y la técnica:[4] nosotros la inventamos y ella nos inventa, o mejor, nos construimos gracias a los objetos y al entorno híbrido, a la vez natural y artificial, cultural, social y técnico, que nosotros creamos. Las tecnologías actuales y aquellas que heredamos determinan nuestra existencia, nuestra forma de estar-con-el-mundo-y-con-los-otros, de pensar, de percibirnos y de interactuar. Recíprocamente, los objetos técnicos y el entorno que la interacción entre lo humano y la técnica configura están constantemente modificados por la inteligencia humana.

Según Gilbert Simondon, «el autocondicionamiento de un esquema por el resultado de su funcionamiento necesita el empleo de una función inventiva de *anticipación, que no se encuentra en la naturaleza ni en los objetos técnicos ya constituidos».[5] Eso lleva a contemplar la evolución de la técnica a la luz de la noción de sistema técnico, siendo este «una estabilización de la evolución técnica en torno a un punto de equilibrio, que se concretiza en la forma de una tecnología particular».[6] Forma una

4 A. Leroi-Gourhan, *Évolution et techniques,* vol. I: *L'homme et la matière;* vol. II: *Milieu et techniques,* Albin Michel, París, «Sciences d'aujourd'hui», 1943 y 1945 (trad. cast., *Evolución y técnica,* 2 vols., Madrid, Taurus, 1988-1989, vol., I: *El hombre y la materia,* vol. II: *El medio y la técnica*).

5 G. Simondon, *Du mode d'existence des objets techniques,* París, Aubier, 2012, p. 56 (trad. cast., *El modo de existencia de los objetos técnicos,* Buenos Aires, Prometeo, 2007, p. 77). El término «esquema», utilizado por Simondon, debe distinguirse de la noción de Esquema central en esta obra, tal como lo definimos en el capítulo II. Para Simondon, se trata de un entorno tecnológico y social producto de una co-institución entre lo humano y la técnica. Para nosotros, la noción de Esquema se refiere al principio organizativo de una sociedad, al conjunto de representaciones y opciones sociales, económicas, políticas y tecnológicas que determinan las relaciones de producción y condicionan los comportamientos y el imaginario.

6 B. Stiegler, *La technique et le temps.* I, *La faute d'Épiméthée* (1994), París, Fayard, 2018, p. 53 (trad. cast., *La técnica y el tiempo. I, El pecado de Epimeteo,* Hondarribia, Hiru, 2002, p. 54 [3 vols. Contiene: 1. El pecado de Epimeteo; 2. La

unidad temporal y designa un conjunto coordinado de objetos técnicos, incluso un cuasi-organismo cuya evolución está controlada por la tendencia técnica. Esta remite al modo de existencia de los objetos técnicos, a su concreción y a la forma en que se realiza un sistema técnico integrándose en los medios, sobredeterminándolos y afectando a las facultades de anticipación del humano.[7]

La técnica es un proceso de exteriorización y externalización necesario por nuestro defecto de origen, por el hecho de que, a diferencia de otras especies, nacemos desnudos e indefensos, como nos recuerdan los mitos de Epimeteo y Prometeo.[8] Estas dos figuras, que encarnan respectivamente el retraso o el olvido despreocupado y la previsión, no representan solo dos polos de la temporalidad humana,[9] sino que sugieren también que la vida «continúa por medios distintos a la vida»[10] y que la técnica constituye el tiempo.

Nuestra especie y nuestra civilización son, por tanto, fundamentalmente técnicas. Por eso son inestables y su evolución no está predeterminada. Como escribe Bernard Stiegler, hay una condición tecno-lógica de la temporalidad. Así, el hecho de integrar lo humano no solo con lo viviente, sino también con la técnica, exige que se especifique en qué sentido esta última

---

desorientación; 3. El tiempo del cine y la cuestión del malestar, Hondarrabia, Hiru, 2002-2004]). El autor se refiere a la obra dirigida por B. Gille, *Histoire des techniques. Technique et civilisations, technique et science,* París, Gallimard, 1978 (trad. cast., *Introducción a la historia de las técnicas,* Barcelona, Marcombo, 1999).

7 *Ibid.,* pp. 54-69, 68-71 (trad. cast., p. 54s, p. 71s). B. Stiegler cita a André Leroi-Gourhan, en particular *El hombre y la materia, op. cit.,* luego *El medio y la técnica., op. cit.,* y *El gesto y la palabra,* I. *Técnica y lenguaje,* y II. *La memoria y los ritmos* (Caracas, Ediciones de la Biblioteca de la Universidad Central de Venezuela, 1971).

8 Platón, *Protágoras,* 320d-322a, en *Diálogos,* Madrid, Gredos, 1997, pp. 489-589.

9 B. Stiegler, *El pecado de Epimeteo, op. cit.,* pp. 276-288.

10 *Ibid.,* p. 214.

contribuye a la individuación individual y colectiva.[11] Pero antes debemos reconocer que, aunque la técnica no es ajena a la cultura, puede vivirse como una exterioridad amenazadora y una alienación. Y así es cuando el proceso de exteriorización que la caracteriza no es seguido por un movimiento de apropiación e interiorización que la reflexividad hace posible. Es lo que pasa siempre que un nuevo sistema técnico reemplaza a otro. Los trabajadores que pagan las consecuencias tienen la sensación de que sus conocimientos y sus habilidades han quedado obsoletos. La técnica engendra la proletarización, que significa estar desposeído de todo conocimiento y de toda iniciativa.[12]

11 El término «individuación» remite aquí al significado que le da Gilbert Simondon. No es el cumplimiento del proceso de autosubjetivación del que hablamos en *Éthique de la considération,* es decir, de la ampliación de la subjetividad ligada a la conciencia de nuestra pertenencia al mundo común y a la transdescendencia. Como escribe Jean-Hugues Barthélémy en *Simondon,* París, Belles Lettres, 2006, pp. 27-28, «Simondon llama individuación a la génesis por la que una realidad en general se constituye como actual, es decir, como un potencial actualizado —necesariamente preindividual […]— de donde procede toda individuación. Así, incluso la realidad de un grupo es resultado de una individuación porque el grupo solo existe como tal en virtud de una unidad que le permite participar en la realidad de cada individuo que lo compone, igual como recíprocamente se nutre de cada una de las personalidades individuales».

12 B. Stiegler, *Pour une nouvelle critique de l'économie politique,* París, Galilée, 2006 (trad. cast., *Para una nueva crítica de la economía política,* Buenos Aires, Capital Intelectual, 2016). El autor se apropia de la definición de Marx de este concepto en *El manifiesto comunista* (Madrid, Ayuso, 1974, pp. 80-81): «Toda una serie de elementos modestos que venían perteneciendo a la clase media, pequeños industriales, comerciantes y rentistas, artesanos y labriegos, son absorbidos por el proletariado; unos porque su pequeño caudal no basta para alimentar las exigencias de la gran industria y sucumben arrollados por la competencia de los capitalistas más fuertes, y otros porque sus aptitudes quedan sepultadas bajo los nuevos progresos de la producción. Todas las clases sociales contribuyen, pues, a nutrir las filas del proletariado».

Este fenómeno de proletarización, que tiene un coste psicológico y social considerable, es particularmente evidente en nuestra época en que las tecnologías se suceden a un ritmo tan rápido que los individuos no disponen de demasiado tiempo para aprender a servirse de ellas adecuadamente. La tecnología digital, la inteligencia artificial y la robotización, que caracterizan el sistema técnico actual, modifican todos los sectores de actividad, en especial el trabajo y los intercambios. Los individuos y las colectividades, al no haber anticipado sus consecuencias ni la desaparición de empleos que conllevan, se desorientan. Sin embargo, sería un error concluir que el sistema técnico contemporáneo y la generalización de la tecnología digital son responsables de la crisis global que vivimos. Esta es la consecuencia del modelo que rige en nuestro mundo y que empuja a poner en el mercado productos y técnicas que no responden a nuestras necesidades reales, sino a las que ese modelo suscita. La evolución tecnológica, en la actualidad, no está dictada por la preocupación del bien común, sino por el beneficio de unos cuantos. En un contexto así, no debe sorprendernos que el desarrollo técnico vaya acompañado de numerosas regresiones en el terreno social y político.

Desde hace varias décadas, el tiempo que se tarda en pasar del descubrimiento científico a la invención y luego a la innovación se ha recortado tanto que la evolución técnica nos supera. Constar este hecho no debe, no obstante, enmascarar la realidad de que este fenómeno de aceleración depende de las inversiones industriales y de la organización de la economía, del Esquema dominante, por tanto. En una sociedad en la que las actividades se han organizado con el fin de maximizar el beneficio de grupos sometidos a una competencia desenfrenada, las empresas están obligadas a proponer sin cesar nuevos productos. Reducen entonces sus costes de producción, despreciando las normas medioambientales y sociales y el bienestar animal. En lugar de orientar la investigación científica y la innovación tecnológica en función de las necesidades de la población y de la salud pública, las ponen al servicio de los intereses inmediatos de grupos privados.[13] Actuar de manera que todo lo que es técnicamente posible se haga necesario se presenta entonces como la función principal del *marketing*, de la publicidad e incluso de la comunicación política. Las colosales sumas destinadas a estas actividades parecen tener como finalidad única encontrar salidas para productos inútiles o redundantes. En el Esquema de la consideración, las cosas no serían así: porque la técnica solo tendría sentido si contribuyese a la realización de los individuos y a la preservación del mundo común, no se autonomizaría y encontraría su lugar propio en el seno de una sociedad ecológica y democrática.

La técnica como existencial

Por su pertenencia al mundo común, la técnica contribuye de manera decisiva a la inscripción del individuo en una sociedad y es una condición esencial de la individuación individual y colectiva. Pero en la medida en que determina a los otros existenciales, no es un existencial ordinario. En efecto, nuestra subjetivación o nuestra identidad, nuestro nacimiento, nuestra mor-

13 A este respecto, asombra ver el dinero gastado en proyectos de investigación como «el proyecto cerebro humano», que tiene como objetivo simular el funcionamiento del cerebro humano como si fuera una computadora. Este proyecto, puesto en marcha en 2013, financiado con 1 190 millones de euros en gran parte por la Unión Europea, implica a 22 países y a más de 90 institutos de investigación. En 2014 suscitó la publicación en los medios de comunicación de una carta dirigida a la Comisión Europea y firmada por un centenar de investigadores que cuestionaban la gestión del proyecto, su coste y la pertinencia de sus objetivos. Véase J.-G. Ganascia, *Le mythe de la singularité, op. cit.*, p. 73. El autor cita a R. Geraci, *Apocalyptic AI. Visions of Heavens in Robotics, Artificial Intelligence, and Virtual Reality*, Oxford, Oxford University Press, 2010. Sería interesante comparar la cantidad de dinero dedicado a este tipo de proyectos con la insuficiencia de las inversiones en la investigación de las enfermedades infecciosas y la resistencia a los antibióticos.

talidad, la relación que tenemos con nuestro cuerpo, cuando comemos, nos vestimos o nos desplazamos, así como nuestras relaciones con los otros, tienen componentes técnicos. En cuanto es externalización, la técnica conserva huellas de las creaciones pasadas, permitiéndonos utilizar objetos y saberes antiguos, pero también perfeccionarlos e innovarlos. Hace de vínculo entre la individuación individual y la colectiva —lo que Simondon denomina la «transducción»—.[14] Y es así porque el yo está constituido por su relación con un colectivo individuado que a su vez se transforma por los individuos que lo componen y por el universo tecnológico.[15] Este último incluye los objetos que son entidades inorgánicas organizadas y dinámicas, es decir, que tienen una génesis y evolucionan interactuando con su entorno. Así, la técnica, que permite la movilidad y la transmisión, posibilita la exteriorización de lo humano, pero realiza también nuestra externalización, porque las huellas que dejamos son la condición de posibilidad de la memoria.

A este respecto, las observaciones de Bernard Stiegler sobre el papel que desempeña la técnica en la temporalización de la conciencia son esclarecedoras: si la percepción designa una retención primaria y si recordar es una retención secundaria, entonces la técnica, en sus diversas formas —la imprenta sería su modelo— hace posible una retención terciaria. Esta forma de

14 G. Simondon, *L'individuation à la lumière des notions de forme et d'information*, Grenoble, Jérôme Millon, 2005, p. 32 (trad. cast., *La individuación a la luz de las nociones de forma y de información*, Buenos Aires, Cactus-La Cebra, 2015, p. 21). La transducción es «una operación física, biológica, mental, social, por la que una actividad se propaga progresivamente en el interior de un dominio, fundando esta propagación en una estructuración del dominio operada de un lugar a otro». La transducción se aplica a los diferentes regímenes de individuación y su paradigma es la cristalización.

15 Para G. Simondon, lo transindividual, que no es lo interindividual ni lo colectivo y que está impulsado por la invención técnica, realiza individualidad psicológica más importante a través de lo colectivo real. Véase J.-H. Barthélemy, *Simondon*, op. cit. p. 227.

retención está expuesta al riesgo de autonomización por el proceso de externalización propio de la técnica y puede llevar a una desposesión ligada a una utilización pasiva que impide toda reflexividad. Este riesgo es mayor en la actualidad debido a las tecnologías digitales que han multiplicado las capacidades y los campos de aplicación de la retención terciaria, puesto que permiten grabar la información, difundirla y almacenarla en forma de datos. Por eso, si la externalización no va acompañada de una interiorización y una apropiación, es decir, por una individuación individual, pero también por una organización social y la educación que garantice esta interiorización, estas técnicas causan nuestra alienación.

Platón, en *Fedro,* condena la escritura porque fija el pensamiento y puede desalentar la interrogación, que es lo único que le da vida.[16] De igual manera, la tecnología puede debilitar nuestra memoria y convertirse en tecnificación si la utilizamos sin reflexionar y olvidando el mundo de la vida, que es el origen de todo saber y de toda operación, de todo cálculo. Así, la técnica puede verse como la prolongación de la mano, que transforma lo real, crea obras y contribuye al desarrollo prodigioso de las sociedades humanas, pero comporta también el riesgo de la regresión.

La gramatización, es decir, el proceso que hace posible la reproducción y la conversión en elementos discretos de los rastros y de los flujos del comportamiento, representa un peligro que no es solo que esos rastros se nos escapen, sino también y sobre todo que permitamos que los automatismos tecnológicos conformen nuestros automatismos nerviosos.[17] La racionaliza-

16 Platón, *Fedro,* 275d-276c, en *Diálogos* III, Madrid, Gredos, 1997, pp. 389-413.
17 B. Stiegler, «Individuation et grammatisation: quand la technique fait sens», en *Documentaliste. Sciences de l'information,* vol. 42 (2005-2006), pp. 354-360. Bernard Stiegler toma prestada la noción de «gramatización» de Sylvain Auroux, *La révolution technologique de la grammatisation,* Bruselas, Mardaga, 1993.

ción, que designa el hecho de que el cálculo deviene la única forma de pensar, destruye la racionalidad, que es el saber del espíritu y requiere reflexividad. Mientras que el saber crea cualidad y subraya las diferencias entre las cosas, la racionalización, favorecida por el constante intercambio de informaciones, tiende a nivelarlo todo y a generar relativismo. Este peligro es manifiesto en el uso de las redes sociales, que puede llevar a un cierre comunitario, al repliegue sobre sí y a la exhibición imprudente de información personal —fenómenos que pueden tener efectos deletéreos para nuestro psiquismo y nuestra libertad—.

Las observaciones anteriores nos llevan a identificar dos escollos que caracterizan la reflexión sobre la técnica. El primero, que encontramos en Simondon, consiste en pensar que, si la técnica no es un simple medio, sino una prolongación de lo humano y la condición de su individuación individual y colectiva, no debería girarse contra él, sobre todo si nos esforzamos en definir una cultura adaptada a las tecnologías características de nuestro tiempo. Simondon tiene razón al decir que debemos desarrollar una cultura técnica que nos ayude a apropiarnos de las técnicas. Sin embargo, confía demasiado en la continuidad entre lo humano y la técnica y olvida que la cultura técnica por la que aboga puede estar amenazada por la alienación propia de la tecnificación. En efecto, las técnicas se desarrollan más velozmente que la cultura y sobre todo su utilización pasiva es lo opuesto a la reflexividad. Crear una cultura técnica es un desafío que puede ser imposible de asumir si no somos conscientes de las consecuencias que las tecnologías contemporáneas ejercen sobre nuestras facultades de representación, nuestra imaginación y nuestros afectos.

El otro escollo corresponde a la postura de Heidegger. Al hablar de *Gestell*, describe magistralmente la amenaza propia de la técnica contemporánea que pone a la naturaleza y a los humanos a su disposición y los transforma en recursos. Mientras que, según Simondon, la naturaleza conduce, por así decir, a la técnica, Heidegger cree que la naturaleza está hoy «confiscada» por la técnica: la explota como un fondo, una reserva o un *stock* que debe estar siempre disponible para satisfacer las necesidades creadas por el sistema que es la técnica. Este sistema descansa sobre el cálculo y la calculabilidad general y es emblemático de nuestra relación con el mundo, que es una relación de explotación: «El hacer salir lo oculto que prevalece en la técnica moderna es una provocación *(Herausfordern)* que pone ante la Naturaleza la exigencia de suministrar energía que como tal pueda ser extraída *(herausgefordert)* y almacenada».[18] Hay, pues, una interpelación provocadora de la naturaleza, pero también de lo humano por la técnica contemporánea. Sin embargo, la forma en que Heidegger hace de ella un modo de desvelamiento al inscribirla en la historia de Occidente y, por tanto, pensando su esencia, supone que la deshumanización y la destrucción de la racionalidad son el destino de Occidente.

Lo cierto es que las decisiones se delegan cada vez más a las máquinas. La cibernética, que se ha desarrollado a partir de las nociones de información y de programa, reduce considerablemente la pretensión del sujeto a la autonomía y suprime el horizonte político de las Luces. El perfeccionamiento tecnocientífico parece ser la única manera de afrontar los retos a los que nos expone el entorno tecnológico creado por el ser humano. Este círculo fatal entierra el humanismo de la Ilustración y compromete toda expresión auténtica del sí mismo. Sin embargo, la solución para escapar al *Gestell* no hay que buscarla, a diferencia de lo que piensa Heidegger, en una política de enraizamiento que nos permitiría vivir auténticamente. Más bien es preciso reconocer, con Simondon, que podemos y debemos ajustar este sistema técnico a los otros sistemas sociales. Lo cual

---

18 M. Heidegger, «La pregunta por la técnica», en *Conferencias y artículos*, Barcelona, Ediciones del Serbal, 2001, p. 15.

no significa que debamos adaptar estos últimos a la técnica —pues eso sería aceptar la interpelación provocadora, el dominio de la técnica—, sino que implica desarrollar una cultura técnica adecuada para evitar la tecnificación y la alienación. Sin embargo, este objetivo solo se alcanza si primero nos damos individual y colectivamente los medios de abandonar el Esquema de la dominación. En efecto, nuestro entorno técnico es propio del Esquema vigente en la sociedad capitalista. Por lo tanto, solo podremos poner la técnica al servicio de un modelo de desarrollo ecológicamente sostenible, más justo y sociable si cambiamos de Esquema.

Conviene igualmente entender por qué nuestro siglo concede tal lugar a la técnica: ¿por qué la dominación es siempre tecnológica y tecnocrática? ¿Son tecnocráticos en esencia los regímenes totalitarios y la inversión de la democracia en fascismo, como cree Günther Anders, lo que significaría que el totalitarismo político es, por así decir, un fenómeno derivado del totalitarismo técnico o, al menos, que el mundo devenido máquina genera un totalitarismo técnico?[19] ¿O hay que pensar, como Hannah Arendt, que el totalitarismo es ante todo un sistema de dominación que, al destruir la capacidad de resistencia de los individuos y su aptitud para relacionarse con el mundo común de forma creativa, encuentra en la tecnología y la tecnocracia poderosos aliados?

Al afirmar que, en las sociedades contemporáneas regidas por el Esquema de la dominación, la técnica, al autonomizarse,

---

19 G. Anders, *Nosotros, los hijos de Eichmann. Carta abierta a Klaus Eichmann,* Barcelona, Paidós Ibérica, 2017, p. 67s y 74 y la obra maestra de G. Anders, *La obsolescencia del hombre,* t. i, *Sobre el alma en la época de la segunda revolución industrial,* y el t. ii, *Sobre la destrucción de la vida en la época de la tercera revolución industrial,* Valencia, Pre-Textos, 2011. Anders se pregunta qué ha hecho de nosotros la técnica, y en la era de la tercera revolución industrial, representada por la bomba atómica, muestra que la política se determina en el ámbito de la situación atómica, donde lo posible deviene necesario y donde los medios justifican los fines.

se volverá necesariamente más alienante y destructiva, pero que esto no implica en absoluto que pasaría lo mismo en un Esquema diferente, creemos que nos acercamos más a Hannah Arendt que a Günther Anders. Para nosotros, el Esquema de la dominación es el responsable del devenir tecnológico del mundo y de la alienación por la técnica. Esto no resta relevancia, por supuesto, a los análisis de Günther Anders, que describe los cambios radicales acaecidos en el psiquismo humano y en la sociedad durante la tercera revolución industrial y la aparición de una «máquina mundial» *(Apparatewelt)* [20] en la que el mundo deviene en una máquina y el humano se convierte en el objeto de la técnica. Al mostrar que nuestras capacidades de producción son superiores a nuestra capacidad de representación y de empatía, y que esto nos dispone poco a un uso responsable de las tecnologías y a resistir a los crímenes de masas, el autor pone de relieve los fenómenos de erosión de la conciencia moral y desinhibición que hicieron posible Auschwitz e Hiroshima. [21] En cuanto a Gilbert Simondon, no es porque pase por alto nuestra incapacidad para pensar lo que hacemos, y por tanto para evitar que se (re)produzca lo peor, por lo que su invitación a inventar una cultura técnica pierde toda pertinencia. Por el contrario, puesto que la transformación de un sistema técnico que genera obligatoriamente una transformación del sistema social es indispensable reorganizar la sociedad, el trabajo, la educación y los intercambios a fin de escapar de la proletarización y de la alienación inducidas por las técnicas.

Así, aunque las tecnologías contemporáneas suponen riesgos específicos que hay que tener en cuenta a la hora de reflexionar sobre el tipo de educación necesaria para constituir una cultura técnica, la alienación y los peligros propios del sistema técnico

---

20 Para G. Anders, *Apparatewelt* designa un mundo privado de humanos y de humanos privados de mundo.
21 G. Anders, *Nosotros, los hijos de Eichmann, op. cit.*, pp. 59-65 y p. 78.

actual se explican por el Esquema de nuestra sociedad. La causa del mal no hay que buscarla, como hace Heidegger, en el origen de la metafísica, cuya expresión última y la culminación sería la técnica pensada en su esencia como una interpelación provocadora. La tecnificación de la sociedad y la irracionalidad de nuestro modelo de desarrollo son las consecuencias de un extravío de la razón, cuya genealogía hemos intentado trazar en el primer capítulo.

Si el capitalismo es una manifestación de la lógica destructiva de la modernidad, la inversión del racionalismo en irracionalismo se debe sobre todo a que la razón ha perdido su sentido al quedar atrapada en las trampas de la dominación y al convertirse en cálculo. Que la técnica, insertada en un entorno de este tipo, sea el instrumento privilegiado de la dominación de los otros y de la naturaleza fuera y dentro del sí mismo, y que sea el medio de la dominación política, no ha de sorprender porque el rendimiento y la eficacia son inherentes al proceso de exteriorización y externalización que la caracteriza. La técnica no es por sí misma la causa de esta inversión de la racionalidad en racionalización, por más que esta inversión la convierta en la principal herramienta de la dominación y que, en una «máquina mundial», donde lo humano no es más que un medio, la reflexividad se haya asfixiado.

Causamos daño a seres que están a miles de kilómetros de nosotros, pero no nos sentimos responsables de nuestros actos porque no vemos las consecuencias de lo que hacemos ni el rostro de nuestras víctimas. Estas, por otra parte, son demasiadas para que nos identifiquemos con ellas y lamentemos su desaparición. Este desfase entre nuestro poder tecnológico, que es ilimitado, y nuestra capacidad de representación y de identificación, tanto más reducida cuanto más crece el número de víctimas, aumenta y las tecnologías van creando distancias cada vez mayores entre ellas y nosotros. Esto explica que se haya roto el vínculo entre nuestra conciencia moral y nuestros actos. Nos volvemos indiferentes y nuestro sentimiento de impotencia agrava nuestro atontamiento moral. Además, la obsolescencia del trabajo, que se explica porque el mundo tecnificado oscurece las finalidades del obrar, porque el hacer está «decapitado»[22] y porque los humanos ejecutan sobre todo tareas que consisten en supervisar máquinas, nos transforma en robots que colaboran con el mal sin ser realmente conscientes de ello.

Es importante demostrar, por tanto, que las tecnologías contemporáneas y la industrialización conllevan riesgos específicos y que pueden favorecer la aparición del totalitarismo o entrañar la extinción. Porque solo a condición de tener en cuenta esa situación podemos desarrollar las disposiciones morales y los afectos capaces de arrancarnos la ceguera y convertirnos en seres ilustrados y capaces de tomar decisiones orientadas al bien común. Sin embargo, es igualmente necesario volver a recordar que esta situación, que ha llevado a una industrialización desequilibrada y olvidada de la naturaleza y a la bomba atómica, y que además permite el mantenimiento de modelos de producción y alimentación que nos hacen vulnerables a pandemias de origen animal, refleja una organización de la sociedad estructurada en torno al Esquema de la dominación. Debemos tener siempre presente que es el olvido del mundo de la vida y de la corporeidad lo que ha hecho posible este Esquema y que el extravío de la razón, que es su resultado, explica que las técnicas no estén al servicio de lo viviente ni de la preservación del mundo común. Al no poner límites a lo que es técnicamente posible, al criar animales en condiciones infernales que nos exponen, entre otras cosas, a enfermedades epizoóticas y al destruir los ecosistemas de los animales silvestres que hospedan virus contra los que no somos inmunes, somos cómplices, individual y colectivamente, de un modelo de desarrollo peligroso tanto para nuestra vida y nuestra salud física y psíquica como para la economía y la estabilidad política.

---

22 G. Anders, *La obsolescencia del hombre*, t. II, *op. cit.*, p.78.

ESQUEMAS Y TÉCNICA

El carácter ilimitado de los medios y el vínculo
entre la técnica y la guerra

El principio de organización de una sociedad no puede separarse nunca del entorno a la vez social y tecnológico en el que aparece. Sin la invención de la imprenta a mediados del siglo XV, los filósofos de la Ilustración no habrían podido difundir sus ideas sobre la necesidad de defender la libertad de pensamiento y de separar razón y revelación para liberar a la ciencia de la fe y al Estado de la Iglesia. También internet, en nuestra época, ha modificado radicalmente nuestras formas de trabajar, intercambiar e informarnos, y es un desafío del presente garantizar que esta evolución se armonice con las exigencias de la democracia. No obstante, es el Esquema de una sociedad lo que determina sus decisiones y el uso de las tecnologías. Y eso es lo que aparece claramente cuando analizamos las características esenciales de la técnica en el Esquema actual y la comparamos con la forma que adoptaría con el Esquema de la consideración.

En el Esquema de la dominación, la técnica, como ya hemos dicho, evoluciona hacia una autonomía cada vez mayor y, de manera correlativa, se emancipa de las necesidades humanas. No tiene la vocación de preservar el mundo común o de contribuir a nuestra realización en el sentido en que la entendían los antiguos y los filósofos de la Ilustración, que tenían una concepción humanista de la perfectibilidad. En el Esquema de la dominación, los medios se convierten en fines. Pierden su carácter de medios porque lo que es posible se convierte en necesario y las técnicas dictan ellas mismas sus fines. Pensemos en la bomba atómica: el hecho de que exista es suficiente para hacer de ella un ultimátum, un chantaje que se ejerce sobre toda la humanidad.[23] Por-

23 *Ibid.*, pp. 25-26 y pp. 320-330. Véase también t. I, pp. 225-230.

que poseer esta arma equivale a decir que se está dispuesto a correr el riesgo de una destrucción total para afirmar el propio derecho.

La dominación, por definición, no pone límites a los medios utilizados. «Todo es posible», como dicen David Rousset y Hannah Arendt a propósito del sistema de los campos de concentración, que es la expresión histórica última del Esquema de la dominación. En las sociedades contemporáneas, la técnica elude progresivamente el control humano y los fines a los que debería estar subordinada (la preservación de lo viviente y del mundo común) se eclipsan. Además, los medios a los que recurre son desproporcionados; superan toda medida, empujando para ir cada vez más lejos en su exceso.

Toda reflexividad y toda capacidad de resistencia se aniquilan. Esta situación es infinitamente más grave que la que consiste en olvidar los fines por los que uno se entrega a una actividad o utiliza un procedimiento técnico. En este último caso, simplemente se está haciendo un uso pasivo de la técnica, y puede ser corregido mediante la reflexión. Nos acercamos entonces a lo que Platón describe cuando advierte del riesgo ligado a la escritura al recordar que la memoria no debe sustituir al pensamiento, ni el signo al acto o al diálogo. Pero cuando los medios se confunden con un fin, que es instrumentalizarlo todo, cosificarlo todo, para estar al servicio de una política de poder, entonces no tienen límites y su aumento o su desmesura se convierten ellos mismos en un fin. Los individuos son a un mismo tiempo pasivos, como autómatas, y activos, en cuanto contribuyen a esta empresa deshumanizadora. Olvidan relacionar los medios con los fines a los que se supone que sirven, y su razón, incapaz de distinguir entre el bien y el mal, solo pone en funcionamiento la máquina adaptando la naturaleza, a los otros y a su propio cuerpo a esa «máquina mundial» (*Apparatewelt*). Toda nuestra energía nos sirve para doblegarnos ante una situación que se caracteriza por la ausencia de límites, ya que los medios son cada vez más gigantescos y el ritmo de sucesión de las innovaciones y de las informaciones constantemente más rápido. Este mundo, que no está hecho para el humano, se vuelve contra él y lo hace obsolescente, ya que cada uno de nosotros, al convertirse en el objeto de las máquinas, es indefinidamente sustituible. Y ese mundo lo vamos manteniendo con suma facilidad dado que la ausencia de autonomía en nosotros genera indiferencia hacia el otro y atenúa nuestro sentido moral.

El Esquema de la dominación lleva inexorablemente al totalitarismo, a la tecnificación del mundo, a la bomba atómica y, como veremos, a la desregulación de la economía. La bomba solo puede existir en un mundo regido por el Esquema de la dominación, que es el de una razón alejada de la vida, que se autodestruye y conduce al irracionalismo, a la inversión de los medios en fines, a la desmesura y a la monstruosidad. La existencia de la bomba obliga, pues, a admitir que en la técnica hay algo más que técnica. El lanzamiento de la bomba sobre Hiroshima y luego sobre Nagasaki constituye una reacción desmesurada y repetida que demuestra que un medio sin ningún tipo de límites nunca va a ser solo un medio; una vez que existe un arma como esa, es inevitable utilizarla porque el mero hecho de haberla fabricado implica reconocerse el derecho a emplearla y, por tanto, a fundar el derecho a la dominación. La técnica no puede escapar al trágico destino que le ha tocado en suerte en el Esquema de la dominación: fabricar medios, civiles o militares, de destrucción masiva. En un esquema así, las ciencias y las técnicas están al servicio de la guerra y esta situación se prolonga incluso más allá del cese de los conflictos armados.

En general, las ciencias desvelan la realidad, en el sentido de que descubren las entidades que la componen y esclarecen las relaciones entre esas entidades.[24] Esta empresa de desvelamiento

---

24 Empleamos el verbo desvelar en su sentido común: se trata, efectivamente, en el caso de las ciencias, de levantar el velo que nos oculta ciertas entidades

que tiene por objeto la comprensión del mundo es inherente al ser humano y constituye uno de sus modos de expresión. Sin ningún tipo de duda, los conocimientos sobre la naturaleza del átomo necesarios para la construcción de la bomba atómica un día se desvelarían. Pero esto no implicaba que la bomba fuera el horizonte de estos descubrimientos. En cuanto a las técnicas, aunque suministran los instrumentos necesarios para la investigación científica y evolucionan gracias a esta, se distinguen de las ciencias porque ilustran la inventiva humana, su capacidad de crear algo nuevo. Como los descubrimientos científicos, las invenciones técnicas no son fruto de un genio aislado, sino que se explican por un contexto y un entorno tecnológico y social. El campo de aplicación de la técnica está, así, limitado por el tipo de Esquema en cuyo seno se desarrolla. Lo mismo vale para la ciencia en la medida en que, por ejemplo, un planteamiento reduccionista y un planteamiento global, que otorgue más importancia a la complejidad de los fenómenos naturales, no van a generar el mismo tipo de conocimiento. En un Esquema distinto al de la dominación, nada impediría el desvelamiento de la naturaleza y, en consecuencia, la acumulación de saber científico, pero la utilización de este saber obedecería a reglas completamente diferentes.

En el Esquema de la dominación, la guerra monopoliza los descubrimientos científicos para sus fines. Un mundo gobernado por la dominación es un mundo constantemente en guerra; el desarrollo de las técnicas y la financiación de los programas de investigación científica no sirven para la preservación de la vida y del mundo común; son los instrumentos de una guerra para el beneficio. No ha de sorprender, por ello, que las técnicas

---

que los instrumentos utilizados por el investigador permiten mostrar a plena luz. Este término no tiene nada que ver con el desvelamiento en el sentido en que habla Heidegger a propósito de la verdad *(alétheia* o *Unverborgenheit)*, traducido como desocultamiento y que significa no-encubrimiento.

desarrolladas por razones militares sean fácilmente reutilizables en tiempos de paz. Así sucedió tras la Primera Guerra Mundial con la utilización en la agricultura de pesticidas derivados del gas venenoso y el uso de muchos productos de la industria química para fines a la vez militares y civiles. La extraordinaria expansión y la diversificación de la industria en Estados Unidos tras la Segunda Guerra Mundial fueron en gran parte resultado de esta reconversión. Más recientemente observamos ese fenómeno en el auge de las tecnologías de geolocalización, elaboradas por el Departamento de Defensa estadounidense y cuya utilización civil se ha generalizado hoy con la conducción automática y la vigilancia de las poblaciones. Las tecnologías informáticas ofrecen múltiples posibilidades de aplicación a fines civiles de tecnologías desarrolladas con fines militares; los drones pueden ser otro ejemplo.

Un mismo espíritu preside el uso que se hace de las técnicas: se trata de ejercer el control sobre el otro, de someter lo viviente y sacar el máximo provecho de los recursos naturales. El científico, el ingeniero y el técnico presos de un sistema de este género pierden el contacto con lo viviente; simplemente aplican protocolos y reglamentos. De ahí que, contraviniendo la etología, los zootécnicos consideren que las condiciones de la cría industrial son adecuadas para los animales, dado que no son un obstáculo para la producción, o que las orcas, los animales silvestres y los elefantes que sobreviven en piscinas cloradas y en jaulas suelen habituarse sin más a esos ambientes. Estos zootécnicos instrumentalizan el conocimiento científico y encarnan aquello en que se convierten las ciencias y las invenciones técnicas en el Esquema de la dominación.

No solo rechazamos ver lo que implica la proliferación de industrias civiles y militares basadas en el uso del átomo, sino que estamos además ciegos ante las amenazas sanitarias a las que nos expone la manipulación de lo viviente. Con el pretexto, *a priori* loable, de querer comprender los mecanismos de la infección vírica, llegamos a modificar el genoma de los virus para hacerlos infecciosos para el hombre.[25] Una vez más, ¿por qué no hacerlo, si es posible? No obstante, la manipulación genética de virus u otros microorganismos hace inevitable el desarrollo de pandemias. Apenas puede dudarse, en efecto, de que alguno de los laboratorios que practican ese tipo de experimentos —y cada vez son más los que disponen de tecnología para hacerlo— dejará escapar un día u otro un virus remodelado de esta manera, cosa que podría ocurrir de un modo accidental o con fines militares o criminales.

La experimentación en biología y en medicina que inició su apogeo en el siglo XIX condiciona la posibilidad de comprender lo viviente a la capacidad de controlarlo y manipularlo. En cambio, como ya se ha dicho al hablar de la complejidad y del enfoque de Darwin, lo que importa es trabajar con lo viviente para estudiar la forma en que se adapta a su entorno y evoluciona en función de las limitaciones que le impone este último y los cambios que lo afectan. Cuando decimos que la racionalidad científica no debe estar apartada del mundo de la vida entendemos que nada autoriza a los investigadores a lanzarse sin control a realizar experimentos que pongan a la humanidad ante peligros enormes e incontrolables. Es necesario establecer criterios para evaluar la legitimidad de un experimento o la conveniencia de prohibirlo.

Esto es lo que permite el Esquema de la consideración, porque hace del mundo común su horizonte y asigna límites a los medios utilizados para alcanzar un fin. Es incompatible con la

---

25 De este tipo son los experimentos practicados por el Dr. Shi Zhengli en el laboratorio P4 situado en Wuhan (China), inaugurado en 2018 después de una colaboración con el laboratorio P4 Philippe-Mérieux, en Lyon. Los laboratorios P4 se interesan por los patógenos de clase 4, virus que matan el 90% de lo que contaminan, como el Ébola. Véase Raphaëlle Bacqué y Brice Pedroletti, «Coronavirus. Les laboratoires de Wuhan: épicentres de la rumeur», en *Le Monde*, 25 abril 2020.

autonomización de la tecnología y con la instrumentalización de la razón y exige que todo se someta a un cuidadoso examen preguntándose por las implicaciones de lo que uno está haciendo. El objeto técnico no es autónomo, sino que está íntimamente asociado a nuestra reflexión y a nuestros interrogantes sobre el mundo común y las condiciones de su preservación. Así, la consideración, que es lo contrario de la dominación, hace realidad un progreso de la inteligencia humana que, en su nivel más elevado, se centra en la cuestión de saber qué es lo mejor.

La autonomización de la técnica y el carácter ilimitado de los medios encuentran su plena expresión en el capitalismo, que estimula una competencia desenfrenada empujando a los científicos a lanzarse a experimentos peligrosos como los que hemos mencionado. Cuando la vida es una guerra de todos contra todos y de lo humano contra lo viviente, las proezas científicas y técnicas son instrumentos al servicio del poder nacional o industrial. Esto abre la vía a los extravíos, a los excesos, a las imprudencias, a la falta de transparencia y de respeto por la ética médica y experimental.

En general, el capitalismo, que saca un enorme beneficio de la técnica, se inscribe en esa lógica que se caracteriza por la desproporción de los medios que devienen fines y por la pérdida de control y de reflexividad; por la desmesura, por tanto. La búsqueda de la ganancia que lo caracteriza lleva a poner en el mercado objetos siempre nuevos producidos de forma estandarizada y deslocalizada, que se intercambian en un mercado desregulado. La consideración de su coste medioambiental y social y el respeto por el valor de los seres que sufren las consecuencias de estos modos de producción y de intercambio no son factores limitantes en esa carrera loca. La ausencia del sentimiento de pertenencia a un mundo común explica que la competición, que es el otro nombre de la guerra, ocupe todo el espacio, que la ley del provecho imponga su reinado y que la razón se convierta en irracionalidad.

Inhumanidad y totalitarismo

El segundo criterio que caracteriza a la técnica en el Esquema de la dominación es su inhumanidad. Ya lo hemos dicho: en un mundo así, la guerra y la técnica están estrechamente ligadas una a la otra. La ausencia de conflictos armados solo es provisional y tanto los individuos como los Estados se entregan a una guerra sin cuartel que pasa por la competición económica y la lucha por el acceso a los recursos. Sin embargo, es sobre todo de Auschwitz y de Hiroshima de donde debemos aprender en qué consiste el Esquema de la dominación por la dimensión característica de esos proyectos de destrucción y de los medios utilizados en que se apoyan, en un caso en la industrialización y en el otro en una ciencia y una técnica particularmente sofisticadas. Su carácter irrepresentable y, en este sentido, impensable o increíble, explica por qué estas catástrofes no se evitaron, pero también que pueden volver a reproducirse. El objetivo, explícitamente pretendido, es inhumano en cuanto atestigua una barbarie extrema, pero su inhumanidad reside también en el hecho de que este carácter extremo es precisamente lo que lo hizo posible: el crimen era tan monstruoso que los Estados y la mayoría de los individuos no se opusieron a él inmediatamente. Porque escapan de toda medida y de toda representación, esos actos inhumanos pueden ocurrir.

Esa paradoja, que constituye la segunda característica del empleo de la técnica en el Esquema de la dominación, explica por qué el liberalismo puede invertirse en fascismo y por qué la anti-Ilustración puede resurgir con nuevos ropajes. Cuando la libertad de unos se opone a la libertad de otros, cuando deja de estar articulada con la responsabilidad hacia el otro, y la escasez de recursos y las crisis económicas transforman la competencia en una lucha feroz, nada nos protege contra lo peor y el sometimiento de algunos seres humanos por otros es inevitable. La razón principal de esta exposición a la inhumanidad, de la que

intuimos fácilmente que podría estar en la raíz de futuras catástrofes políticas, se basa en la negación de o en el miedo a la alteridad y en el olvido de la corporeidad, es decir, de nuestra
vulnerabilidad y de nuestra comunidad de destino. Omnipotencia, reducción del otro a uno mismo, cosificación, explotación
sin límites de los recursos y de lo viviente, depredación y racismo: estos son los atributos del Esquema de la dominación.

Tanto el totalitarismo como el militarismo y la exaltación
del poder armado, que son inseparables del nacionalismo, son
la culminación de este Esquema y de las condiciones tecnológicas que se le asocian. Los crímenes de masas y las políticas
identitarias que son su origen no son accidentes de la historia.
Los movimientos racistas y la oposición entre amigos y enemigos, puros e impuros, ganan la adhesión de los individuos que,
sintiéndose superfluos y sumergidos en la masa, encuentran en
las políticas de la identidad puntos de referencia que les dan el
sentimiento de pertenecer a una comunidad y de ser por fin
reconocidos. En cambio, el Esquema de la consideración, que
implica el reconocimiento de la vulnerabilidad universal y de
la alteridad, así como el respeto al pluralismo y a la heterogeneidad de las formas de vida, es inseparable de la defensa de la
democracia.

El tercer rasgo emblemático de la técnica en el Esquema de
la dominación concierne a su contribución a la eliminación e
incluso destrucción de lo político. Este aspecto, que es también
una de las especificidades del totalitarismo, tiene sus raíces en la
pérdida de pertenencia de los individuos al mundo común. Asistimos a la destrucción de lo político cuando la técnica lo llena
todo y se la sacraliza. Las soluciones propuestas a los diferentes
problemas no son resultado de una reflexión crítica que lleve a
redefinir un proyecto social y político; consisten en remitirse a
la técnica, que se convierte en una mitología. Esta tecnificación
de la sociedad refuerza la dimensión tecnocrática del poder
omnipresente en toda sociedad gobernada por la dominación y

se acompaña de una biologización que agrava el desprecio del cuerpo y de la alteridad característica de ese Esquema. El transhumanismo, que no solo ejemplifica la voluntad de remodelar al ser humano para luchar contra la muerte y responder a nuestro viejo sueño de inmortalidad, sino que se caracteriza esencialmente por el odio al cuerpo y el rechazo al hecho de nacer, es el horizonte de una sociedad regida por el Esquema de la dominación. Esa ideología no tiene nada que ver con los principios progresistas de las Luces y de sus herederos. Lo entendemos perfectamente cuando recordamos que el nacimiento, que testifica nuestra indeterminación esencial, nuestra contingencia y el carácter único e imprevisible de cada uno de nosotros, es a la vez el emblema del pluralismo político y la prueba del desbordamiento de nuestra vida por la de los otros —de ese vínculo umbilical de los seres vivos, fundamento de la consideración.[26]

El transhumanismo como anti-Ilustración

La creencia en una ruptura radical y súbita causada por una revolución tecnológica que permita al ser humano hibridarse con la máquina, descargar su conciencia en un soporte digital, aumentar sus capacidades cognitivas equipando su cerebro como un ordenador y escapar del envejecimiento no tiene nada que ver con el proyecto de emancipación de la Ilustración ni con el ideal de progreso de la humanidad que presupone un tiempo lineal y un desarrollo acumulativo de los conocimientos. Los defensores del transhumanismo y de la singularidad tecnológica se presentan como herederos de la modernidad, cuando en realidad están en total ruptura con ella y más bien deberían ser enumerados entre los gnósticos.[27]

26 C. Pelluchon, *Éthique de la considération, op. cit.,* pp. 142-148.
27 J.-G. Ganascia, *Le mythe de la singularité, op. cit.,* p. 55ss.

Para estos últimos, que ven en la imperfección del mundo la obra de un falso demiurgo, encontrar la salvación implica liberarse de esta realidad. Los transhumanistas tienen en común con los gnósticos que se adhieren al dualismo espíritu/materia y desprecian el cuerpo. Creen que la condición humana es tan imperfecta que es necesario modificarla. Las ciencias y las técnicas, así como el saber iniciático de la gnosis, permitirán a la humanidad o, al menos, a parte de ella, salir de su miseria, inaugurando un nuevo período que ha de romper por completo la continuidad del tiempo. Tanto para los transhumanistas como para los gnósticos, el mito sustituye a la racionalidad.

Este marco de referencia subraya la dimensión irracional de la ideología compartida por los principales promotores del transhumanismo y señala su rechazo a la condición carnal del humano. Hay que añadir, además, que las implicaciones sociales y políticas de esta ideología conducen fatalmente a una organización no igualitaria y jerárquica, que es emblemática de la anti-Ilustración. El transhumanismo y el mito de la singularidad tecnológica no son, pues, la transformación fallida o engañosa de la Ilustración.[28] Tampoco son la demostración del fracaso de la Ilustración, como afirman los pensadores reaccionarios que la acusan de ser responsable de todos los males contemporáneos. Son más bien la expresión, bajo una forma actualizada, de una estructura intelectual exactamente opuesta a las Luces y hasta enemiga suya.

En efecto, reencontramos en la ideología transhumanista los cuatro pilares representativos de la anti-Ilustración: en primer lugar, el principio de una organización jerárquica de la sociedad que deriva del rechazo a reconocer la igual dignidad de toda persona y la unidad del género humano. Es, efectivamente, posible que la modificación del equipamiento biológico del hu-

---

28 Lo que J.-G. Ganascia llama una pseudomorfosis de la modernidad, similar a la fosilización de un hueso que conserva su forma inicial.

mano culminara en la separación de la humanidad en dos grupos:
los que habrían sido modificados por la técnica serían considerados seres superiores y tendrían por vocación dominar a los
demás. No es posible adherirse al transhumanismo sin aceptar
el principio de una sociedad desigual y autoritaria y que no respaldara la discriminación e incluso el racismo contra las personas no «aumentadas» por la técnica.

El segundo pilar de la anti-Ilustración, a saber, el rechazo de
la autonomía individual y, correlativamente, la heteronomía o la
sumisión a un orden predeterminado, es también una característica del transhumanismo: el humano no es autónomo, sino que
es reducible a su equipamiento tecnológico porque de este depende su valor y su identidad. Este reduccionismo sustituye al
esencialismo tradicional. La justicia consiste no en acatar las
leyes que hemos elegido o las normas sometidas a la deliberación
pública, sino en respetar el orden de las cosas. Este último no es
el orden divino o el orden natural que justifica las jerarquías
tradicionales ligadas al género o a la raza, porque la técnica, para
los transhumanistas, ha reemplazado a Dios y a la naturaleza,
pero se trata todavía de una sociedad heterónoma porque el
desarrollo tecnológico, que es perfectamente autónomo, dicta
el curso de las cosas.

Por ello, el ser humano no puede orientar o reorientar el
futuro. Este fatalismo es el tercer pilar de la anti-Ilustración. El
curso de la historia no está en nuestras manos ya que la técnica
se despliega ella sola; el futuro no nos necesita. Esta visión escatológica de la historia hace que el individuo no sea un actor de
su propia vida, sino el mero juguete de fuerzas que le superan.

Por último, la desconfianza en la razón caracteriza a los antiilustrados que prefieren fiarse de sus prejuicios más que de la
reflexión y la deliberación, indispensables para la elaboración de
un proyecto social y político. Como ya hemos señalado, en el
caso del transhumanismo podemos hablar de una inversión de
la razón en mitología. Puesta al servicio de las creencias irracio-

nales vinculadas al ensueño de inmortalidad, al deseo de perfección y a la ilusión de la omnipotencia, la razón pierde todo anclaje en la realidad y toda cordura. Más aún, puesto que se ha separado del mundo de la vida, que es también el mundo de la intersubjetividad y representa lo que los humanos pueden tener en común o lo que es universalizable, la razón enloquece y divide a los hombres atizando el odio.

Por todas esas razones, está claro que el transhumanismo entra en el ámbito de la anti-Ilustración y que la defensa de las tecnologías que aumentan lo humano está necesariamente al servicio de una ideología que tarde o temprano culminará en una organización social y política contraria a la democracia. Conviene recordar aquí de nuevo una de las características del mito de la singularidad tecnológica y del transhumanismo, a saber, el dualismo espíritu/materia y el desprecio por el cuerpo. Recordemos que este dualismo y el olvido de la corporeidad son también el fallo o la culpa de la Ilustración del pasado; explican que la modernidad no supiera guardarse de la barbarie y que la razón se autodestruyera, que se volviera cálculo y perdiera, al mismo tiempo, toda relación con el mundo de la vida, la capacidad de distinguir el bien del mal. Como hemos visto, los dualismos mente/cuerpo y cultura/naturaleza son los principales obstáculos para una transición hacia un modelo de desarrollo ecológicamente sostenible, más justo y menos violento. El olvido de la corporeidad, así como el desprecio de la vulnerabilidad y el rechazo de la alteridad que los acompaña, son vicios de nuestra civilización, el mal que hay que erradicar para impedir que se destruya a sí misma. Porque el desprecio de la corporeidad y de la materialidad de nuestra existencia va siempre emparejado con el rechazo de nuestra vulnerabilidad común y con la obsesión por dominarla. Pero esta obsesión no lleva solo a un proyecto técnico que tienda a remodelar al humano para que sea capaz de evitar los límites de su condición terrena y carnal; lleva a una empresa de dominación social y política.

El transhumanismo no es un humanismo. Implica desprecio por la condición humana, se opone a la idea de la unidad del género humano y entierra todo proyecto de emancipación individual y social. Además, como resultado final que es del Esquema de la dominación, asigna a la técnica y a la ciencia, así como a todas las demás actividades, un objetivo que no es sino la dominación de los otros y de la naturaleza fuera y dentro del sí mismo. Se inscribe, por tanto, en la lógica de la guerra que conduce inexorablemente al totalitarismo. En otras palabras, los que ponen en práctica esta ideología no se echarían atrás ante ningún límite y utilizarían todos los medios a su disposición; la ciencia y la técnica estarían al servicio de una guerra contra los seres vivos no humanos y contra todas las personas que no hubieran sido transformadas por las tecnologías.

Podemos pensar a primera vista que el transhumanismo se distingue del totalitarismo en lo que se refiere al papel del Estado. Está, en efecto, estrechamente relacionado con el libertarismo, que defiende un Estado mínimo. Una sociedad transhumanista dejaría ciertamente iniciativas a los individuos. Sin embargo, su libertad tendría por límite el papel que les asignara el nuevo orden tecnológico y social. Ese libertarismo sería compatible con un control permanente hecho posible por tecnologías, algunas de las cuales ya están en funcionamiento. Así sucede, por ejemplo, con las cámaras de vigilancia, el GPS y los drones, cuyo uso integrado, unido a las enormes capacidades de almacenamiento y transferencia de las informaciones, permite identificar, localizar y hasta asesinar a individuos a distancia. Así, el transhumanismo no solo es conciliable con el totalitarismo; conduce a él, aunque los microprocesadores sustituyen a los delatores y reemplazan las alambradas de espino y las torres de vigilancia de los campos de concentración, y los drones de guerra eliminan a distancia a sujetos sin arriesgar la vida de «nuestros soldados». Una vez más, en un mundo así, el Esquema de la dominación impone los medios y los fines de la guerra en todos los ámbitos de la vida.

En una sociedad transhumanista, la espontaneidad humana y toda posibilidad de renovación impulsadas por los hombres y las mujeres capaces de crear algo nuevo quedarían en entredicho. La ideología transhumanista es profundamente conservadora: no puede aceptar la creatividad humana y supone una sociedad homogénea en la medida en que, aun dividida acaso la humanidad en superhumanos y subhumanos, nadie puede escapar del lugar que se le impone en virtud del equipamiento tecnobiológico con que se le ha dotado. Se comprende, así, por qué los transhumanistas dan tanta importancia a la reproducción que ha de servir para seleccionar a los individuos y por qué aspiran tanto a suprimir el nacimiento como a acabar con la muerte.[29]

Nacer significa que cada individuo tiene la posibilidad de crear algo imprevisible. También muestra el vínculo que hay entre las generaciones e implica la existencia de una sociedad pluralista que puede acoger a nuevos seres y darles los medios de renovar el mundo. El recién nacido, noción insignia de la consideración, encarna esta esperanza de renovación. Nos remite a nuestra responsabilidad, que consiste en cuidar de él y transmitirle un mundo habitable, pero también en educarlo para que sus creaciones sean dignas de permanecer.[30] Mientras que el transhumanismo se inscribe en la anti-Ilustración y aboga por el adiestramiento humano, la consideración, heredera de la Ilustración, es inseparable de una organización social y política fundada en la libertad, esencialmente apoyada en la educación y en la cultura. Estas tienen por objeto cultivar las potencialidades del humano, para que se realice como individuo y como ciudadano y, en el momento actual, una de sus tareas principales es ayudarnos a hacer un uso responsable de las tecnologías.

29 C. Pelluchon, *Éthique de la considération, op. cit.*, p. 180.
30 *Ibid.*, pp. 145-146 y 181-182.

UNA CULTURA PARA LA TÉCNICA: OBSTÁCULOS Y EDUCACIÓN

El desfase prometeico y el mundo de Eichmann

Para aprender a utilizar las tecnologías y tener el discernimiento y coraje necesarios para prohibir ciertas armas y determinados productos, antes hay que ser conscientes de todo lo que amenaza a la reflexividad. Los obstáculos a cualquier cultura técnica son particularmente importantes en nuestros días porque nuestro poder tecnológico, la división del trabajo y la globalización han modificado la estructura de nuestra responsabilidad: podemos causar daños considerables a los otros sin haberlo buscado expresamente y sin ver siquiera a las personas a las que perjudicamos. De modo que no nos podemos imaginar exactamente lo que estamos haciendo ni nos podemos sentir verdaderamente afectados por los millones de seres a los que infligimos daños.

Como muestra Günther Anders, las dos causas de nuestra ceguera ante el apocalipsis y de nuestra participación en la destrucción del mundo son el desfase prometeico *(prometheische Gefälle)* entre hacer y sentir, saber y comprender, y el *Apparatewelt* o la «máquina mundial» que hacen al ser humano superfluo y sustituible. Aunque sabemos que nuestros actos tienen un impacto sobre los otros y que sus consecuencias se extienden a lo largo del tiempo, nosotros no llegamos a entenderlo: nuestro saber sigue siendo un no-saber; permanece en lo abstracto y no produce ningún cambio en nuestro comportamiento.

El desfase prometeico, del que habla Günther Anders sobre todo a propósito de la bomba atómica, también tiene sentido en la era de la globalización, en la que nuestros hábitos de consumo afectan a personas que viven muy lejos de nosotros. Además, ese desfase puede explicar en parte nuestra indiferencia ante el sufrimiento de los animales, de los cuales sacrificamos como alimento cada año en el mundo a unos 70 000 millones.[31] Por todas esas razones, debemos aprender a sentirnos responsables de lo que no nos sentimos culpables ajustando nuestra capacidad de sentir e imaginar nuestra potencia de acción. Debemos ensanchar nuestra imaginación moral ejercitándonos para tener una relación con el tiempo y con el espacio que se extienda mucho más allá de nuestra percepción ordinaria. Es igualmente necesario que incluyamos las otras especies en la esfera de nuestra consideración en lugar de actuar como si las víctimas animales no contaran.

Es fundamental analizar más a fondo las razones por las que los humanos no reaccionan cuando llegan a su conocimiento actos de barbarie extrema. Como escribe Günther Anders al hablar de los campos de exterminio, muchos sabían que existían, pero no comprendían lo que sabían.[32] Ahora bien, el desfase prometeico solo es una de las causas de esa inercia culpable. La otra causa remite al carácter monstruoso *(ungeheuerlich)* de los crímenes de masas, que es revelador de lo que Günther Anders llama el «mundo de Eichmann».[33]

En efecto, cuando el número de víctimas supera lo concebible y la tecnología utilizada confiere a la humanidad un poder infinito, como el de erradicar toda la vida sobre la Tierra, no estamos en condiciones de creer lo que sabemos y no nos sentimos responsables de lo que pasa, porque lo que pasa es dema-

---

31 Esta cifra no incluye los peces ni los animales muertos por su piel o por los cazadores. No tiene en cuenta la caza furtiva ni la muerte de animales cuyo hábitat ha sido destruido o que perecen en incendios, megaincendios o en accidentes sufridos en explotaciones intensivas. Si se incluyen las cifras de la pesca se llega a más de 150 000 millones de animales muertos cada año en todo el mundo destinados a alimentación. https://www.planetoscope. com/elevage-viande/1172-.html.

32 G. Anders, *La obsolescència del hombre. I. Sobre el alma en la época e la segunda revolución industrial*, Valencia, Pre-Textos, 2010, p. 273.

33 G. Anders, *Nosotros, hijos de Eichmann, op. cit.*, pp. 67-71.

siado enorme. Creemos también que no podemos hacer nada al respecto y ese sentimiento de impotencia erosiona nuestra capacidad de resistencia y disuade de cualquier iniciativa. La rutina asociada a la división del trabajo agrava nuestro entorpecimiento y nuestro conformismo: al estar concentrados en mínimos segmentos del proceso global, perdemos de vista toda finalidad y devenimos obsoletos. Además, cuanto mayor es nuestro poder tecnológico, menos nos inhibimos al usarlo. Porque los objetos que producimos y los efectos que generan son tan gigantescos y aplastantes que no los identificamos como nuestros.[34] Y así, el mundo ha dejado de ser nuestro mundo: es demasiado grande para nosotros y nosotros «somos menores que nosotros mismos».[35] Esta vergüenza prometeica *(prometheische Scham)*, vinculada al hecho de que lo que podemos hacer es más grande que lo que podemos imaginar, hace posible lo monstruoso y hasta fomenta su repetición.[36]

Este inventario de hechos lamentables no significa que hayamos perdido toda libertad, porque el poder de nuestra tecnología nos sitúa ante una decisión: ser hijos de Eichmann o mantenernos conscientes y asumir la responsabilidad de lo que no somos culpables.[37] Como resultado de nuestra incapacidad de

34 G. Anders forja la noción de lo supraliminal *(das Überschwellige)* para designar acciones y eventos que son demasiado enormes para ser pensados por el hombre, porque sobrepasan el umbral *(die Schwelle)* de lo que podemos imaginar. Véase *Et si je suis désespéré, ¿que voulez-vous que j'y fasse?*, París, Alia, 2010, p. 71 (trad. cast., *Si estoy desesperado, ¡a mí que me importa!*, Madrid, Besatari, 2013).

35 G. Anders, *La obsolescencia del hombre*, t. I, *op. cit.*, p. 258.

36 *Id.*, *Nosotros, los hijos de Eichmann, op. cit.*, pp. 31 y 39.

37 Como Claude Eatherly, el piloto del avión de reconocimiento enviado antes del lanzamiento de la bomba sobre Hiroshima. En lugar de aceptar ser celebrado como un héroe, tomó conciencia de la enormidad de su acto. Günther Anders, que mantuvo correspondencia con él mientras estaba internado, dice de él que es lo contrario de Eichmann. Véase «Hors limite pour la conscience. Correspondance avec Claude Eatherly», en *Hiroshima est partout*,

representarnos las consecuencias desproporcionadas de nuestros actos podemos entender que estamos en presencia de algo monstruoso y considerar el fracaso de nuestra capacidad de representación como una advertencia que nos conduce a no dejar que ocurra lo peor. Esta experiencia puede ser, por tanto, un *shock* saludable si admitimos que hemos llegado a un límite más allá del cual se nos presentan dos opciones: la responsabilidad o el cinismo.

Sin embargo, la mayoría de las veces, renunciamos de entrada a comprender que estamos en presencia de lo irrepresentable. Hoy «es la ignorancia (de lo que podríamos saber o, mejor dicho, de lo que no podemos de ningún modo no saber) lo que constituye la falta misma».[38] Esa inhibición antes de actuar hace que la acción sea posible; explica que se cometan asesinatos de masas sin suscitar reacción alguna. Análogamente, la indiferencia ante los efectos indirectos de nuestras acciones nos lleva a vivir en el presentismo y a continuar consumiendo cotidianamente productos animales o a practicar aficiones que conllevan una enorme cantidad de energía. En estas condiciones es imposible escapar del mundo de Eichmann.

El mundo al que Auschwitz allanó el camino poniendo el sello de lo monstruoso a nuestra época exigiría que luchemos constantemente para que lo que sucedió una vez no vuelva a suceder jamás, que rechacemos sistemáticamente el uso de armas que amenazan a toda la humanidad y hagamos todo lo posible para preservar las condiciones de la vida sobre la Tierra. En el mundo de Eichmann, que se caracteriza por la posibilidad de crímenes de masas y de la extinción, el deber impone ampliar la facultad de sentir y de combatir constantemente la propia insuficiencia. Porque es precisamente la ausencia de horror, de

---

París, Seuil, 2008, pp. 389-475 (trad. cast., *El piloto de Hiroshima. Más allá de los límites de la conciencia. Correspondencia entre Claude Eatherly y Günther Anders,* Barcelona, Paidós, 2021).

38 G. Anders, *Nosotros, los hijos de Eichmann, op. cit.,* p. 97.

respeto y de piedad lo que explica la repetición de lo peor y hace que su aumento sea inevitable.[39] Además, el sentimiento de responsabilidad se desvanece con suma facilidad, tanto más que ya se ha alcanzado el efecto aludido.[40] En consecuencia, si no luchamos contra esa insuficiencia de nuestro sentir, que es peor que la ausencia de nuestra representación y de nuestra percepción, habrá vía libre para lo monstruoso y nosotros, los hijos de Eichmann, no podremos evitar las catástrofes climáticas ni el desmoronamiento de las democracias.

No hacer nada para evitar lo peor (ser los hijos de Eichmann) no significa que nos identifiquemos con Adolf Eichmann. Porque Eichmann *quiso* la destrucción de millones de humanos e hizo del fracaso por no poder representarse los millones de víctimas que él conducía a la muerte una justificación de su acción. Se prohibía a sí mismo enfrentarse a esta realidad monstruosa para darse la fuerza de llevar a cabo su crimen atroz y hasta sentirse orgulloso por poder hacerlo: «no hubiera podido autorizarse a sí mismo, no hubiera podido permitirse la imagen de las colas de espera, la imagen de las víctimas de las cámaras de gas, [...] de ser así, se habría expuesto permanentemente al peligro, habría corrido permanentemente el riesgo de debilitarse y abandonar —en una palabra: habría podido sabotear su programa y, de este modo, sabotearse también a sí mismo— [...]. Sea como fuere: [...] tuvo que hacer todo lo posible para alejar el peligro que representa la intrusión fisiológica de la moral en la realización de su programa». Eichmann, por lo tanto, utilizó el fracaso para poder representarse lo monstruoso, pero en un sentido opuesto al que permite resistirse a ello o evitarlo.[41] Eichmann

39 *Ibid.*, p. 38. Sobre lo que Anders llama «ejercicios de dilatación moral», véase *La obsolescencia del hombre*, t. I, *op. cit.*, p. 262.
40 G. Anders, *Nosotros, los hijos de Eichmann, op. cit.*, p. 38s.
41 *Ibid.*, pp. 49-51. Anders formula así el comportamiento de Eichmann: «Yo no reconozco en absoluto lo monstruoso. [...] Luego nada se me puede imputar. Luego puedo hacer lo monstruoso». O bien: «Yo no veo a los millones

explotó su capacidad de imaginar y de sentir para poder continuar su obra de aniquilación y ahorrarse, a continuación, cualquier remordimiento o arrepentimiento. En cambio, si utilizamos el desfase prometeico para abrir nuestra conciencia, podremos rechazar que todo lo que es técnicamente posible se haga realidad e impedir el retorno de lo peor; no seremos como Eichmann ni como sus hijos.

Cuando Günther Anders da la fórmula que nos ayuda a sacar lecciones de nuestra impotencia para representarnos lo que hacemos,[42] no dice que lo que hace que los individuos sean capaces de asumir su responsabilidad dependa de la argumentación. Al contrario, insiste en la necesidad de desarrollar afectos que nos dispongan a ser responsables. El miedo es uno de estos afectos; nos permite pasar del saber al comprender, incorporar conocimientos, para que estos no sean simples informaciones que no alteren para nada nuestro comportamiento, sino que nos muevan a actuar de manera responsable.

La exageración que Anders transforma en un método indispensable para despertar las conciencias no tiene por objetivo paralizarnos. No solo la anticipación de la catástrofe debe servir para evitarla, sino que, además, el miedo que entraña se distingue del pánico: en primer lugar, se trata de un miedo por el mundo, y no solo por uno mismo. Además, si es indispensable tener el coraje de tener miedo, la misma importancia tiene que aprender a tenerlo. En lugar de ser «analfabetos del miedo»,[43] conviene pensar a partir del miedo para mirar la realidad a la cara, para

---

de personas a los que ordeno llevar a las cámaras de gas. Me es totalmente imposible verlos. Por tanto, puedo ordenar tranquilamente que los lleven a las cámaras de gas» (pp. 51-52).

42 *Ibid.*, p. 45s. Anders formula así esta experiencia: «No puedo representarme el efecto de esta acción [...]. Luego se trata de un efecto monstruoso. Luego no puedo asumirlo. Luego he de revisar la acción planeada, o bien rechazarla, o bien combatirla».

43 G. Anders, *La obsolescencia del hombre*, t. I, *op. cit.* p. 254.

tomar la medida de nuestra desmesura, pero también para reflexionar sobre lo que podemos hacer de manera concreta. Al aceptar sentir miedo, sin reprimirlo, pero sin dejarnos aniquilar por él, lo atravesamos y, así, lo superamos. Al recuperar nuestra capacidad de actuar, nos vemos inducidos a preguntarnos qué puede cambiar aquí y ahora, a escala individual y colectiva, para obstaculizar lo peor, salvar lo que pueda ser salvado y desarrollar alternativas adecuadas al modelo de desarrollo actual.

Estas observaciones subrayan lo que distingue a Günther Anders de los partidarios de la colapsología. Mientras que estos últimos predicen el colapso y dan consejos sobre cómo adaptarse a un evento que creen inevitable, Anders anuncia la catástrofe para que la evitemos. A contrapelo de todo discurso moralizador y prominente, recurre a diversos géneros literarios para dirigirse a la inteligencia y a la sensibilidad del público al que desea ilustrar. La ficción y la narración, gracias a su poder germinativo *(Keimkraft)*, como dice Walter Benjamin, posibilita que todos nos apropiemos una historia para asociarla a lo que hemos vivido y a nuestra experiencia y dejemos libre a nuestra imaginación, para que tome iniciativas.[44] Contribuyen estas al ensanchamiento de la imaginación moral y a la reducción de la brecha entre saber y entender, entre hacer y sentir. Las informaciones incluso exactas y relevantes publicadas en los medios de comunicación raramente ejercen ese impacto porque son externas al individuo. Cuando son angustiosas y los hechos referidos son inverosímiles, esas informaciones reavivan la angustia de muerte y a menudo refuerzan las estrategias de defensa. Esas informaciones disponen a aceptar sin examen la autoridad de personas que se autoproclaman ex-

---

44 W. Benjamin, «Der Erzähler» (1936), *Erzählen. Schriften zur Theorie der Narration und zur literarischen Prosa,* Frankfurt del Meno, Suhrkamp, 2007, pp. 110-111 (trad. cast., *El narrador,* Santiago de Chile, Metales Pesados, 2016, p. 70; o bien «El narrador», en *Sujeto y relato. Antología de textos históricos,* México, UNAM, 2009, p. 39).

pertas y proponen soluciones rápidas o a pensar que un gobierno que recurra a la coerción puede ser la solución.

Así, la ficción y, de manera general, las obras de arte ensanchan nuestra imaginación moral confrontándonos con otras vidas distintas a la nuestra y nos permiten cambiar la forma de ver las cosas o hasta incorporar conocimientos. Sin embargo, es sobre todo la experiencia de nuestra vulnerabilidad lo que fija en nosotros la preocupación por los otros, humanos y no humanos, y nos despierta el deseo de transmitir un mundo habitable. La transdescendencia, que resulta de profundizar en el conocimiento de uno mismo como ser carnal, y que hace de vínculo entre las representaciones, las valoraciones, las emociones y el comportamiento, es indispensable para la transformación del sí mismo necesaria en la edad de lo viviente. Cuando el individuo experimenta, a menudo con pena, su condición carnal y terrena y su dependencia respecto de los otros seres vivos, se siente llevado a reconocer la ecología como la sabiduría de nuestro habitar en la Tierra y a actuar de manera más responsable. La transición ecológica, cuyos cuatro pilares son la protección de la biosfera, la salud, la justicia social y el respeto a los animales, se muestra como la única vía posible para construir una política con futuro. Como esta conciencia ecológica arraiga en la transformación del sí mismo, no excluye la libertad o la autonomía individual, sino que las reclama. Y aunque sobrevengan colapsos a consecuencia de crisis sanitarias, ecológicas, económicas y sociales, y estallen guerras por decisión de líderes víctimas de su desmesura, quienes hayan tenido la experiencia de esa transformación podrán ofrecer soluciones para reparar el mundo tras las catástrofes.

Espacio, tiempo y ciudadanía en la era digital

Hasta mediados del siglo XX, el mundo de la técnica es analógico, es decir, los instrumentos de observación, medición o comunicación, así como los métodos de cálculo representan una magnitud mediante otra. Hay una relación de continuidad entre el fenómeno natural y su representación, como cuando se razona por analogía y se destaca la semejanza de forma entre dos fenómenos cuya naturaleza es, no obstante, diferente. Este es el caso, por ejemplo, cuando utilizamos un termómetro que señala la temperatura mediante una columna de mercurio en una escala graduada o cuando observamos una bacteria a través del microscopio óptico. El humano está al mando de las herramientas que utiliza. En el último cuarto del siglo xx, cuando se entra en la era digital, las cosas cambian radicalmente.

La digitalización convierte los datos analógicos —texto, imágenes, sonidos, etc.— en datos numéricos binarios. Siendo estos considerablemente más manejables que los datos analógicos, la cantidad de información que se puede almacenar, analizar o transformar se vuelve prácticamente ilimitada, y su difusión se hace a la velocidad del relámpago. Las consecuencias de esta evolución son múltiples y afectan notablemente a la vida de cada uno de nosotros. Así, por ejemplo, cuando visitamos un sitio web, rellenamos un cuestionario en línea o compartimos hechos de nuestra vida en las redes sociales, estamos ofreciendo informaciones personales a empresas que las utilizan para elaborar nuestro perfil, identificar nuestras necesidades y anticiparse a nuestros deseos. Incluso es posible, gracias a la videovigilancia generalizada, emparejar esas informaciones con el análisis de nuestros desplazamientos y nuestros comportamientos, y atribuirnos, como sucede en China, una puntuación que condicione nuestro acceso a los estudios, a los préstamos bancarios, a las ofertas de trabajo o a las ayudas del Estado.[45]

Es muy difícil escapar a esta exposición, ya que nuestra identidad digital influye en nuestra reputación y es ampliamente

---

45 B. Harcourt, *La société d'exposition. Désir et obéissance à l'ère numérique*, París, Seuil, 2020, p. 252.

utilizada en el mundo laboral por nuestros empleadores. Lo sabemos y, por lo general, lo aceptamos. Pero lo que es menos evidente, y parece no obstante mucho más importante, es que esta exhibición modela nuestra relación con nosotros mismos y con los otros, así como nuestra vida como ciudadanos. A fuerza de estar solicitada según una lógica de selección y recomendación, vemos cómo nuestra identidad digital se convierte en el objeto de una investigación algorítmica que nos transforma en sujetos mercantilizados en una sociedad mercantilizada. Esa vigilancia constante y esas intrusiones que tienden a generalizarse en todos los ámbitos de actividad disminuyen nuestra autonomía, nos fragilizan y generan ansiedad. Se nos somete a un sistema de castigos y recompensas que es tan angustioso como adictivo y es un obstáculo para la concentración. A veces observamos en los individuos una especie de mortificación del yo, parecida a la vivida por los reclusos que han debido adaptarse a la privación del espacio íntimo y a las humillaciones.[46] Sin embargo, el error sería pensar que hay un verdadero yo bajo el falso yo, una identidad real no afectada por debajo de la identidad digital. Porque nuestros deseos y nuestros miedos están condicionados por esas prácticas que remodelan la subjetividad.

La era digital modifica totalmente nuestra relación con el tiempo y con el espacio. Este trastorno es aún más profundo que el provocado por la televisión o los medios de comunicación y

---

46 *Ibid*, pp. 185-194. El autor se apoya en los análisis manejados por Erwin Goffman en la década de 1950, cuando estudia las consecuencias, en los sujetos recluidos en un asilo o en una prisión, de la privación de todo espacio propio y las humillaciones. Muestra que los reclusos recurren a muchas formas de adaptación que son otros tantos procesos de subjetivación que penetran profundamente en la estructura del individuo: el repliegue sobre sí mismo hasta la regresión, que se manifiesta por el hecho de concentrarse obsesivamente en la misma tarea o de negarse a participar en la vida común; el rechazo a cooperar, incluso la resistencia; la docilidad y hasta el hecho de considerar que el asilo es lo ideal; la formación de clanes.

de transporte aparecidos en el siglo xx. A menudo se dice que las fronteras entre lo privado y lo público se difuminan en el mundo virtual, pero en realidad lo privado tiende a invadirlo todo. Esto tiene consecuencias graves para la vida democrática. En efecto, tradicionalmente esta se asociaba a un espacio público que era el lugar destinado a la confrontación de las opiniones y a la deliberación: a la vez que aceptaba la conflictividad, debía permitir extraer normas válidas para la comunidad política. Pero las redes sociales sustituyen este espacio público por un espacio virtual que no favorece la expresión del pluralismo y la construcción de consensos o desacuerdos razonados. Fomentan, al contrario, la formación de compartimentos virtuales o de burbujas informáticas que reagrupan personas que comparten las mismas opiniones y, sobre todo, las mismas quejas. Estas últimas son su documento de identidad digital, y no el punto de partida para una discusión tendente a identificar los elementos de una negociación entre diferentes partes interesadas.

En esas condiciones, los individuos no consideran sus posturas como simples opiniones; no adoptan ningún punto de vista crítico ni tratan de comprender las posturas contrarias, que inmediatamente se rechazan y remiten a otros compartimentos virtuales. Asimismo, el tiempo en la web está tan contraído, tan reducido a la sucesión de informaciones a las que cada cual tiende a reaccionar instantáneamente, que la discusión y la deliberación, que se llevan a cabo normalmente durante un cierto período de tiempo y siguiendo reglas más o menos explícitas y comprobadas, son imposibles. Si los individuos llegan a convencerse de que estos compartimentos virtuales representan la sociedad o el pueblo, la comunidad política se destruirá. Cuando tengan que expresarse sobre tal o cual política pública, no serán capaces de pensar de otra forma que en términos de amigos y enemigos. Los rasgos morales que permiten la expresión democrática de la conflictividad y de la negociación, así como la institución progresiva del bien común en una sociedad pluralista, brillarán por su ausencia. Para ellos, el único recurso posible será la violencia.

Para evitar que esas comunidades virtuales destruyan la comunidad política es indispensable que los ciudadanos tomen parte en la vida pública, compartan un espacio geográfico y social y se encuentren regularmente en carne y hueso para debatir temas que conciernen a la colectividad. Hay que dedicar tiempo a discusiones que permitan intercambiar informaciones, pero también interpretarlas confrontando los diferentes puntos de vista y situando el momento actual a lo largo del tiempo. La web no es un ágora, porque esta implica debate, como ocurría en la democracia ateniense, con personas con diferentes visiones del mundo y que la gente se encuentre frente a frente, físicamente, en un espacio geográfico en el que los intercambios están mediados por las prácticas y las instituciones. En general, no hay comunidad política sin esta inscripción carnal de los ciudadanos en un espacio común, que es a la vez geográfico, social y cultural, y que fluye por relatos ligados a la historia de los conflictos sociales y a la confrontación de las interpretaciones.

Aunque es cierto que internet desempeña un papel crucial en la constitución de públicos que sobrepasan las fronteras nacionales, no debemos imaginarnos que la vida democrática puede prescindir de instituciones y relaciones reales en las que uno se confronta con el otro, y no solo con su imagen o a través de una pantalla. Mientras que, en las redes sociales, cada uno, intercambiando con gente a la que no conoce realmente, está sobre todo solo consigo mismo interpretando a los otros como un espejo de su yo, como un reflejo que lo tranquiliza o lo inquieta, el encuentro físico es un cara a cara y un acontecimiento, una sorpresa, porque reconocemos que el otro no es reducible a lo que parece. La presencia de los otros obliga a todos a escuchar a los interlocutores y a esperar el turno para hablar. Hay que explicitar, además, el punto de vista propio y esforzarse por comprender el del otro. Sin eso, la relación es imposible. Pero la inmediatez y la desinhibición que rigen en las redes favorecen la impulsividad, y no la consideración de la alteridad. Por todas esas razones, la era digital exige que aprendamos a debatir, cosa que es más fácil si se participa de forma concreta en la política en el ámbito local donde se aprende el oficio de ciudadano y donde hay que abrirse a los otros e incluso negociar con personas con opiniones contrarias a las de uno para poder convivir con ellas, es decir, compartir un espacio común y discutir sin masacrarse.

Conspiracionismo versus *consideración*

John Dewey recuerda que la mayoría de las instituciones de la democracia representativa nacieron en una época en la que se vivía en sociedades rurales y relativamente pequeñas, y que las transformaciones de la sociedad debidas a la industrialización y a los medios de comunicación han cambiado completamente la situación. Cita como ejemplo el sistema electoral estadounidense: en otro tiempo, los ciudadanos estadounidenses conocían normalmente a los grandes electores, que se elegían por sufragio universal y que designaban al presidente y al vicepresidente de Estados Unidos.[47] Las relaciones de clase existían y las condiciones eran desiguales, pero la gente se encontraba. En nuestros días, todos juzgamos a los que no pertenecen a nuestro ambiente familiar, social o profesional en función de la imagen que dan de sí mismos y de las informaciones difundidas por los medios y en internet. Esta situación atañe también a los dirigentes, que rara vez frecuentan los mismos lugares que los ciudadanos y cuya imagen debe mucho al rastro que dejan en internet y a lo que sus asesores de comunicación deciden mostrar. En fin, los partidos políticos y los sindicatos que estructuraban los conflictos sociales y que contribuían ampliamente a la formación de la

---

47 J. Dewey, *La opinión pública y sus problemas, op. cit.*, p. 117.

conciencia política de los ciudadanos, dan más relieve a personalidades que reaccionan ante los eventos que a las ideas o al programa.

La identidad digital se compone de los fragmentos de historia que uno cuenta y de las huellas que va dejando, es decir, es una identidad desencarnada. En la web conectamos con personas de las que solo conocemos su identidad digital y hablamos del mundo, pero, la mayoría de las veces, lo que sabemos de ellas y el imaginario asociado a este conocimiento está desterritorializado. Los deseos y los resentimientos no son suscitados por eventos que discurran entre personas que discuten conjuntamente o que se pelean unas con las otras; nacen de las reacciones que suscita una información compartida en las redes sociales. Se dirá que esta desterritorialización del imaginario, que no está vinculado a nuestro entorno vital, ya existía de hecho en los medios audiovisuales que nos dan la ilusión de conocer el mundo gracias a las imágenes que difunden. Sin embargo, hay que admitir que las redes sociales, al favorecer la agrupación de personas por preferencias o afinidades, agravan este fenómeno: mientras que uno, frente a su televisor, puede soñar que vive en el otro extremo del mundo o, al contrario, sentirse feliz por no vivir en un lugar que lo haga pensar en un infierno, los compartimentos virtuales que son las redes sociales transforman esas impresiones personales en fórmulas publicitarias.

En el momento actual vemos desarrollarse en internet una forma inédita de propaganda asociada al conspiracionismo. Al ofrecer un único marco conceptual para interpretar la mayoría de los acontecimientos, las teorías complotistas simplifican la vida de los que se adhieren a ellas. Esto no es nada nuevo, pero el complot encuentra en las redes sociales un medio que se le adapta perfectamente y contribuye a su expansión. La existencia de nichos refuerza las posiciones ideológicas e identitarias; el odio orientado hacia determinados grupos, en gran medida alimentado por la selección de las informaciones y el sesgo confirmatorio,[48] se expande a toda velocidad. El espacio virtual se vuelve contra el espacio público. Si bien internet podría contribuir a una mayor horizontalidad en las relaciones sociales y entre gobernados y gobernantes, y pese a que da acceso a una suma de conocimientos impensable hace unos decenios, su utilización puede resultar desastrosa en el terreno democrático y hasta en el científico.

El conspiracionismo, la ausencia de mediación y el rechazo a tener en cuenta la complejidad de los fenómenos conducen a la aparición de teorías descabelladas que se colocan a igual nivel que las propuestas por los científicos que siguen los métodos de evaluación de sus disciplinas. Mientras que la comprensión de los problemas ligados a los retos sanitarios y ecológicos transcurre por estudios rigurosos y existen trabajos de calidad que divulgan estos conocimientos, la retórica complotista corrompe las ciencias y alimenta la desconfianza hacia los canales tradicionales del conocimiento y de toda mediación científica. Las redes sociales se convierten entonces en redes asociales. La agresividad verbal, los improperios e incluso las amenazas se generalizan y la gente solo se comunica a través del insulto al otro o el halago.

Las redes sociales sustituyen así el espacio público por un espacio virtual que no tolera el pluralismo ni la controversia científica y no posibilita construir normas válidas para la comunidad. Pero esta violencia no se detiene en el espacio virtual, porque los hábitos de pensamiento y los reflejos lingüísticos vinculados a los intercambios en internet se transmiten a la vida real, sobre todo a los intercambios entre personas con opiniones distintas, a nuestros representantes y a los medios de comunica-

---

48 El sesgo de confirmación o confirmatorio es un sesgo cognitivo que consiste en privilegiar aquellas informaciones que van en el mismo sentido que las propias creencias y opiniones y en desechar las informaciones y las hipótesis que pudieran ponerlas en entredicho.

ción tradicionales. Por supuesto, no es cuestión de hacer una crítica sin matices a las redes sociales ni de disminuir su papel, que ha sido decisivo en la revelación de escándalos sanitarios y medioambientales, en la promoción de la causa animal y la difusión de los ideales democráticos en el mundo. Pero sus aspectos perversos y los peligros que entrañan no pueden ser pasados por alto y deben ser combatidos.

El suministro de la información a través de medios informáticos y bases de datos no dan acceso al conocimiento. La transformación de la información en conocimiento y en saber implica mediaciones que cultiven en nosotros la capacidad de interpretación y la reflexión crítica. Esta última es la consigna de la Ilustración que Kant formuló de la siguiente manera: «Atrévete a pensar por ti mismo» *(Sapere aude)*. En efecto, la Ilustración siempre significa el abandono de la minoría de edad, y requiere un pensamiento libre y crítico que implica tener el coraje de recurrir al propio entendimiento. No obstante, aunque la sumisión a las opiniones de otro, o incluso la búsqueda de un maestro del pensamiento, sea una forma de ignorancia que fomenta el sectarismo, esta se vive hoy no tanto como una forma alienante, sino más bien como una manifestación de la libertad individual. La Ilustración, que implica distanciarse de las propias impresiones y ser consciente de la diferencia entre una opinión y una idea, choca por lo tanto contra un obstáculo adicional que proviene de la costumbre que tenemos de considerar que cada uno es libre de pensar lo que quiera y que todas las opiniones valen lo mismo. Por eso es importante reconocer que entre los dos escollos del relativismo y de la sumisión ciega a una autoridad exterior hay un camino que el pensamiento crítico emprende al apoyarse en la interpretación. Esta significa que la lectura de un fenómeno no es única ni determinada; requiere un examen atento que pasa por el hecho de definir el sentido de las palabras que se utilizan y de variar las perspectivas respetando las metodologías de cada una de las disciplinas a las que nos referimos. Sin hermenéutica y sin reflexividad es imposible abandonar el dogmatismo y distinguir las informaciones sólidamente establecidas de la simple propaganda o de las discusiones de bar.

En fin, como la técnica pertenece al mundo común, debemos respetarla, es decir, debemos conocer cada instrumento que utilizamos y estar atentos a lo que hacemos cuando los utilizamos. Los objetos y las máquinas no son simples medios; cada uno de ellos tiene un valor propio que no está únicamente ligado al uso y que nos conecta con los otros, especialmente con quienes lo inventaron, concibieron y fabricaron. Considerados como suministros con los que vivimos, que nos configuran y que nosotros configuramos, los objetos técnicos están individualizados sin estar personificados, y debemos cuidarlos porque, igual que el patrimonio natural y cultural, constituyen el mundo común.

La capacidad de establecer este tipo de intimidad con los objetos técnicos entra en el ámbito de la consideración. Esta, como hemos visto, implica que el mundo común sea el horizonte de nuestros pensamientos y de nuestros actos, y por lo tanto que insertemos los objetos técnicos en el mundo común, para aprender a utilizarlos, pero también para identificar los que no es necesario producir o adquirir.

Estas observaciones ponen de relieve, una vez más, el papel de la educación, que siempre está asociada a la inscripción de los sujetos a una comunidad particular, y el de la participación, que otorga gran importancia a los intercambios locales y posibilita la adquisición de las virtudes civiles y cívicas necesarias para vivir juntos y hacer un uso apropiado de las tecnologías. Igual que en el seno de una comunidad particular puede uno abrirse a lo universal y cultivar su humanidad, también viviendo en pequeñas comunidades heterogéneas adquiere uno la consideración. Evidentemente, no se trata de abogar por un enraizamiento que inmovilice a los individuos en una identidad predeterminada. Porque la cultura, que supone mediaciones, excava una brecha entre distintos yoes, emancipa al individuo y lo libera en parte de los determinismos sociales, es inseparable de una concepción dinámica de la identidad, que presupone que también se sacan fuerzas de la apertura a las influencias ajenas.

VI. Europa como herencia y como promesa

> Europa ha trazado dos caminos hacia la apertura del
> planeta: la vía externa de la conquista y de la hegemonía
> universal, que fue su ruina como entidad histórica; y el camino
> interior de la apertura del planeta como apertura del mundo,
> ser-mundo del mundo de la vida, un camino que, tras los
> cataclismos del exterior, las confusiones y los fracasos
> del interior, se trataría ahora de redescubrir y seguir
> hasta su término.
>
> JAN PATOČKA, *L'Europe après l'Europe*

EUROPA ENTRE UNIVERSALISMO E HISTORICIDAD

El sentido filosófico de Europa

No podemos preguntarnos por la herencia de la Ilustración sin
abordar la cuestión del papel que ha desempeñado Europa en
la promoción de una forma de vida que ha dotado de características propias a la civilización occidental y que es indisociable
del racionalismo. Por eso seguimos a Husserl, que entiende Europa no como un continente, sino como una figura espiritual,
es decir, Husserl insiste en su sentido filosófico.[1] En lugar de
reducirla a una zona geográfica, a un espacio político-militar o
a un mercado, hay que definirla por una forma de interrogar al

---

1 E. Husserl, «La crisis de la humanidad europea y la filosofía», en *La crisis de
las ciencias europeas y la fenomenología transcendental,* Barcelona, Crítica, 1990,
pp. 327ss.

mundo librándose del mito y de la tradición, y opuesta además a la clausura del sentido. Ese cuestionamiento y esa reflexividad, que se han traducido concretamente por la afirmación de la autonomía del sujeto, la libertad de pensamiento y de expresión, la democracia, el laicismo y la defensa de un modelo de racionalidad que apunta a la objetividad en consonancia con su *éthos* filosófico, unifican las distintas influencias que la componen y que constituyen su herencia.

Esta última está estrechamente ligada a la Ilustración y, al igual que a ella, se la ataca, sea porque justificaría el imperialismo de una cultura que se haría pasar por ejemplar y pretendería tener una misión civilizadora, sea porque, habiendo perdido parte de su influencia, sus ideales son puestos a prueba por el retorno del nacionalismo y del fundamentalismo religioso y por la aparición de poderes autoritarios que no dudan en restringir las libertades individuales y en censurar la prensa, así como ciertas posiciones filosóficas.[2] Remitirse a Husserl para reflexionar sobre la Europa de hoy, es decir, sobre su futuro y su capacidad de respuesta a los desafíos actuales, conduce a revisar su mensaje filosófico para examinar lo que, en él, puede tener alcance universal. Se trata también de reconocer que esa herencia de Europa ha sido relegada al olvido dentro y fuera de nuestras fronteras. En efecto, el racionalismo de la Ilustración se ha invertido en su contrario y es sobre todo la racionalidad instrumental y las políticas de poder, emblemáticas del Esquema de la dominación, lo que se ha generalizado.

No es cuestión de respaldar la visión husserliana de una excepcionalidad europea. Hoy es imposible defender este eurocentrismo: no podemos reivindicar de una forma exclusiva el legado de los derechos humanos, de la libertad de pensamiento, de la democracia, de las ciencias y de las técnicas, y es evidente

2 Pensamos aquí en los estudios sobre género, prohibidos hoy en Hungría y Rumanía, por ejemplo.

que los otros continentes comparten nuestras preocupaciones ecológicas y sociales. Además, ya hace unas cuantas décadas que hemos entrado a un mundo poseuropeo, es decir, a un mundo que se ha liberado de la hegemonía cultural, moral y política de Europa.[3] Sin embargo, aunque es cierto que Europa perdió su supremacía en el momento en que los otros continentes y las otras culturas hacían suya su forma de vida, también hay que añadir que los países que han imitado el modo de vida europeo y occidental lo han hecho sobre todo a través de una competición tecnológica, militar y económica, y no mediante una apropiación de su sentido filosófico.

Por su parte, los europeos, traumatizados por las guerras generadas por un nacionalismo exacerbado y con una fe en lo universal que se tambaleaba por los crímenes coloniales, han intentado construir una Unión Europea que pueda ser capaz de contener la tentación imperialista propia de toda política de poderío. Sin embargo, esto no los ha inducido a poner en cuestión el Esquema de la dominación que condiciona un determinado uso de las técnicas y de las ciencias y promueve comprometerse en la competición económica aceptando la desregulación del mercado. Así pues, los mismos europeos acusan a menudo a la Unión Europea de debilidad, por carecer de un ejército y privilegiar el diálogo y la negociación. Dicho de otra manera, raros son los que, fuera o dentro de Europa, opinan que esta tiene realmente un papel que desempeñar en el terreno moral, político y geopolítico.

En cambio, seguir la intuición de Husserl equivale a pensar que siendo fiel a su sentido filosófico, que es su verdadera herencia, es como Europa puede mantener sus promesas y representar una alternativa a la crisis que atravesamos y a las políticas de poder que ponen en peligro la paz y entrañan el riesgo de arrastrar a la humanidad a su perdición. Esto no significa que

---

3 J. Patočka, *L'Europe après l'Europe*, Lagrasse, Verdier, 2007, p. 42.

los temas relativos a la constitución europea sean secundarios. Sin embargo, no responden al problema con el que se encuentra Europa hace algunas décadas, vinculado a una pérdida de confianza en sí misma y en su diseño. De hecho, Europa ha conocido muchas crisis, pero la que atraviesa desde el siglo XX es profunda y global porque duda de sí misma y porque las múltiples dificultades a las que ha de hacer frente ponen en entredicho de manera radical un modelo de desarrollo que en gran parte ha sido impulsado por ella. Si no da con una respuesta adecuada a esta crisis, Europa no será más que un vestigio y la Unión Europea se disolverá.

Nuestro aberrante modelo de desarrollo no es inevitable ni nace del mensaje filosófico de Europa. El extravío de la racionalidad ha hecho que aquella pierda su sentido filosófico y ha causado la aparición de una civilización tecnológica en la que la razón, devenida en cálculo, se distanciaba a la vez de la naturaleza y de la verdad para ponerse al servicio de la voluntad de poder. La íntima unión que existía —en Platón— entre la búsqueda de la objetividad y el discernimiento moral se deshizo poco después del comienzo de la modernidad.[4] Hoy por hoy, todo se entiende de manera cuantitativa; las ciencias y las técnicas se han convertido en el único medio de aprehender la realidad. En lugar de permitirnos interrogarla y de abrirnos al mundo y a lo que, en él, escapa a nuestra constitución o se ajusta a ella, la razón, que ahora solo tiene la función de manipular la realidad, se ha convertido en un instrumento de dominación.

De manera que no hay duda de que Europa tiene una responsabilidad especial en la génesis de la crisis actual. Sin embargo, puede que esté en condiciones de aportar una solución a esta crisis. Al poner en cuestión la triple dominación, que es el inicio del extravío de la razón, y al hacer de la ecología, de la justicia social y del respeto a los otros seres vivos sus preocupa-

4 *Ibid.*, p. 44.

ciones centrales y los ejes de un proyecto político que define su nuevo *télos*, Europa podría mantener las promesas consustanciales a su idea. Si encarnara un nuevo Esquema, podría iniciar un nuevo comienzo para ella misma y para el resto del mundo, sin que esto llevara a considerarla «la capital de la humanidad o del planeta».[5]

La cuestión central es, pues, saber cuál es el contenido del mensaje filosófico al que deberíamos ser fieles para sanear la razón, dar de nuevo sentido y relevancia al proyecto europeo y conseguir que Europa asuma su responsabilidad sin ser hegemónica y encarne otro modelo de desarrollo, ecológicamente sostenible, más justo y menos violento. ¿Debemos volver a las fuentes griegas e interpretar el mensaje socrático con renovado vigor, como piensa Patočka? ¿O bien es necesario proponer una nueva filosofía que prolongue esta herencia, conservando su espíritu, pero que rompa con la tradición occidental en determinados puntos fundamentales?

De Sócrates a Patočka. El cuidado del alma y el compromiso

«¿Hay, en lo que podría llamarse herencia europea, algo digno de nuestra confianza, capaz de actuar por nosotros, de actuar sobre nosotros de tal manera que nos haga concebir nuevas esperanzas, de permitirnos no desesperar ante el futuro, sin por ello abandonarnos a sueños ilusorios ni subestimar la dureza y la gravedad de la situación en que nos toca vivir?»,[6] se pregunta Patočka, quien, como Husserl, estima que si redescubrimos lo que constituye el corazón de Europa podemos escapar de la

---

5 Tomamos esta expresión de J. Derrida, *L'autre cap. Mémoires, réponses et responsabilités*, París, Minuit, 1991, p. 38 (trad. cast., *El otro cabo. La democracia para otro día*, Barcelona, Ediciones del Serbal, 1992, p. 35).
6 J. Patočka, *Platón y Europa*, Barcelona, Península, 1991, p. 18.

lógica destructiva en la que está comprometido el mundo entero, y afirma que su legado puede ser compartido por todos, europeos y no europeos. Más en concreto, el mensaje asociado a la herencia europea tiene un sentido que va más allá de nuestras fronteras, porque conecta con la figura de Sócrates. Al encarnar el ideal de una vida puesta bajo el signo de la libertad de pensamiento, representa una oportunidad para los que quieren liberarse de las tradiciones y son conscientes de que su emancipación pasa por el cuestionamiento de las representaciones y de los valores que se les ha inculcado.

La referencia a la interrogación socrática no significa que Europa deba volver a sus orígenes griegos o a otras fuentes suyas, como Roma o el judeocristianismo. Es necesario, una vez más, desustancializar Europa rechazando reducirla a zonas geográficas o a afiliaciones étnicas y religiosas.[7] Además, no hay que olvidar la importancia de las mezclas que la constituyen. Cuando se habla de la herencia de Europa, estamos ante un genitivo subjetivo y objetivo: el legado proviene de su historia, pero también se trata de lo que ella tiene para transmitir y compartir. Los intercambios con las otras culturas la transforman y el doble genitivo significa asimismo, como escribe Derrida, que «una cultura nunca tiene un solo origen».[8]

Cuando se piensa en la herencia de Europa, hay que entender que «heredar» quiere decir llegar a ser uno mismo gracias al cambio de dirección que la herencia introduce en el interior de uno. Esto implica reconocerse como otro, como alguien cuya identidad está determinada por un trabajo de rememoración e interpretación de lo que se ha recibido. Nuestra identidad como europeos está igualmente abierta a los intercambios y al diálogo con los otros. Lo que Derrida escribe a propósito de las culturas se adapta a Europa, aunque esta, si seguimos la interpretación

7 M. Crépon, «Posfacio», en *Europe après l'Europe, op. cit.*, pp. 282-283.
8 J. Derrida, *El otro cabo, op. cit.*, p. 17.

husserliana que la relaciona con su sentido filosófico, sea más que una cultura particular: «Lo propio de una cultura es no ser idéntica a sí misma». No el no tener identidad, sino no poder identificarse, decir «yo» o «nosotros, no poder tomar la forma de sujeto más que en la no-identidad consigo, o, si ustedes lo prefieren, en la diferencia *consigo*».[9] Europa vive de esta diferencia, de esta brecha, y de su autocrítica. Esta es una de sus principales enseñanzas —una enseñanza que no se contradice en absoluto con la búsqueda de la verdad y el ideal de un pensamiento libre y autónomo.

Este ideal ha llevado a Europa, a través de múltiples crisis, a organizar la sociedad de una manera laica y democrática otorgando derechos a los individuos y afirmando el papel de la filosofía, de la heterodoxia por lo tanto, así como la importancia de una educación que ayude a todos a ejercitar su juicio crítico para liberarse de prejuicios, rechazar las representaciones consideradas obsoletas y afirmar su capacidad de actuar. Pero si Husserl tiene razón al poner el acento en el sentido espiritual de esta herencia griega, es importante insistir, más de lo que hizo él, en la dimensión práctica del saber y en lo que vincula la interrogación filosófica a la situación histórica. Esto es lo que Patočka hace al recordar que el modo de vida filosófico y la forma de compromiso que promueve, que implica examinar la tradición en lugar de someterse a ella, conllevan riesgos.[10] Situar la vida bajo el signo de la libertad exige coraje porque hay que buscar

9 *Ibid.*, p. 17.
10 J. Patočka. *L'Europe après l'Europe, op. cit.*, p. 113. Recordemos que, menos de diez años después del aplastamiento de la Primavera de Praga por las tropas soviéticas, Patočka, entonces portavoz del Grupo de los Derechos del Hombre y del Ciudadano para la Carta 77, que pedía al Gobierno que respetara los principios de la conferencia de Helsinki, firmada también por Checoslovaquia, murió a causa de una hemorragia cerebral el 13 de marzo de 1977, tras los interrogatorios policiales que continuaron incluso después de haber sido ingresado en el hospital por problemas cardíacos.

la verdad, decirla y reconocer que hay cosas por las que vale la pena sufrir.[11] Al llamar «cuidado del alma» a este interrogante socrático y a este sentido primario de la razón como apertura a la problematicidad del mundo, Patočka se opone al dogmatismo. Se desmarca también de Husserl, cuya fenomenología trascendental corresponde todavía, a su juicio, a un universalismo abstracto. Para Husserl, el destino de la humanidad y su capacidad de resistir al extravío de la razón dependen de la actividad de un sujeto que no establece una separación entre los resultados de la ciencia y el mundo de la vida *(Lebenswelt)*. Sin embargo, el mundo vivido no termina en el conocimiento; designa un horizonte dentro del cual actuamos e interactuamos con las cosas y con los otros. Lo real, como la historia, desborda el pensamiento, que no se limita a la actividad de una conciencia constituyente o a la subjetividad trascendental. Nuestra vida se desarrolla ciertamente sobre un plano único, constituido por el suelo intersubjetivo común que Husserl llama «el mundo de la vida», pero hay una pluralidad de niveles que explican por qué al ser humano, prisionero de la cotidianidad y del trabajo, le cuesta llevar a cabo ese movimiento hacia la verdad que conduce al libre examen y a la responsabilidad.

Así pues, no solo es, como pensaba Husserl, el naturalismo, la identificación de la razón con su dimensión objetivante, lo que aliena a los individuos y entraña el declive de Europa o su autodestrucción. El cientificismo y la racionalidad instrumental

---

11 Véase su declaración del 8 de marzo de 1977, citada por Roman Jacobson en su Posfacio a J. Patočka, *Essais hérétiques sur la philosophie de l'histoire*, Lagrasse, Verdier, 1999, p. 247 (trad. cast., *Ensayos heréticos sobre la filosofía de la historia*, Barcelona, Península, 1988; sin Posfacio). Patočka habla a menudo de coraje y del *thýmos*, que va unido al sentimiento de la propia valía y explica que uno se expone al peligro para defenderse contra una amenaza y defender también el honor y la dignidad. Véase J. Patočka, *L'Europe après l'Europe, op. cit.*, pp. 123-125.

son ciertamente rutas sin salida, pero el rechazo de toda objetividad que se pretende sustituir por la intuición del individuo prescindiendo de toda mediación e ignorando cualquier método para aprehender la realidad, predecir el futuro, dirigir a los otros y resolver todos los problemas, es un peligro aún mayor. «La caída en el odio espiritual y en la barbarie»[12] no se explica únicamente, por lo tanto, en función del triunfo de la racionalidad tecnocientífica, pues los populismos también surgen como reacción a un mundo frío, gestionado por los expertos. En resumen, en las sociedades burocráticas, en las que la racionalidad instrumental es el reino de lo impersonal y donde el sentido se disuelve en lo funcional, hay una complicidad entre la cotidianidad y la barbarie que recuerda la asfixia de la reflexividad que mencionábamos al hablar de la «máquina mundial» descrita por Anders. Cuando el Estado no es más que una administración abstracta, como en las novelas de Kafka, los individuos se someten mecánicamente a las órdenes y ya no pueden ejercer su criterio.[13]

Porque se relaciona con la razón, con la dominación tecnocientífica que empuja a hacer realidad todo lo que es técnicamente posible, y porque sufre también la burocracia, que es el brazo armado de la racionalidad instrumental, la crisis actual concierne en primer lugar a Europa. Esa crisis nos obliga a repetir el gesto socrático teniendo siempre en cuenta nuestra situación histórica y, por lo tanto, tomando en consideración los aspectos a la vez epistemológicos y políticos que emanan del extravío del racionalismo. Patočka precisa el papel que podría desempeñar Europa central, que ha aprendido «en sus propias carnes lo que era el nazismo, el comunismo, el mal de Múnich [...], lo que significa ser traicionado, ocupado por el extranjero,

12 E. Husserl, «La crisis de la humanidad europea y la filosofía», *op. cit.*, p. 358.
13 J. Patočka, «Sobre si la civilización técnica es una civilización en decadencia y por qué», en *Ensayos heréticos sobre la filosofía de la historia, op. cit.*, pp. 117-141.

engañado, humillado, decepcionado en sus esperanzas, asqueado».[14] Su reflexión sobre Europa, que se extiende desde la década de 1930, marcada por la exacerbación de los nacionalismos, hasta su muerte en 1977, es un intento de ilustrar esta situación histórica que se caracteriza por el dominio de una razón instrumental e impersonal que hace desaparecer al ser humano, puesto entre paréntesis por la ciencia moderna en cuanto sujeto de la experiencia vivida del mundo, pero también negado en cuanto sujeto moral por una política represiva.

Su principal contribución a la reflexión sobre la herencia europea está ligada a la radicalidad de su crítica a la filosofía del sujeto que subtiende el racionalismo europeo desde el inicio de la modernidad. Porque es nuestra relación con el mundo, nuestra forma de aprehender la realidad, lo que está en juego en el extravío de la racionalidad que ha causado las tragedias pasadas y que podría provocar nuestra ruina y la de otros continentes. Para intentar escapar de esta situación, se impone una verdadera *metánoia* o conversión, tanto en el plano individual como en el colectivo, ya que se trata de reorientar el racionalismo para que reconecte con el cuidado del alma que define la espiritualidad europea y se remonta a Sócrates.[15] Esta reorientación requiere elaborar una filosofía del sujeto radicalmente distinta de las que han servido de base a las teorías morales y políticas precedentes y hasta a la misma fenomenología trascendental, que subordina el sentido del mundo a una conciencia. El cuidado del alma implica, en efecto, que se reconozca que la realidad no puede estar totalmente constituida por el sujeto, ya que este la considera como

14 K. Kosík, *La crise des temps modernes. Dialectique de la morale,* París, Les Éditions de la Passion, 2003, p. 113. Esta experiencia, añade el autor, es un tesoro inestimable que pocos saben apreciar, puesto que podría hacer emerger una imaginación creadora. Citado por A. Laignel-Lavastine, *Esprits d'Europe. Autour de Czeslaw Milosz, Jan Patočka, István Bibó. Essai sur les intellectuels d'Europe centrale au xxe siècle,* París, Gallimard, 2010, pp. 141-142.
15 J. Patočka, *L'Europe après l'Europe, op. cit.,* pp. 128-136.

su condición de posibilidad.[16] El (re)descubrimiento de esta problematicidad del mundo que se opone a cualquier clausura del sentido es una condición de la democracia y es indispensable para la defensa de la Ilustración y para su renovación. Además, al establecer los «límites de la *ratio* científico-técnica»,[17] hace más difícil la inversión de la racionalidad en irracionalismo. Por consiguiente, no solo ha habido un revestimiento de la racionalidad por la actividad objetivante. Patočka habla, por cierto, de una doble orientación de la historia europea, de dos formas de pensar la herencia griega, y diferencia, para hacerlo, las figuras de Demócrito y Platón.[18] El primero representa la exploración filosófica de la esencia del mundo y el intento de buscar el fundamento de las cosas para poder transformarlas, mientras que el segundo testifica el esfuerzo humano por buscar la verdad en el ámbito de la moral. Sin embargo, se trata de dos modalidades: la de la «mirada hacia lo que es» y la del cuidado del alma, lo cual significa que ambas son necesarias e importantes. La cuestión es saber por qué la razón se ha amputado una parte de sí misma asociada al discernimiento moral. Las ciencias no son responsables de esta amputación del racionalismo que ha hecho de ellas y de las técnicas las principales armas de la dominación del otro y de la destrucción de la naturaleza. No solo la actividad científica y los métodos de investigación que garantizan la objetividad de la ciencia son constitutivas del cuidado de la verdad o de la atención al alma, sino que, además, el rechazo de las ciencias y la impugnación de los métodos y de los instrumentos científicos son una de las manifestaciones del irracionalismo y de la anti-Ilustración.

No es, pues, la actividad científica en sí la responsable de la *hýbris* propia de la humanidad contemporánea. Si hemos per-

---

16 *Ibid.*, pp. 238-240.
17 *Ibid.*, p. 241.
18 *Ibid.*, pp. 83-102.

vertido la herencia socrática es porque nos falta la conciencia de nuestros límites y porque la misma racionalidad carece del sentido de la mesura. Se sigue de ahí una pérdida de discernimiento moral que conduce a la humanidad a excesos en todos los terrenos, en especial a lo largo del siglo XX, del que Patočka escribe que es un «siglo de guerra», definido por «el trastocamiento de todos los valores bajo el signo de la fuerza del poder».[19] En otras palabras, el extravío de la racionalidad occidental, que se ha convertido en un arma de guerra, es una consecuencia de la forma en que entendemos el mundo, como si fuera totalmente comprensible y totalmente manipulable. Esta razón hegemónica se funda en una filosofía del sujeto que hace de la conciencia la medida de todas las cosas y que imagina que lo real es inequívoco y sin reservas. Lo que caracteriza a esta razón es la ausencia de relación con la verdad. Al abandonar toda apertura a lo universal, la razón se amputa su dimensión moral y no nos permite poner límites a lo que podemos hacer o decir; todo se vuelve posible, tanto da que sea en el ámbito tecnológico como en el político, el intelectual o el social.

Por el contrario, una razón no extraviada se caracteriza por su apertura a la problematicidad del mundo y por el reconocimiento de sus límites y de los del humano. No es simplemente una facultad intelectual que sirve para realizar operaciones e inferencias lógicas o para encadenar razonamientos, como piensan quienes imaginan que la razón puede ser sustituida por una computadora. La razón es más bien una facultad que nos permite interactuar con el mundo, conocerlo y objetivarlo para transformarlo mientras intentamos vivir una vida buena con y para el otro en instituciones justas. Es importante no confundir razón *(Vernunft)* con entendimiento *(Verstand)* y, por lo tanto, no hay que eliminar la dimensión receptora que caracteriza a la primera y que es evidente en alemán, ya que la

19 J. Patočka, *Ensayos heréticos, op. cit.,* p. 148.

palabra *Vernunft* tiene la misma raíz que el verbo *vernehmen* (recibir). Esa concepción de la razón remite también a la enseñanza de Heráclito, que no piensa en el *lógos* como una facultad constitutiva de objetos, sino como lo que nos pone en presencia de la totalidad sin que nosotros seamos los autores. Así, una vida puesta bajo el signo de la razón, y no del mito, es una vida intensa; opuesta a todo dogmatismo, acoge lo que, en la realidad y especialmente en los otros seres, no encaja en ninguna categoría. Vive de la diferencia consigo misma. En cambio, el hecho de no estar atentos a la problematicidad del mundo, ya sea en nuestra relación con los fenómenos (Demócrito) o en nuestra manera de organizar la sociedad y vivir con el otro (Platón), genera violencia. Esa ilusión de la conciencia, que se cree la fuente de la realidad y pretende abordar todo y cada ser desde cualquier ángulo, genera relativismo e intolerancia: cada cual obedece a su dios o a su *démon* y busca imponerlo por todos los medios a los otros.

Sin embargo, aunque la fenomenología que propone Patočka supone que tenemos que ser conscientes de los límites de la razón, y en eso es fiel al mensaje de Sócrates, que sabía que no sabía, su forma de pensar la historicidad del sujeto y de la propia razón lo aleja de los griegos. Porque debe tener en cuenta los cambios creados por la ciencia y las técnicas contemporáneas y mirar de frente aquello que, en la historia reciente de Europa, muestra una destructividad humana que va mucho más allá de la ignorancia de la que habla Platón. La cultura y las instituciones han de encontrar contrapesos para luchar contra esta destructividad. Además, hemos visto que uno de los retos de nuestro tiempo es orientar las tecnologías hacia fines civilizacionales, es decir, ponerlas al servicio de la libertad individual y de la preservación del mundo común. En fin, el cambio climático nos obliga a reconocer los límites del planeta y a tenerlos en cuenta en nuestros modos de producir y de consumir, así como en los intercambios. Esta alianza entre la herencia socrática, que conlleva un mensaje universal, y nuestra situación histórica, que atestigua la inversión del racionalismo en barbarie y se caracteriza por la posibilidad de la extinción, da la razón a Patočka cuando declara que Europa solo tiene futuro si somos capaces de tener esa «mirada hacia la verdad» que permite apreciar los límites de la razón científica y decir «no» a las medidas de movilización que eternizan el estado de guerra.[20]

Pero ¿esta crítica a la racionalidad y este compromiso con la verdad que justifican la vuelta al sentido filosófico de Europa bastan para liberar la razón de la maraña de la dominación y hacer de Europa la portadora de un mensaje universal a los otros continentes? Patočka denuncia el extravío de la racionalidad tal como aparece especialmente en la modernidad tardía, pero hay que ir más allá. El *éthos* filosófico propio de Europa y de la Ilustración hace, en efecto, imprescindible cuestionar los prejuicios y dualismos antropocéntricos que sirven de fundamento a la antropología filosófica característica no solo de la modernidad tardía, sino también de Occidente. Además, el mensaje socrático y el sentido filosófico de Europa llevan a denunciar una amputación inicial de la razón, que se habría escindido de la naturaleza. Este error inicial explicaría que la razón se extraviara fácilmente cuando Occidente abandonó toda cosmología y todo fundamento teológico y el sujeto perdió de manera progresiva la perspectiva universal. Porque es precisamente en el momento en que las consecuencias ecológicas y humanas del extravío de la razón se muestran como catastróficas cuando se hace necesario no proponer otra cosmología y un nuevo orden teológico-político, sino pensar un nuevo universalismo, fundado en una antropología distinta de la que subtienden las filosofías modernas y contemporáneas y hasta la fenomenología de Patočka.

20 *Ibid.*, p. 157.

Razón y consideración

Hemos insistido en que la humildad es una condición de la consideración porque es indispensable para reconocer nuestros límites, nuestra falibilidad y nuestra pertenencia al mundo común. De manera análoga, si se pretende romper con la dialéctica destructiva que conduce a la inversión de la razón en irracionalidad, es importante aprender el arte de la mesura para evitar la autonomización de la tecnología y un uso ciego de las ciencias. El mundo común debe constituir el horizonte de la razón. Esa relación con lo inconmensurable llena el vacío que dejó el fin de las cosmologías y del orden teológico-político, los cuales asignaban límites de una naturaleza muy diferente a la razón, puesto que se trataba de sistemas heterónomos. En la consideración, el sujeto no se funda en el todo, sino que se individualiza al tomar plena conciencia de su participación en el mundo común y de lo que lo vincula a los otros seres vivos, así como al ampliar sus intereses. Esta expansión transforma profundamente su uso de la razón, que ya no es un instrumento al servicio de la voluntad de poder, sino un modo de acceder al mundo de la vida.

La crítica de la razón, que revela los límites de nuestras facultades, y la consideración, que implica conectarla de nuevo con el mundo de la vida, son indispensables para luchar contra la doble amputación de la razón. En efecto, con la modernidad tardía la razón se amputó su dimensión moral y se redujo a instrumento de cálculo y de explotación. Esto ha dado origen a una sociedad administrada y tecnocientífica que, por reacción, genera múltiples formas de irracionalismo: fundamentalismo religioso, rechazo de todo método científico, iluminismo y mito del líder propio de los regímenes autoritarios y de los populismos. La otra amputación tiene su origen en la tradición que domina en Occidente y que opone la civilización a la naturaleza, la razón a la corporeidad y separa al humano de los otros seres vivos.

Para redefinir el racionalismo y la Ilustración, conceptos en los que Europa puede apoyarse, es necesario entender que el olvido del mundo de la vida y el desprecio de la corporeidad y de lo viviente en nosotros y fuera de nosotros son vicios hondamente anclados en nuestra tradición y que es necesario erradicar. Además, el racionalismo de la nueva Ilustración debe denunciar las formas extraviadas de racionalismo que se encarnan en el cientificismo y el intuicionismo. Se oponen entre sí. No pueden ser puestos al mismo nivel, pero tienen en común la creencia en el poder ilimitado de nuestras facultades cognoscitivas. El primero cree que el reduccionismo no es una etapa constitutiva del conocimiento científico, sino la expresión de la verdad. Para el cientificismo todo es potencialmente calculable y la realidad puede ser por completo asumida por la razón. Y así, solo es verdadero lo que nuestros instrumentos miden. En medicina, por ejemplo, esto significa que la clínica y la observación empírica son de poco peso frente a la experimentación y las estadísticas. El error del cientificismo proviene del olvido del mundo de la vida del que habla Husserl. Puede conducir a excesos y hasta avalar nuevas mitologías. El intuicionismo, por su parte, se funda en una intuición intelectual que, se supone, nos pone en contacto inmediato con la verdad absoluta. En la actualidad se trata a menudo de una reacción contra el frío universo de la tecnociencia, pero su desprecio por la racionalidad, incluso su irracionalismo, justifica que se le compare con lo que Kant llamó *Schwärmerei* o iluminismo para denunciar la pretensión de conocer lo suprasensible. El iluminismo es peligroso porque a menudo empuja a los sujetos a ponerse en manos de una personalidad a la que consideran una especie de profeta. Tanto el cientificismo como el intuicionismo implican un desprecio de la razón, que equiparan a una actividad mecánica o deductiva o al entendimiento, ya sea para rechazarla (intuicionismo) o para reducir la realidad a lo que es susceptible de ser medido (cientificismo). Es interesante observar que estas oposiciones se encuentran también en moral y en política, pues la tecnocracia tiene fuertes afinidades con el cientificismo y el populismo con el intuicionismo.

Así como Kant elaboró su reflexión sobre los límites de la razón para eliminar las contradicciones en las que esta se encerraba, también importa que nosotros reconozcamos los límites *(Schranken)* de nuestra facultad de conocer y nuestra incapacidad de captar la totalidad. El criticismo considera la noción de «límites» *(Grenzen)* recordando que no tiene solo un significado negativo, sino que designa asimismo las fronteras que permiten circunscribir el objeto de conocimiento, que de este modo puede ser visto desde diversas perspectivas complementarias para terminar en una representación más fiel. La Ilustración del pasado y la actual exigen este pensar los límites como una propedéutica al discernimiento moral.

Mientras que tanto la razón objetivante como la intuición son igual de importantes para la creatividad humana, su defensa unilateral es nefasta. Así como vemos que en la *Antígona* de Sófocles Creonte y su sobrina tienen ambos razón, pero que la pretensión de cada uno de ellos de sostener la verdad los lleva a su perdición, así nos toca a nosotros meditar sobre la lección que la sabiduría trágica enseña a la sabiduría práctica, tanto en el ámbito científico como en el social y político.[21]

Así, el arte de la moderación, que define la virtud, no es dado ni es definitivo. Incluso se puede pensar que solo se adquiere cuando nos enfrentamos a un dilema moral que nos muestra el conflicto irreductible entre dos principios igualmente importantes. En concreto, el saber que enseña la conciencia de lo trágico no impulsa a encontrar un compromiso entre dos extremos que fuera la síntesis anodina de dos puntos de vista opuestos, sino que la tercera vía que hay que buscar supone que se han cuestionado los presupuestos de cada campo y que se sepa apreciar

---

21 P. Ricœur, *Sí mismo como otro, op. cit.*, pp. 262-263-288, 294 y 296.

el verdadero valor de la razón entendiendo sus delimitaciones y sus límites. Conviene, por ejemplo, saber qué umbrales no hay que traspasar en sus interacciones con la naturaleza o cuando se manipula lo viviente, y ser fieles al preguntar de Sócrates, que se expresaba sobre todo a través de su *démon,* es decir, «a base de advertencias y prohibiciones».[22]

En el seno de una civilización tecnológica regida por el Esquema de la dominación, la adquisición de esta sabiduría práctica y de este arte de la moderación exige un giro completo que va más allá del criticismo, en el que uno debe liberarse también de las representaciones dualistas que son propias de la civilización occidental y que encontramos en el pensamiento kantiano. Para llegar a esa autocrítica, la enseñanza de aquellas y aquellos que vivieron la debacle moral de Europa en el siglo XX puede ser inestimable, porque la conciencia de los límites de la razón adquiere, cuando se reconoce la destructividad humana, una forma más radical que en el criticismo: eleva el sentido de lo trágico al rango de sabiduría. Como escribe Patočka: «la solidaridad de los perturbados —perturbados en su "fe" en la "vida" y la "paz"— […] debe y puede crear una autoridad espiritual, convertirse en una potencia espiritual capaz de impulsar al mundo en guerra a aceptar ciertas restricciones».[23] No puede haber ni renovación ni progreso sin estas restricciones impuestas a la omnipotencia y sin las salvaguardias que impidan las empresas tecnológicas y políticas más descabelladas.

La razón pensada en sus límites se modifica desde su interior por la consideración. La capacidad de superar la racionalidad instrumental y el reduccionismo, así como de reconectar las operaciones de la razón con el mundo de la vida, proviene de un ahondamiento en el conocimiento de sí mismo como ser carnal vinculado por una comunidad de destino con los otros,

---

22 J. Patočka, *Ensayos heréticos, op. cit.,* p. 160.
23 *Ibid.,* pp. 160-161.

humanos y no humanos. Es el vínculo con lo viviente dentro y fuera del sí mismo lo que permite al sujeto experimentar su participación en el mundo común y no contraponer el yo y el no-yo, la razón y la naturaleza. Si modera la violencia inherente a la represión de este vínculo originario, el sujeto puede arrancarle la razón a la dominación y promover un racionalismo de la consideración.

Las transformaciones concretas en que desembocan ese racionalismo renovado y el cambio de Esquema, que es su origen, son muy importantes, tanto si se trata de la relación con las ciencias, las técnicas, los animales o la naturaleza como con la vida social. Sin embargo, sus manifestaciones visibles pueden requerir tiempo. A pesar de esa lentitud o del contraste entre un movimiento de fondo, que progresa, como una nueva era que se anuncia, y los fenómenos dispersos que lo ilustran, pero que parecen más bien tímidos vista la urgencia de la situación, la Ilustración en la edad de lo viviente ofrece razones para la espera. Encarna la esperanza en un momento en el que imperan la incertidumbre y la ansiedad y en el que todos estamos en disposición de comprobar los estragos ocasionados por un modelo de desarrollo aberrante e irracional. En general, es dentro de uno mismo donde nace la nueva Ilustración y donde se impone la edad de lo viviente, incluso cuando, por doquier, las fuerzas de la reacción parecen triunfar y las resistencias a los cambios generan violencia. Por otra parte, esta violencia y el abatimiento que a veces puede provocar esta en los que no opinan como la mayoría no deberían sofocar el sentimiento de fraternidad hacia todos los seres vivos que es la característica de la nueva Ilustración; testifica esa emergencia de la edad de lo viviente que vale como una revolución antropológica.

Esta revolución no da la espalda a la herencia europea; se nutre de ella mientras ataca los fundamentos antropocéntricos y dualistas de la tradición occidental o, por lo menos, de sus corrientes de pensamiento más difundidas. En otras palabras, para luchar contra la doble amputación de la razón, hay que radicalizar el *éthos* filosófico de la Ilustración. Asimismo, solo integrando las críticas dirigidas por el posmodernismo a la civilización europea y tomando las medidas a los retos vinculados a la globalización y al cambio climático será posible redefinir un universal no hegemónico y revitalizar los ideales tradicionales de la Ilustración —autonomía, derechos del hombre, democracia o República y defensa del racionalismo—, fundándose en una filosofía nueva que no oponga civilización y naturaleza ni separe la razón del mundo de la vida.

Así, la Ilustración en la edad de lo viviente puede alimentar proyectos políticos que permiten aportar respuestas concretas a los problemas más importantes de nuestro tiempo y bloquear la ruta a la anti-Ilustración, que rechaza la idea de la unidad del género humano y combate todo intento de organizar una sociedad de iguales. Ese doble objetivo puede volver a dar sentido al proyecto europeo, porque la dimensión ecológica y social de la nueva Ilustración es, para la Unión Europea, la ocasión de emprender un giro decisivo que le confiera un contenido político y evite su desintegración.

La Unión Europea: su *TÉLOS*, su *NÓMOS* y su *ÉTHOS*

Los desafíos de la construcción europea

Para entender la Unión Europea, debemos recordar primero su *télos,* es decir, la finalidad principal que presidió su construcción después de la Segunda Guerra Mundial: poner fin a la cadena de guerras que habían lastimado nuestro continente y arrastrado al mundo entero a participar en conflictos cada vez más violentos. Esta finalidad explica también el *nómos* o la estructura de Europa, que es original porque se trata de una unidad transnacional. Excede del plano institucional del Estado-nación, fundado en el principio de soberanía, sin poder compararse a un imperio o a un Estado mundial. La estructura de Europa difiere también de la de Estados Unidos, que conforma, pese a su federalismo, una sola nación, ya que descansa en una integración horizontal o posnacional de los países miembros, los cuales le transfieren una parte de su soberanía.[24]

Para que esta construcción tenga un sentido y Europa sea una entidad política y no un simple mercado, su proyecto debe suscitar la atracción de los europeos, quienes, desde 1979, eligen mediante sufragio universal directo a los diputados que se sientan en el Parlamento Europeo. Sin un *éthos* que refleje el sentimiento de pertenencia de los europeos a una comunidad de destino y que exprese su solidaridad, Europa es frágil.[25] Este *éthos* debe traducirse en el terreno económico, social y cultural, pero también en su política internacional y en la forma de acoger a los inmigrantes y a los refugiados. Pero, una vez más, para que los europeos adquieran ese *éthos* y el proyecto de Europa pueda ser asumido y adaptado al contexto actual, esta debe admitir su responsabilidad con relación a su pasado homicida.

Es cierto que la paz entre los países europeos no se presenta hoy como la principal legitimación del proyecto europeo. Sin embargo, todo riesgo de conflicto global queda lejos de estar descartado. Además, las guerras que se desarrollan en otros continentes tienen su impacto en los países europeos; pensemos en la afluencia de refugiados procedentes de Oriente Medio y de África, en la exacerbación de tensiones entre las comunidades religiosas, cuyas repercusiones en el ámbito social y político de

24 J.-M. Ferry, *La question de l'État européen*, París, Gallimard, 2000, pp. 43-52, 123-135 y 161-169, sobre las diferencias entre un Estado nacional y una unión posnacional.

25 P. Ricœur ilustra la importancia del *éthos* en la construcción europea en un artículo titulado «Quel êthos nouveau pour l'Europe?», en P. Koslowski (ed.), *Imaginer l'Europe. Le marché intérieur européen, tâche culturelle et économique*, París, Cerf, 1992, pp. 107-116.

los países europeos son innegables, o en el aumento del número de atentados terroristas de los últimos años. Y en cuanto a la guerra económica, recordemos su estricta realidad. Pero, sobre todo, una de las razones de la crisis de la Unión Europea es que la justicia y la prosperidad, que son las otras finalidades asociadas a su *télos* principal, están siendo amenazadas por la globalización. La globalización entraña una guerra de competitividad a menudo desfavorable para las empresas europeas y el empleo y agrava las desigualdades, así como la miseria social. Ahora bien, a partir de la década de 1990 y hasta la crisis desencadenada por la COVID-19, que en 2020 provocó que Europa estableciera un plan de recuperación que preveía la puesta en común de la deuda europea,[26] la respuesta de la Unión a los países miembros más frágiles consistía en imponerles políticas de austeridad, las cuales tuvieron un impacto social considerable. Durante mucho tiempo, la Unión Europea no ha conseguido aportar una solución satisfactoria en el terreno económico y social a los problemas que plantean la globalización y la desregulación del mercado. Tampoco ha logrado consolidar su *éthos* ni cumplir con las promesas de hospitalidad inherentes a su proyecto.

Desde comienzos de la década de 1990, la construcción europea se ha debilitado debido a la globalización y al fracaso a la hora de integrar a las poblaciones provenientes de la inmigra-

---

26 Este plan de recuperación, presentado el 28 de mayo de 2020 por Ursula von der Leyen, presidenta de la Comisión Europea, fue adoptado el 21 de julio de 2020. El plan concedía a la Comisión la capacidad de obtener fondos en los mercados financieros y de elevar, por lo tanto, la deuda a deuda común europea. De los 750 000 millones de euros del préstamo, 390 000 se prestarían a los Estados miembros más afectados por la crisis, mientras que el resto sería un préstamo clásico a devolver por cada país. Estas subvenciones, a las que los países más ricos se habían resistido diez años antes, eran la expresión de una auténtica solidaridad presupuestaria en el seno de la Unión. Finalmente, el 30 % de los gastos se dedicaba a la lucha contra el calentamiento global. El respeto al Estado de derecho representaba una condición necesaria para la concesión de los fondos.

ción.[27] Europa no se ha recuperado de estos desafíos por dos razones principales: en primer lugar, su construcción ha quedado inacabada porque el medio utilizado para realizar su *thélos*, a saber, el mercado europeo, se ha convertido en un fin. Desde el Tratado de París, que dio origen en 1951 a la Comunidad Económica del Carbón y del Acero (CECA), y el Tratado de Roma de 1957, que permitió la creación de la Comunidad Económica Europea (CEE), se ve claramente que la economía es la vía elegida para acercar a pueblos que antes eran enemigos, como si la producción y el comercio fueran suficientes para crear solidaridad.[28] La multiplicación de intercambios culturales, la política de reconciliación vinculada a un trabajo de memoria histórica, emprendida a lo largo del tiempo por los países implicados en las dos guerras mundiales, así como la forma en que se llevó a cabo la reeducación en Alemania,[29] explican la pacificación de las relaciones entre los europeos. Sin embargo, aunque Europa ha sido el origen del progreso económico y social que ha beneficiado a todos los miembros de la Unión, y la entente entre los países, en especial entre Alemania y Francia, no es fingida, eso no impide que la solidaridad de producción sea frágil, en

27 Esta pérdida de confianza respecto de la Unión Europea se reflejó sobre todo en el «no» francés al referéndum de 2005 sobre el Tratado de Maastricht.
28 R. Schuman, «Discours de l'horloge au ministère des Affaires étrangères», 9 de mayo de 1950, en J. Charbonneaux (ed.), *Les grands textes qui ont inspiré l'Europe*, París, Les Petits matins, 2019, pp. 94-99.
29 L. Strauss, «The Re-education of Axis Countries Concerning the Jews», conferencia pronunciada en la New York School for Social Research el 7 de noviembre de 1943, *Review of Politics* 69/4 (2007), pp. 530-538. La desnazificación y la reeducación de Alemania debían ser emprendidas por los propios alemanes, no solo porque la humillación de un pueblo exaspera los sentimientos nacionalistas, sino también porque, como escribe Strauss: «Si la reeducación de los alemanes debía ser hecha por extranjeros, perderían todo respeto por sí mismos y por ello su sentido de responsabilidad. Ahora bien, todo depende del hecho de que hay que hacer responsables a los alemanes».

especial en tiempos de crisis económica, y que en ningún caso pueda crear una auténtica unión política.

Al dejar que la economía eclipse la política, Europa ha traicionado su mensaje inicial: al no tener un verdadero *télos* o al haber aceptado que los medios sustituyan el fin, ha visto cómo su *nómos* se desintegra y su *éthos* desaparece en una moral fundada en buenos sentimientos. Además, la sumisión de Europa a organismos de calificación crediticia que imponen restricciones presupuestarias a los países en dificultades ha llevado a una forma de dominación política que sigue el juego a los grandes grupos y al capitalismo financiero.[30] Esta evolución, que amenaza la forma democrática de la Unión, se parece mucho a un rechazo.

La segunda razón que explica el repliegue nacionalista y la desconfianza con Europa, así como la desestimación de su ideal cosmopolita, tiene que ver con las mentalidades. Se necesitan esfuerzos culturales que contribuyan al *éthos* europeo y alienten la adhesión de los europeos al proyecto de la Unión y su cooperación. Ahora bien, la adquisición de rasgos morales indispensables para la deliberación y la participación democráticas, tanto en el ámbito nacional como en el europeo, choca con la falta de integración de una parte de la población proveniente de la inmigración y con el auge de los partidos de extrema derecha, que se aprovechan de este fracaso.

Los motivos económicos no bastan para dar cuenta de esta situación: hay que considerar además el déficit de reconocimiento que sufren ciertas poblaciones. Es evidente que, entre los países europeos y sus antiguas colonias, no ha habido un trabajo de memoria histórica similar a la que contribuyó a la reconciliación francoalemana. El perdón no implica olvido ni elimi-

30 Esta es la opinión de Jürgen Habermas, que alerta sobre los riesgos de una gubernamentalidad posdemocrática y hace un llamamiento a democratizar más Europa. Véase J. Habermas, *La constitución de Europa,* Madrid, Trotta, 2012.

na la deuda, pero, como dice Ricœur,[31] «quita la pena de la deuda», evitando que generaciones nacidas durante y después de la Segunda Guerra Mundial se sientan culpables por las faltas cometidas por sus progenitores. Al ejercer la confrontación de los relatos y exigir dedicar mucha atención a la manera siempre singular con la que cada persona ha vivido los acontecimientos, el trabajo de memoria también puede liberar a los pueblos humillados y a sus descendientes de la parálisis y de la maldición de la humillación. Pero, a pesar del papel desempeñado por los estudios y la literatura poscoloniales, sobre todo en las mejores universidades, ese trabajo de la memoria para recordar no se ha hecho, por ejemplo, entre Francia y Argelia, como lo atestiguan el resentimiento y los prejuicios que se mantienen por una parte y la otra, así como las dificultades de muchos hijos de inmigrantes en reconocer su doble pertenencia cultural.[32] No obstante, esa labor es necesaria si queremos evitar lo que Walter Benjamin denominó «identificación afectiva» *(Einfühlung)* con los héroes oficiales, es decir, el ensimismamiento de la identidad narrativa en un relato unilateral que cuenta la historia de los

---

31 P. Ricœur, «Quel *éthos* nouveau pour l'Europe?», *op. cit.,* pp. 114-116.

32 B. Cyrulnik y B. Sansal, *France-Algérie. Résilience et réconciliation en Méditerranée,* París, Odile Jacob, 2020. Los autores no hablan explícitamente de ese trabajo de la memoria, pero lo que se dice sobre el resentimiento de muchos hijos de inmigrantes de segunda generación, así como el recuerdo de varios acontecimientos a menudo eclipsados por la memoria colectiva francesa, como la masacre del 8 de mayo de 1945 que aplastó el levantamiento de los argelinos que habían combatido al lado de los franceses, muestran a las claras que las condiciones para lograr una verdadera integración de los franceses de origen argelino, es decir, el reconocimiento de su historia y de su dignidad, no se cumplen. Los derechos civiles, como el derecho de voto, y los derechos sociales no son suficientes para lavar la sensación de vergüenza que se mantiene entre los hijos o los nietos de los argelinos que sufrieron la colonización. Este sentimiento y la tendencia a la victimización que genera pueden impedirles encontrar su lugar en la sociedad y favorecer que sean explotados por grupos islamistas.

vencedores, pues borra las incoherencias, olvida los cementerios y el pesado tributo pagado por los que no figuran en los libros de texto, pero cuyos descendientes esperan con amargura ser finalmente reconocidos.[33]
Nuestra convicción es que Europa puede hacer frente a todos estos desafíos. La reestructuración de su proyecto en torno a la ecología pensada en su dimensión medioambiental, social y mental puede darle un aire nuevo y posibilitar que luche contra la desregulación del mercado y evitar catástrofes medioambientales y sanitarias. Al fundarse en la Ilustración en la edad de lo viviente, puede encarnar un modelo de civilización que represente una alternativa a todas las formas de dominación, devolviendo así la esperanza a los individuos y a los pueblos, en especial a los que soportan el yugo de la anti–Ilustración.

Los grandes proyectos de hoy y el nuevo télos *de Europa*

Europa es, por su *télos,* un intento de liberarse del Esquema de la dominación, donde cada cual no tiene otra solución que intentar imponerse por la fuerza. Hay, por supuesto, flaquezas en la construcción europea que explican las dificultades de sus países miembros para alejarse del «cada cual por su cuenta». Europa tampoco consigue contrarrestar el poder de los *lobbies* que presionan a los diputados europeos y corrompen a algunos. A pesar del papel que desempeña el Tribunal de Justicia de la Unión Europea (TJUE), hay que lamentar el hecho de que los países no siempre respetan los reglamentos comunitarios y de que las di-

33 W. Benjamin, *Tesis sobre el concepto de la historia,* Madrid, Taurus, 1973. Precisamente para evitar esto, Benjamin habla de la importancia de una historia a contrapelo *(gegen den Strich),* que toma en serio a los oprimidos y a todos aquellos que los relatos de la historia oficial olvidan. Para él, la historia, «acariciada en el sentido del pelo», genera nuevas guerras y no hay reconciliación posible. Véase también *Libro de los pasajes,* Madrid, Akal, 2005.

rectrices europeas no siempre se traducen fielmente en los decretos de los diferentes países.[34] Sin embargo, estas disfunciones no cuestionan el proyecto europeo ni su estructura. Así como la nueva Ilustración presupone fidelidad a los ideales de la Ilustración del pasado y a la vez el cuestionamiento de algunos de sus presupuestos, así también los puntos débiles de la construcción europea la obligan a una autocrítica que no debe llevarla a renunciar a sus principios, sino, por el contrario, a consolidarlos. Ahora bien, llegará a conseguirlo solo si hace de la transición ecológica y solidaria el eje principal de su política.

La transición ecológica implica cambios que van más allá de las medidas económicas y estructurales a las que quizá se tiene la tentación de reducirla. Los desafíos ligados a la reducción de la emisión de gases de efecto invernadero y al respeto a la biodiversidad y a los animales no se añaden simplemente a los que recaen sobre la justicia social, la lucha contra las desigualdades y las discriminaciones; los refuerzan. Esto es así porque, para implantar este programa que es, en realidad, un proyecto de civilización, es preciso haber extirpado su aspiración a la dominación, la cual conduce a la explotación ilimitada de la naturaleza y a la guerra de todos contra todos. Una vez más, solo si se cambia de imaginario y se abandona el Esquema de la dominación puede la transición ecológica convertirse en el nuevo *télos* de Europa.

34 Este es a menudo el caso de las cuestiones relacionadas con el bienestar animal. Francia ha sido llevada ante el TJUE en varias ocasiones por incumplimiento de la normativa comunitaria, porque infringe la prohibición de cazar una especie una vez ha empezado el período de reproducción. Del mismo modo, mientras que la directiva de la UE del 22 de septiembre de 2010 relativa a la protección de los animales utilizados con fines científicos hace que la «regla de las tres erres» *(réduire, raffiner, remplacer)* sea legalmente vinculante y alienta a cada Estado miembro a desarrollar alternativas a la experimentación con animales, para poder suprimirla eventualmente, en el decreto del 1 de febrero de 2013 esta norma vuelve a ser un simple criterio moral, sujeto a la evaluación de un comité de ética cuya composición se deja a la libre discreción de los laboratorios.

Aunque este nuevo *télos* de Europa represénta una reconfiguración de la política, ahora inseparable de una cosmopolítica y una zoopolítica, no supone una ruptura total con las preocupaciones del pasado. En efecto, también para evitar crisis ecológicas, sanitarias, económicas, políticas y geopolíticas graves los europeos deben dar un nuevo contenido político a la Unión, redefiniendo su proyecto en torno a la transición ecológica, que impone la cooperación como horizonte y hasta como método. La guerra económica debe ceder el paso a un trabajo en común que ayude a los distintos países a realizar los cambios estructurales indispensables para la promoción de un modelo de desarrollo ecológicamente sostenible, más justo y que además exija la mutualización de la investigación, así como la armonización de los modos de producción y de la fiscalidad. Esta capacidad de cooperar supone la adquisición de un cierto *éthos,* pero refleja asimismo un cierto realismo en la medida en que la adopción del punto de vista cosmopolita es beneficiosa para los Estados.

Como dice Ulrich Beck, cuando los Gobiernos nacionales luchan contra los problemas nacionales en un marco solo nacional e intentan resolverlos con instrumentos solo nacionales, fracasan.[35] Hacen competir a los países unos contra otros, pero en realidad este marco nacional de referencia no les permite defender los servicios públicos, los empleos o la sanidad, porque están solos frente al imperialismo económico de ciertos Estados y al poder de las multinacionales y empresas privadas con implantación globalizada. Estas últimas apenas encuentran obstáculos para su expansión, ya que pueden deslocalizar y reducir los costes de producción, sean cuales fueren las consecuencias en el

---

35 U. Beck, «Réinventer l'Europe. Une vision cosmopolite», *Cultures & Conflits* 68 (2007), pp. 17-29 (trad. cast., «Reinventar Europa. Una visión cosmopolita», *Quaderns de la Mediterrània = Cuadernos del Mediterráneo* 10 (2008), pp. 319-325).

terreno medioambiental, social o sanitario. Esto puede resultar paradójico, pero solo Europa es capaz de ayudar a los Estados que la componen a reconquistar su soberanía frente a los múltiples desafíos a los que los expone la globalización. Gracias a Europa, pueden luchar más eficazmente contra el desempleo, la evasión fiscal y el cambio climático, así como llevar a cabo las adaptaciones en los modos producción y la infraestructura que sean necesarias para la transición energética.

Al reestructurar el proyecto europeo en torno a la transición ecológica, pensada en sus múltiples dimensiones y como expresión de una nueva Ilustración, Europa prosigue su construcción en un plano moral y a la vez político promoviendo el paso del Esquema de la dominación al Esquema de la consideración. Encarna así un modelo político y una alternativa al modelo actual de desarrollo y abre un campo ilimitado de posibilidades, dando a los individuos y a los pueblos el deseo de iniciar los cambios indispensables para la preservación del mundo común y la construcción de un futuro mejor. Así puede llegar a imponerse sin imponer nada.

No se trata de enterrar el proyecto europeo tal como fue concebido en origen, sobre todo por Kant, en su obra de 1795, *La paz perpetua. Ensayo filosófico,* en la que puede verse que Europa es indisociable del principio democrático y de la libertad. La constitucionalidad del derecho y la defensa de los contenidos morales vinculados al principio del respeto a la dignidad de todos, a los derechos humanos y a la democracia siguen siendo principios de legitimación sólidos que proporcionan marcos de referencia para orientar las políticas en el ámbito europeo y en el nacional.[36] La adhesión a esos principios sería incluso un prerrequisito, para formar parte de la Unión Europea, que no se funda en criterios étnicos y religiosos, pero que es consustancial de la defensa de los derechos humanos, de la autonomía y de la

36 J. Habermas, *La constitución de Europa, op. cit.,* pp. 13-37 y 39-91.

idea de unidad del género humano.[37] Sin embargo, este zócalo de principios en los que reconocemos los pilares de la Ilustración, tal como esta se pensaba a sí misma hasta el presente, ya no basta. Por eso los autores que defienden la constitución y la idea europea manteniendo este vocabulario, pero callados sobre la ecología y el bienestar animal, no pueden convencer del todo a aquellas y aquellos que sienten que estamos entrando en una nueva era, la de lo viviente, que asocia la preocupación por el sí mismo con aquella por el mundo y por los otros seres vivos.

Es importante entender que, si el proyecto europeo ha decepcionado a los europeos, no es solo porque se apoya en la Ilustración del pasado y le falta un contenido que pueda darle aire nuevo en el contexto actual. También se debe a que la construcción de la Unión Europea no ha ido acompañada de una labor suficientemente ambiciosa en el terreno de los fundamentos morales y filosóficos. Esta falta de ambición se explica en parte por el hecho de que con la Segunda Guerra Mundial, y después con la denuncia de los crímenes coloniales, parecía haber enterrado definitivamente toda idea de un progreso moral. Como se ha dicho, no solo el posmodernismo sospechaba que todo universalismo era hegemónico, sino que los pocos intentos de dar sentido a este ideal tomaron la forma de una ética o de una justicia procedimental, manteniéndose a distancia respecto de toda concepción sustantiva del bien y de toda metafísica. Así, los pioneros de la construcción europea pretendían ser pragmáticos, no idealistas, y tenían más confianza en la práctica que en la inteligencia colectiva. Además, los intercambios económicos y culturales han sido vistos como los medios para instaurar la paz y, en el ámbito político, se ha creído que el respeto a los procedimientos y al derecho conduciría a un patriotismo cons-

---

37 Véanse los criterios de Copenhague establecidos por el Consejo Europeo con ocasión de la Cumbre de Copenhague en junio de 1993, recuperados en 2007 en el Tratado de la Unión Europea.

titucional que haría que los pueblos amasen Europa. Pero estos medios, con el tiempo, se han convertido en fines y, en cualquier caso, no podían crear una verdadera solidaridad, como tampoco puede el patriotismo constitucional suscitar el deseo de Europa. Porque el proyecto europeo solo puede tener consistencia si se funda en una filosofía que se encarne en él y abre un horizonte de esperanza.

Como ya se ha comentado, el humanismo de la nueva Ilustración se distingue significativamente del humanismo del pasado. No obstante, remitirse al humanismo es afirmar que los cambios políticos y civilizacionales que son necesarios requieren una transformación del mismo sujeto. La clave del progreso social es la emancipación del individuo. Esto no significa que todo deba recaer sobre sus espaldas ni que sea preciso ignorar la dimensión social y colectiva de la emancipación individual. Pero no evitaremos las catástrofes ecológicas ni las guerras si no somos interiormente libres y no procedemos a una reestructuración profunda de nuestras representaciones y de nuestras maneras de ser. Además, si ese humanismo es nuevo, lo es porque los cambios de que hablamos exigen que eliminemos la necesidad de dominar y, en consecuencia, cuestionar lo que, en el viejo humanismo y en la Ilustración del pasado, está viciado y concierne a nuestra relación con la naturaleza y los otros seres vivos, así como a nuestra relación con la corporeidad y la alteridad.

Por lo tanto, no basta con decir que los desafíos medioambientales y sanitarios y la justicia hacia los animales se agregan como vagones de mercancías a los derechos humanos, a la defensa de la libertad y de la democracia y a la reducción de las desigualdades. Estos desafíos no son meros añadidos; forman parte del ser humano mismo, aunque este, durante largo tiempo no lo haya admitido. No solo la protección de la biosfera, el derecho de todos a un medioambiente sano y la prohibición de prácticas y de tecnologías que amenazan el mundo común y a la humanidad condicionan el respeto de los derechos subjetivos, sino que, además, el hecho de tener en cuenta el impacto de nuestro estilo de vida sobre las generaciones futuras y las otras especies debe formar parte del derecho nacional y europeo y figurar entre los principales objetivos de la Unión Europea. Así, Europa, haciendo de la ecología su nuevo *télos,* podrá proponer un proyecto político y civilizacional que dé un nuevo sentido a la noción de progreso y que suscite la adhesión de los europeos, pero también de los otros pueblos, mostrando de esa manera lo que puede ser un universal no hegemónico y un poder que no implique dominar.

Pensamiento de mediodía y cosmopolítica de la consideración

Europa se caracteriza por una tensión de contrarios que remite a lo que Camus denominó «pensamiento de mediodía».[38] Conjugando el respeto a la unidad y a la diversidad, el reconocimiento de la especificidad de cada Estado y la necesidad de cooperar, Europa presupone tanto el arte de la mesura como una cierta radicalidad ligada a la afirmación de principios claros que proporcionen coordenadas para la acción colectiva y permitan a los países miembros realizar los cambios estructurales que sean necesarios.

Esta alianza entre la firmeza y la flexibilidad, la radicalidad y la mesura, la intransigencia y la moderación, es indispensable para llegar a decisiones que sean siempre acuerdos sobre un trasfondo de desacuerdos y, por lo tanto, para negociar —que es la manera de hacer política en el ámbito europeo—. En general,

38 A. Camus, *L'homme révolté,* París, Gallimard, 1985, parte v (trad. cast., *El hombre rebelde,* Madrid, Alianza, 1986, parte 5, p. 309). El «pensamiento de mediodía» aparece por primera vez en 1948, en un texto titulado «L'exil d'Helène», publicado en el número especial de los *Cahiers du Sud,* sobre la permanencia de Grecia, y reeditado en *L'été,* París, Gallimard, 2006 (trad. cast., «El exilio de Helena», en *El verano,* Madrid, Alianza, 1996, pp. 54-60).

esta tensión de contrarios, que requiere el arte de la mesura, permite abordar los problemas complejos que se presentan como dilemas. Es el caso de la tensión entre libertad y seguridad: clásico en la ética médica, especialmente en el acompañamiento de las personas que sufren déficits cognitivos y de los muy ancianos, tiene también sentido en la lucha contra el terrorismo y en las respuestas que deben darse a una situación de pandemia. Pero, lo que de verdad pone a prueba a Europa son sobre todo las relaciones internacionales, la relación entre las comunidades de un mismo territorio y la política de acogida de los refugiados. Estas tensiones constituyen el testimonio de la dialéctica del sí mismo y el otro, propia del *éthos* europeo y de la importancia del pensamiento de mediodía. Asimismo, son muestra de las dificultades que encuentra Europa para imponerse como una cosmopolítica de la consideración, cuya influencia en el mundo se desmarca de la de los Estados que mantienen políticas de poder.

Son muchos los que critican a Europa por no tener medios reales para actuar en el terreno internacional debido a las disparidades existentes entre los países miembros en materia de política exterior. A los que deploran la ausencia de un ejército común, respondemos que la ley interna de su organización y su funcionamiento derivan de esa voluntad, consustancial a su *éthos*, de pensar el poder de una manera diferente a como lo han hecho hasta el presente los Estados-nación, dando por lo tanto prioridad a la diplomacia, a la ayuda humanitaria y a la cooperación. Un ejército europeo que transformara la Europa venusina en una potencia marcial sería un contrasentido.[39] Lo principal es reconocer que, a diferencia de los países que pretenden imponer su supremacía, como Estados Unidos, Rusia o China,

---

39 Esta metáfora de una Europa venusiana y de los Estados Unidos que encarnarían a Marte es de R. Kagan, *Poder y debilidad. Europa y Estados Unidos en el nuevo orden mundial,* Madrid, Taurus, 2003.

la influencia de Europa y su prestigio dependerán de la manera en que esta encarne un ideal civilizacional adaptado a los desafíos de nuestro tiempo y sepa dar un nuevo sentido al cosmopolitismo en la edad de lo viviente.

No se trata de difundir un modelo de civilización recuperando el antiguo eurocentrismo. Tampoco creemos que la influencia de Europa pueda reducirse a una «mediación evanescente», que haría de ella una mediadora internacional que contribuiría a la reducción de los conflictos, no negociando en lugar de los Estados, sino velando por que todos los países tomaran parte en los procedimientos de negociación.[40] En efecto, aunque esta forma de actuar consiste en desaparecer en su intervención, significa que Europa, en sus relaciones con otros países, todavía se ve como portadora de una misión civilizadora. Al hablar de su herencia socrática y de la posibilidad de pensar un universalismo no hegemónico, creemos que Europa tiene un mensaje que puede interesar a los otros pueblos. Sin embargo, no tiene por qué enseñarlo directamente. Si defiende en su seno una forma de vida que dé cabida a la libertad de pensar y se libera de manera gradual del Esquema de la dominación y de un modelo de desarrollo injusto y aberrante en el plano ecológico, Europa puede volver a ser deseable e inspirar a otros continentes, que podrían apropiarse a su manera de su herencia.

No se trata de que Europa presente su cultura como una vitrina que el mundo entero deba admirar, sino de mantener el rumbo que se ha fijado y que abra, con la transición ecológica,

---

40 É. Balibar, *L'Europe, l'Amérique, la guerre*, París, La Découverte, 2005, pp. 58-59. El autor toma prestada la expresión que Frederic Jameson, en *Vanishing Mediator or Max Weber as Storyteller,* aplica al protestantismo, y que sería la condición de emergencia del capitalismo, pero que iría desapareciendo a medida que el capitalismo acelerara el proceso de secularización. Sobre este planteamiento de Balibar, véase C. Spector, ¿«Civiliser la violence? L'Europe comme "médiation évanouissante"», *Rue Descartes* 85-86 (2015), pp. 36-48.

un horizonte de esperanza. Debe encarnar así el Esquema de la consideración, que implica asumir su herencia y reconocer el valor de las otras culturas. Un *thélos* de ese tipo es exigente en materia de política internacional. No solo implica demostrar hospitalidad, sino que presupone, además, que el mensaje europeo es suficientemente fuerte y está de verdad encarnado por la Unión, porque solo así interesará a otros pueblos animándolos a tomar *por sí mismos* una trayectoria que les permita prosperar y liberarse de tradiciones alienantes. Una autoridad de esa índole exige que Europa, en lugar de contradecir su ideal cosmopolita, adopte medidas decididas en el terreno de la acogida de otras culturas y de los refugiados. Sin embargo, no debería reducirse a eso, porque no basta para apagar los incendios provocados en parte por Occidente con sus intervenciones militares o humanitarias; hay que garantizar que estos fuegos no prendan. Además, Europa no debe aparecer, ante los pueblos oprimidos, como un continente donde poder refugiarse para huir de su patria, sino como la encarnación de un nuevo Esquema que ellos podrían ejemplificar a su manera, de acuerdo con su cultura y sus prioridades.

Como vemos, fundar Europa sobre la Ilustración en la edad de lo viviente prohíbe dejar de lado la cuestión de los refugiados. No es excesivo decir que la acogida de los extranjeros constituye una de las cuestiones en las que la construcción de Europa se juega el todo por el todo. A este propósito podemos recordar el vínculo entre ética —que significa manera de ser, pero también casa— y hospitalidad: la ética y el hecho de sentirse en casa, de tener una ipseidad y de ofrecerse como garante de ciertos principios, presupone la acogida del otro y de los otros. Además, desde el momento en que nos tomamos en serio la materialidad de nuestra existencia —habitar la Tierra es también vivir con otros—, la ética es siempre una ética de la hospitalidad.

Kant dio una formulación acabada del ideal cosmopolita que se remonta al cristianismo paulino y al estoicismo griego, pasando por la tradición hebrea de la «ciudad refugio».[41] Esta habla de un derecho a la hospitalidad derivado de la posesión en común de la superficie de la Tierra. Puesto que los seres humanos no pueden dispersarse indefinidamente, deben vivir juntos y conceder el derecho de visita *(Besuchsrecht)* a los que se ven obligados a huir de su país a causa de una guerra o de una catástrofe. Este derecho, para el extranjero que llega a un territorio ajeno, a no ser tratado como un enemigo y ser acogido dignamente, no fundamenta, según entiende el filósofo, un derecho de residencia o un derecho de huésped *(Gastrecht)*.[42] Así, la ley de la hospitalidad incondicional, que Kant considera no como una simple norma de filantropía, sino como un derecho natural que incluye la libre participación de los recién llegados en las actividades de la sociedad civil, prohíbe a los Estados decidir quién es acogido. Sin embargo, en su opinión, el derecho de residencia, que está restringido, concierne a la soberanía de los Estados particulares.[43]

41 J. Derrida, *Cosmopolites de tous les pays, encore un effort!*, París, Galilée, 1997, pp. 45-55 (trad. cast., *Cosmopolitas de todos los países, ¡un esfuerzo más!*, Valladolid, Cuatro, 1996, pp. 12 y 42-56). Derrida cita también el texto de Lévinas sobre «ciudades refugio» en *L'au-delà du verset*, París, Minuit, 1982, pp. 51-70 (trad. cast., «Las ciudades-refugio», en *Más allá del versículo. Lecturas y discursos talmúdicos*, Buenos Aires, Lilmod/Fundación David Calles para la Difusión del Humanismo, 2006).

42 I. Kant, *Sobre la paz perpetua*, Madrid, Tecnos, 2003, p. 27.

43 Podemos lamentar que el derecho de residencia, que convertiría a los refugiados, durante un período determinado, en habitantes del país, sea así dependiente de tratados entre los Estados, porque en la práctica las personas que huyen de los países en guerra carecen de techo o viven en campos de concentración. La solución no es conceder a los refugiados la ciudadanía francesa, italiana o alemana, sino la ciudadanía europea. Convendría, en efecto, que Europa reconociera a estos recién llegados como ciudadanos suyos y los distribuyera entre los países miembros, garantizando que disfrutaran de unas condiciones de vida dignas y pudieran aprovechar programas que les permitieran integrarse, aunque fuera por un período de tiempo limitado, en los países de acogida. Un reto de esta ciudadanía europea sería también pen-

La hospitalidad, que va mucho más allá de lo humanitario, requiere esfuerzos en el campo de la cultura y del *éthos*. Los europeos deben, efectivamente, hacer sitio a otras culturas y otros saberes. Deben traducirlos, enseñarlos, para que el diálogo entre los pueblos no se haga sistemáticamente a través del propio idioma, sino que acepten también quedar desplazados, alterados por otras culturas, incluidas las de los pueblos originarios que, en cuestiones relativas al cuidado de la tierra, de los animales y de nuestra alma, tienen mucho que enseñarnos. Sin un trabajo que contribuya al desarrollo del espíritu crítico, será difícil evitar las crispaciones identitarias. Ese trabajo es el de la cultura, entendida esta en el sentido más fuerte del término; requiere la transferencia de otros textos y otros relatos a su lengua y a su mundo, esto es, hospitalidad lingüística y cultural, y se basa en una reflexividad favorecida por la integración de fuentes distintas que posibilite que todos tomen distancia respecto de los puntos de vista propios y accedan al pensamiento, en lugar de ceder a la ideología.

Sin embargo, para que Europa logre imponerse como una alternativa a las políticas de poder y encarne una cosmopolítica

---

sar en la creación de un espacio público que no esté constituido únicamente por los ciudadanos con derecho a voto en los países europeos, sino que incluya también a los refugiados. Podemos imaginar que la integración, incluso temporal, de los refugiados en un Estado, pero también en una región o en un tejido local, podría democratizar no solo la democracia, sino también a Europa al contribuir al descentramiento de los puntos de vista. Véase É. Balibar, «Une citoyenneté européenne est-elle posible», en *Droit de cité*, París, Presses Universitaires de France, 2002, p. 54 (trad. cast., *Derecho de ciudad. Cultura y política en democracia*, Buenos Aires, Nueva Visión, 2004; «¿Es posible una ciudadanía europea?», *Revista Internacional de Filosofía Política* 4 (1994), pp. 22-40). Véase también, del mismo autor, «¿Une citoyenneté sans communauté?», en *Nous, citoyens d'Europe? Les frontières, l'État, le peuple*, París, La Découverte, 2001, pp. 95-97 (trad. cast., «¿Una ciudadanía sin comunidad?», en *Nosotros, ¿ciudadanos de Europa? Las fronteras, el Estado, el pueblo*, I, Madrid, Tecnos, 2003, p. 4).

de la consideración, que difunda la Ilustración en la edad de lo viviente sin comportarse de manera hegemónica, debe ayudar a los países del Mediterráneo y de Oriente próximo a desarrollar una escuela y una universidad que hagan emerger individuos dotados de juicio crítico y contribuyan a la prosperidad de su país. Esta también es una manera de entender el pensamiento de mediodía, que invita, según Camus, a imaginar una Europa abierta al Mediterráneo y más allá... al mundo. Si el pensamiento de mediodía, que exhorta a evitar el absolutismo y el exceso tecnológico, es también una llamada a mirar desde el Mediterráneo, es porque el pensamiento griego está esencialmente unido a la idea de moderación, y porque esta se impone por la conciencia de nuestra condición terrestre, por lo que Camus llama «la dura luz», que recuerda la lección de Heráclito declarando: «el sol no rebasará sus límites».[44]

Así, la nueva Ilustración que puede ser el zócalo filosófico de la Europa de mañana combina la promoción de un modelo de desarrollo ecológicamente sostenible y más justo, al orientar las tecnologías a fines civilizacionales, defender las libertades individuales y la democracia, y respetar a los otros pueblos. Fundándose en la Ilustración en la edad de lo viviente, Europa puede dotarse de otros medios que las armas para combatir la anti-Ilustración y derrocar el economismo. Esta nueva Ilustración encarna la reconciliación de la razón con la naturaleza y el mundo de la vida y, por lo tanto, la posibilidad de una rehabilitación del racionalismo. Representa también la esperanza de que, a pesar de las dificultades de todo tipo a las que nos enfrentamos y a pesar de las regresiones, del yugo impuesto a ciertas poblaciones y de la amenaza de colapso, la humanidad se encamina hacia un progreso moral, cuyos signos precursores son el reconocimiento de nuestra vulnerabilidad y nuestra dependencia respecto de los otros y de los ecosistemas y la preocupación por

---

44 A. Camus, «*El exilio de Helena*», *op. cit.*, p. 55.

las condiciones de vida de las generaciones futuras y de los otros seres vivos.

La ignorancia reconocida, el rechazo del fanatismo, los límites del mundo y del hombre, el rostro amado, la belleza, en fin, tal es el terreno en el que volveremos a reunirnos con los griegos. En cierta manera, el sentido de la historia de mañana no es aquel que se cree. Está en la lucha entre la creación y la inquisición. Pese al precio que tengan que pagar los artistas por sus manos vacías, se puede esperar su victoria. Una vez más, la filosofía de las tinieblas se disipará por encima del mar brillante. ¡Oh pensamiento del Mediterráneo! ¡La guerra de Troya se libra lejos de los campos de batalla![45]

45 *Ibid.*, p. 60.

Conclusión

Lo que se pensó alguna vez puede ser reprimido, olvidado,
borrado. Pero no se puede negar que algo de ese pensamiento
sobrevive, porque el pensamiento conlleva el momento de lo
general. Lo que fue pensado de forma pertinente tiene que ser
pensado en otro lugar y por otros: esta confianza acompaña
incluso al pensamiento más solitario e impotente.

W. ADORNO, *Resignación*

LA DOBLE AMPUTACIÓN DE LA RAZÓN

La defensa de la Ilustración impone completar su herencia teniendo en cuenta las críticas que el posmodernismo le ha dirigido y superando sus fundamentos dualistas y antropocéntricos. Para emprender este trabajo, que pretende dar un contenido positivo y actualizado a la Ilustración, es importante ser conscientes del conflicto que, desde el siglo XVIII, la ha opuesto a la anti-Ilustración. Estas dos maneras de concebir el mundo promueven proyectos incompatibles de sociedad organizados en torno a nociones contrapuestas: autonomía y heteronomía; indeterminación y teleología; evolución y esencialismo; diversidad y homogeneidad; libertad y fatalidad; emancipación y arraigo; cosmopolitismo y nacionalismo.

Hemos mostrado las formas que revisten esas oposiciones en nuestros días. También era necesario destacar los puntos de ruptura entre la Ilustración del pasado y la nueva Ilustración. Nace esta tras las tragedias del siglo XX y renueva la forma en que el ser humano se piensa a sí mismo y concibe su relación con los otros seres vivos y el medioambiente. Sin embargo, para dar un nuevo sentido al proyecto de emancipación social y colectiva de la Ilustración, no basta llevar a cabo un inventario con el que identificar lo que se quiere conservar y lo que hay que rechazar; es necesario preguntarse por qué el progreso se invirtió en regresión.

Era, pues, necesario buscar la génesis de esta modernidad, enloquecida, atacando el mal en su raíz, es decir, analizando su racionalismo, que buscaba inicialmente liberar al humano de mitologías pero que luego se convirtió en una racionalidad instrumental que enmascara el discernimiento moral, promoviendo una autonomización de la técnica y contribuyendo a la formación de nuevas mitologías. Si bien la filosofía y la democracia, que nacieron al mismo tiempo en Atenas, encarnaban un ideal de autonomía que la Ilustración intentó hacer realidad, ahora asistimos, sobre todo a partir del siglo XX, a un desplome de este ideal, que ha tomado la forma de totalitarismo, de nacionalismo, de fanatismo o de esos avatares contemporáneos de la alienación, como son el fetichismo de la mercancía y el sometimiento de los cuerpos y las almas al mercado. ¿Fracasó la Ilustración o llevaba en su interior el germen su propia destrucción?

Este punto de partida, inspirado por los padres fundadores de la Teoría crítica, no implica que el gusano estuviera ya en la fruta, como si la Ilustración fuera responsable del totalitarismo y de la sociedad administrada, y que la razón, desde la Antigüedad, se redujera al cálculo. El racionalismo instrumental es un extravío de la razón que socavó lo que había sido el orgullo de las Luces: la posibilidad de construir un Estado que descansara en la libertad, es decir, en la reflexividad de los sujetos y en instituciones que sostuvieran su autonomía y pudieran promover la justicia, la paz y el desarrollo de las ciencias y de las técnicas; en una palabra, el progreso. Hay, ciertamente, una dialéctica destructiva de la modernidad, una lógica interna que explica el fracaso del racionalismo y la aparición de fenómenos que atestiguan una barbarie extrema y que pueden, hoy en día, llevarnos a la extinción, pero la razón no es por sí misma la causa del mal. Así, a la vez que creemos que el conflicto Ilustración/anti-Ilustración tiene sentido, hemos tenido que ir más allá de las oposiciones que confronta para preguntarnos por lo que, en la civilización occidental, produce esa inversión del racionalismo en irracionalidad.

El recurso al término «civilización», que apareció en el siglo XVIII[1] y alude al proceso general por el que la humanidad se civiliza y deviene menos violenta, significa que la reflexión sobre nuestra época debe ser radical. Y es así porque la crisis que atravesamos es global; es a la vez ecológica, sanitaria, social, económica, política y geopolítica. Los fenómenos que atestiguan,

1 Aunque Mirabeau (Víctor de Riquetti, marqués de) lo introdujo en 1756 en *L'ami des hommes ou Traité de la population,* insistiendo en el papel civilizador de la religión, es Condorcet quien, en 1795, en *Esquisse d'un tableau historique des progrès de l'esprit humain* (trad. cast., *Bosquejo de un cuadro histórico de los progresos del espíritu humano,* Madrid, Centro de Estudios Políticos y Constitucionales, 2004), le da su significado, a saber: el de un proceso que posibilita a la humanidad el paso de la barbarie a la civilización. En fin, para liberar esta noción de la connotación imperialista y etnocéntrica que tiene en Mirabeau, debemos girarnos hacia Diderot, sobre todo en *Seize fragments politiques* (1772), en *Réfutation d'Helvétius* (1775), publicado en *Histoire des deux Indes* de Raynal, y en *Supplément au voyage de Bougainville* (1772) (trad. cast., «La refutación de Helvétius», en *Escritos políticos,* Madrid, Centro de Estudios Constitucionales, 1989, pp. 301-313; *Suplemento al viaje de Bougainville: o Diálogo entre A y B acerca del inconveniente de añadir ideas morales a ciertos actos físicos que no las comportan,* Málaga, Sd, 2013). Diderot denuncia, por su parte, que la civilización obliga al ser humano a reprimir sus inclinaciones naturales y hace una llamada a una sociedad más equilibrada, mitad civilizada y mitad salvaje. Véase G. Goggi, «Diderot et le concept de civilisation», *Dix-huitième Siècle* 29, (1997), pp. 353-354. Véase también Diderot, *Fragments politiques échappés du portefeuille d'un philosophe,* París, Hermann, 2011.

tanto ayer como hoy, el giro del racionalismo en barbarie se relacionan entre sí. Hacen que Occidente dude de sí mismo y erosionan nuestra confianza en la capacidad de la razón para fundar una organización social y política que nos permita llevar una vida buena con el otro en instituciones justas. Sin embargo, no podemos seguir tolerando por más tiempo este eclipse de las Luces, porque su abandono tiene un coste intelectual y político considerable y su ruina siempre beneficia a la anti-Ilustración. Por su parte, el posmodernismo, al rechazar cualquier ambición universalista, se enfrenta a un punto muerto. En efecto, aunque es saludable condenar sin reservas el imperialismo y reconocer que las normas son siempre una construcción social, necesitamos puntos de referencia universalizables para tomar decisiones ilustradas, especialmente en el ámbito tecnológico. Además, el reconocimiento del valor de cada una de las culturas no debe poner en riesgo la búsqueda de un bien común que trascienda los particularismos.

En otras palabras, lo que está en juego en la afirmación de una nueva Ilustración es la posibilidad de mantener un ideal civilizacional y redefinirlo para evitar regresiones en todos los terrenos. En este libro hemos intentado mostrar que la defensa de la Ilustración es el único antídoto contra la anti-Ilustración y que puede, tras una crítica sin concesiones, ayudarnos a concebir un universalismo no hegemónico y a resolver los tres problemas más importantes de nuestro tiempo, que son el economismo, el auge del nacionalismo y la destrucción del planeta y de lo viviente.

Para hacer frente a ese reto, ha sido preciso caracterizar la doble amputación que es responsable del extravío del racionalismo moderno. En primer lugar, la civilización se ha escindido de la naturaleza. Al pensar un proceso civilizacional que pasa por la desgarradura de la naturaleza y su sometimiento, Occidente abría un ciclo maldito que implicaba la explotación de los otros, humanos y no humanos, y la represión por el sujeto de su vida emocional y de sus instintos. En segundo lugar, como consecuencia de que la modernidad erigió la conciencia individual como norma de la verdad, la razón fue perdiendo poco a poco toda relación con lo universal. Lo verdadero se asimiló a lo útil y la razón, que ya no buscaba distinguir lo verdadero de lo falso, lo justo de lo injusto, se hizo cálculo, dando a la humanidad los medios técnicos para implantar una industrialización frenética y manipular sin límites lo viviente. La primera amputación incumbe a la civilización occidental, la segunda a la modernidad, y esta última se caracteriza por un proceso de aceleración que escapa a todo control y puede conducirnos a la aniquilación.

Sin embargo, la autodestrucción no es el destino de Occidente. Al afirmar que la crisis civilizacional que atravesamos se explica por esta doble amputación de la razón no sostenemos que debamos cerrar por adelantado la puerta al futuro. No existe la fatalidad y la solución no está en rechazar la razón. La Ilustración en la edad de lo viviente ambiciona precisamente reconciliar la razón con la naturaleza y reiniciar un proceso civilizacional. Es a la vez crítica y constructiva, ya que la *epokhé* civilizacional se abre a un nuevo racionalismo y a una filosofía de la existencia que pueden servir de base a un proyecto de emancipación individual y colectiva.

Al apoyarse en una fenomenología de nuestro habitar en la Tierra, que saca a la luz nuestra corporeidad y nuestra dependencia de los ecosistemas y de los otros, humanos y no humanos, la Ilustración en la edad de lo viviente supera el dualismo naturaleza/cultura y promueve un universal no hegemónico, evitando el doble escollo del dogmatismo y del relativismo. Esa nueva Ilustración es esencialmente ecológica y la crisis del racionalismo contemporáneo, así como los traumas del pasado, la distinguen de la Ilustración de los siglos XVII y XVIII. Esta última no supo preservarnos de la inversión de la razón en irracionalidad, que ofrece a los anti-ilustrados los medios para imponer un orden social y político basado en la heteronomía y el sometimiento de los individuos. Esa misma Ilustración estuvo asimismo involucrada en servir de garantía a políticas imperialistas. La razón del fracaso de la Ilustración del pasado proviene del hecho de que compartía con la anti-Ilustración el mismo desprecio por el cuerpo y una misma ocultación de la vulnerabilidad que malograban el respeto a la alteridad y a lo viviente. Este es el vicio de la civilización que es necesario extirpar como una astilla clavada en carne propia si queremos sacar la razón de las trampas de la dominación que es una dominación de los otros y de la naturaleza tanto fuera como en el interior del sí mismo.

No basta con decir que la Ilustración en la edad de lo viviente adapta la del pasado a las condiciones ecológicas y sociales actuales exigiéndonos preservar la biosfera y tener presentes los intereses de los animales. Al conectar la subjetividad con la verdad y la razón con el mundo de la vida *(Lebenswelt)*, que es el suelo común e intersubjetivo del que emergen los conocimientos y que aprehendemos mediante nuestro cuerpo, la fenomenología propia de la Ilustración en la edad de lo viviente remodela por completo el racionalismo y destaca al mismo tiempo la unidad del mundo y la diversidad de individuos y culturas.

La afirmación de que el desprecio de lo viviente funda una cultura de muerte que se caracteriza por la violencia social, la destrucción de la naturaleza, el sometimiento de los animales, el rechazo de la alteridad y la represión de la propia emotividad significa que el divorcio entre la civilización y la naturaleza es ante todo una amputación del sí mismo. Esa amputación genera una deshumanización, que se expresa mediante la violencia ejercida en el encuentro de los cuerpos y de los otros seres vivos. La reconciliación del sujeto con su corporeidad y su finitud y la experiencia que tiene de su pertenencia y de su participación en el mundo común, que es a la vez natural y cultural, humano y no humano, biológico y técnico, presente, pasado y futuro, aparecen entonces como condiciones necesarias para cambiar de modelo de desarrollo e iniciar la transición ecológica. Y así, era necesario comprender por qué, a pesar de los derechos humanos, de las instituciones democráticas y de los tratados de paz, la historia de la modernidad está jalonada de catástrofes que acabarán llevándonos a la ruina y provocando la extinción si no tomamos el viraje decisivo que nos permita alejarnos del Esquema de la dominación.

ESQUEMAS Y CIVILIZACIÓN

El Esquema es un metaconcepto que designa el principio de organización de una sociedad. Esta estructura dinámica reagrupa un conjunto coherente de representaciones y de opciones sociales, económicas, políticas y tecnológicas que determinan las relaciones de producción, asignan un valor a las actividades y a los objetos e impregnan los imaginarios, condicionando los deseos y los comportamientos. En el interior de un Esquema, ciertas maneras de ser y de hacer se repiten y se extienden a todos los ámbitos y a todas las esferas de actividad. Al ser el fruto de decisiones conscientes e inconscientes, individuales y colectivas, el Esquema impone un modelo de desarrollo. Como modelo, representa una metaforma que puede realizarse de diferentes maneras, en distintos sistemas, sin perder, no obstante, lo que constituye su unidad y supone su fuerza.

El Esquema de la dominación, que tiene sus raíces en el rechazo de nuestra común vulnerabilidad y de la alteridad y en la violencia hacia lo viviente, se ha manifestado en el comunismo, el nazismo, el capitalismo y, hoy en día, en el transhumanismo. Esos sistemas son las distintas formas que reviste el Esquema de la dominación en un contexto histórico, social, económico y tecnológico determinado; todos comparten de un modo u otro una organización totalitaria que sofoca o aplasta al individuo, cosifica los animales, utiliza medios desproporcionados, genera la desmesura y la guerra y corre el riesgo de transformar el mundo en un desierto. Estos sistemas se oponen entre sí; además, en el interior de un mismo Esquema pueden darse revoluciones que lleven a reemplazar un sistema por otro. Pero mientras se permanece en el Esquema de la dominación, donde la relación con los otros, con la naturaleza y con la técnica está siempre, por así decir, gobernada por la guerra y donde los medios ilimitados devienen fines, no es posible evitar la destrucción y la autodestrucción.

Se siguen dos conclusiones: por una parte, hay un conflicto de Esquemas, una incompatibilidad absoluta entre el Esquema de la dominación y el de la consideración; por otra, un cambio de Esquemas es un proceso radical, que no debe equipararse, sin embargo, a una revolución en el sentido político del término. Supone una reestructuración profunda de nuestras representaciones y de nuestras maneras de ser que conduce a arrancar de raíz la dominación. Esta no se reduce a las relaciones de poder; designa una actitud global ligada a la necesidad de aplastar al otro para existir y se caracteriza por una relación con el mundo que consiste en manipular y cosificar lo viviente para controlarlo y utilizarlo mejor, en lugar de interactuar con él respetando sus normas y su entorno. Por lo tanto, cuando la consideración penetra en el psiquismo de los individuos, su relación con la naturaleza, con los demás y con ellos mismos está cambiando completamente sin la necesidad de forzarlos o amenazarlos para que escuchen a sus interlocutores, opten por un estilo de vida más frugal y respeten a los animales. Las consecuencias de esta transformación del psiquismo son importantes en el terreno medioambiental, social, económico y político, porque la consideración va de la mano de la reconquista de autonomía por parte de los sujetos y determina o aumenta su capacidad de innovar y de cooperar, lo que les permite organizarse en el ámbito local y asociativo para proponer alternativas a un modelo de desarrollo que los oprime y los aliena. La consideración, que coincide con la autonomía moral o la atestación, puede por consiguiente provocar cambios radicales que pueden calificarse, en este sentido, de revolucionarios; contribuye a la reorientación completa de la economía y de las políticas públicas, así como a una descentralización de la democracia. No obstante, se distingue de la revolución, que consiste en reemplazar un sistema por otro aplastando al adversario y reintroduciendo la violencia y el sometimiento característicos del viejo mundo.

La revolución, como la guerra, pertenece al Esquema de la dominación. Por esa razón los revolucionarios estiman que el fin justifica los medios y que debe hacerse *tabula rasa* del pasado. En cambio, aunque la consideración no prohíbe la conflictividad, que es un elemento constitutivo de una sociedad pluralista y democrática, implica un abandono radical de la gramática de la dominación y de la oposición amigo-enemigo que la caracteriza. En otras palabras, un cambio de régimen puede ser violento y puede aparentar una revolución, pero la destitución de un Esquema no se lleva a cabo por las armas ni con derramamiento de sangre. Se basa en la sustitución de un *éthos* por otro y en un cambio de imaginario, y hunde sus raíces en una transformación de los sujetos que afecta a sus representaciones, a sus valoraciones, a sus emociones y a las capas inconscientes y arcaicas de su psiquismo.

La consideración, que se funda en la experiencia de nuestra pertenencia al mundo común y en la percepción de lo que nos une a los otros seres vivos, ensancha nuestra subjetividad y hace emerger el deseo de cuidar de la Tierra y de los otros. Esta transformación que es interior, pero que tiene implicaciones económicas y políticas importantes, requiere su tiempo. Se efectúa, ante todo, en el silencio de la conciencia y afecta primero a una minoría antes de generalizarse y traducirse en reestructuraciones económicas y en una evolución de la gubernamentalidad. Por otra parte, siempre es imperfecta, porque a todos nos tienta el abuso de poder y la omnipotencia y porque hay muchos obstáculos para instaurar la consideración, que provienen a la vez de nuestro psiquismo, de los conflictos de poder y de la sociedad hiperconectada en la que vivimos y que disminuye nuestra capacidad de concentración y atención. Sin embargo, una vez iniciado el proceso de subjetivación y de individuación, que culmina con la descolonización de nuestro imaginario y luego con la atestación que corresponde a la fase constructiva de la emancipación, podemos llevar una vida buena porque sentimos el deseo de hacer todo lo posible para transmitir un mundo habitable, en el que tengan también cabida nuestros antiguos adversarios. Estamos entonces en el camino de la consideración, que conlleva grados que van del compromiso asociativo o local al amor al mundo o del civismo al cosmopolitismo y a la defensa de los otros seres vivos.

Así, la transición ecológica, que corresponde a lo que hoy podría ser una sociedad en evolución hacia el Esquema de la consideración, implica no solo cambios drásticos en los modos de consumo y producción, sino también una reestructuración completa de nuestras representaciones y nuestras maneras de ser que implica un comportamiento responsable, trabajar conjuntamente a favor de la reconversión de la economía y la promoción de otro modelo de desarrollo. El paso de un Esquema a otro es *a la vez* radical y no violento, progresivo y difuso. Lleva a la supresión a corto plazo de un buen número de prácticas aberrantes y contraproductivas y exige, al mismo tiempo, más libertad tanto en el ámbito interno como en el de las instituciones democráticas. Esta perspectiva, que no excluye que ciertos cambios que contribuyen a la emancipación individual y colectiva sean dolorosos, requiere romper con la ilusión del *Grand Soir* y renunciar a los intentos, siempre sospechosos, de hacer *tabula rasa* del pasado rompiendo el vínculo entre generaciones.

ECOLOGÍA Y UNIVERSALISMO EN CONTEXTO

El Esquema de la dominación lleva más de un siglo adoptando formas inquietantes que convencen a cada vez más personas de la necesidad de un cambio de rumbo para evitar la catástrofe. Para muchos, esto significa salir de un modelo de desarrollo productivista y extractivista y abandonar el neoliberalismo, que se basa en la búsqueda del máximo beneficio, subordina todo al lucro e instala una competición enloquecida entre las personas y las naciones. Por eso la transición ecológica, que va acompañada de una mayor justicia social y una descentralización de la democracia que autoriza la aplicación contextualizada de normas y experimentaciones locales, es el eje a partir del cual se puede construir un proyecto político coherente en el ámbito nacional y europeo. Sin embargo, afirmar así la centralidad de la ecología requiere que se comprenda su significado profundo, es decir, que la entendamos como la sabiduría de nuestro habitar en la Tierra. Hay que admitir, pues, que la capacidad de los individuos y de los pueblos para reducir su huella ecológica depende en gran medida de la transformación de los sujetos. Así como para la Ilustración del pasado la condición del progreso era que los individuos fueran ilustrados, de igual manera un comportamiento ecológicamente responsable y una verdadera política ecológica implican que tanto los individuos como los gobernantes se liberen del Esquema de la dominación.

La transición ecológica descansa sobre cuatro pilares indisociables: la preservación del medioambiente, la preocupación por la salud de nuestros contemporáneos y de las generaciones futuras, la justicia social y el respeto por los animales silvestres y domésticos. Requiere la reorientación de la economía, que debe ponerse al servicio de los seres vivos y del mundo común. Este enfoque de la ecología presupone que seamos conscientes de que no se reduce a la cuestión, siempre fundamental, del cambio climático y de que, aparte de su dimensión medioambiental, posee una dimensión social y otra mental o existencial. Para conseguir determinar de manera equitativa las normas de cohabitación con los otros, organizar el trabajo en función del sentido de las actividades, extraer los recursos de la Tierra con parsimonia sintiendo el placer por consumir y producir de otra manera, es necesario considerarse no un déspota, cuya soberanía sobre lo viviente sería casi absoluta, sino parte interesada de la comunidad de seres vivos, de la que los seres humanos son, por descontado, responsables. Dicho de otra manera, la promoción de un modelo de desarrollo que permita a los individuos realizarse y preservar el mundo común, en lugar de estar en constantes relaciones de rivalidad y competencia, deriva de la consideración.

La transición ecológica concebida como un proyecto de emancipación y de cooperación se basa en la capacidad de los individuos, pero también de los gobernantes, de poner en obra una mutación interna o una *metánoia,* sin la cual su relación con el mundo y con el otro será siempre una relación de dominación. Pero, aunque el paso del Esquema de la dominación al de la consideración exige romper con las representaciones dominantes de la sociedad, ello no implica que todo haya de ser reconstruido a partir de la nada. Es posible y hasta deseable nutrirse de tradiciones pasadas preguntando por lo que en ellas puede ilustrarnos y orientar nuestros esfuerzos para practicar la *epokhé* civilizacional y mantenernos alejados de todas las representaciones falsas que la modernidad tardía, la sociedad capitalista y el Esquema de la dominación han transmitido, tanto si se trata de la relación con lo viviente como de lo que se considera una vida lograda. Someter la tradición occidental a esta reflexión crítica permite no solo rehabilitarla, sino también conseguir que fructifique lo que, en ella, cayó en el abandono. Lo que sobrevive a este examen crítico constituye un fondo considerable que poner al servicio de la Ilustración en la edad de lo viviente. Por otra parte, siempre ha habido, también en las épocas más sombrías, personajes cuyas obras o hechos ejemplificaban la consideración.

Aunque la consideración se ha visto amenazada la mayor parte del tiempo en nuestra sociedad y tenga dificultades para emerger, es intemporal y ha dejado huellas. Lo vemos en muchos textos y testimonios: en los de san Francisco de Asís, de Pitágoras, en los escritos de Aldo Leopold y de tantos otros, eruditos y artistas de todos los países y de todos períodos de la historia.

De modo que, para cambiar de Esquema, los individuos y los pueblos no están obligados a negar sus tradiciones, ya que la consideración no es una forma de ser nueva y ha existido a lo largo de la historia. Aunque sus formas sean tan diversas como las culturas, siempre ha sido marginal por razón del divorcio entre la razón y la naturaleza que caracteriza a Occidente y porque este ha difundido su propio concepto de progreso y de civilización al resto del mundo. La dificultad, en fin, de extraer de las tradiciones elementos que alimenten el imaginario del Esquema de la consideración proviene del hecho de que las religiones monoteístas, en sus expresiones ortodoxas, han ensanchado a menudo la separación entre la naturaleza y la civilización al oponer la tierra y el cielo, la felicidad aquí abajo y la salvación, y al reforzar los dualismos naturaleza/cultura, animal/humano, mujer/hombre, emoción/razón, cuerpo/espíritu, sobre los que se apoya esa ruptura.

A ese respecto, es importante reconocer que las llamadas «sociedades primitivas», que no están organizadas en Estados y en las que los seres humanos viven en aldeas en los bosques, no se rigen por el Esquema de la dominación. Las reglas de vida y los ritos que las estructuran ayudan a todos sus miembros a practicar lo que denominamos la consideración. Por supuesto, eso no significa que, para realizar la transición ecológica, sea necesario hacerse animista. Pero el proyecto social y político de la nueva Ilustración es un proyecto ecológico que parte del principio de que debemos habitar la Tierra de forma diferente a como lo hemos hecho durante siglos. Los pueblos primitivos tienen grandes lecciones que darnos al respecto. La moderación y el respeto de los que dan pruebas en su contacto con la naturaleza y con los seres vivos son virtudes que es urgente cultivar si queremos legar a nuestros descendientes un mundo habitable. También pueden enseñarnos a reparar el vínculo con los seres vivos y a explorar las capas arcaicas de nuestro psiquismo —dos dimensiones de la existencia dañadas por la racionalidad tecnocientífica y que la educación en Occidente descuida.

Sin embargo, hay que reconocer que la Ilustración en la edad de lo viviente está anclada en una determinada tradición a la que no podemos sustraernos. Se trata de extirpar el mal que la corroe y cuidar lo que, en ella, ha quedado profundamente maltrecho. De modo que, para superar la crisis civilizacional que nos afecta y que el mundo entero sufre, no debemos rechazar a Occidente y la Ilustración, sino someter a ambos a una crítica tan severa como constructiva y reconciliar la razón con la naturaleza y con la verdad. En fin, aunque el Esquema de la consideración puede entrar en resonancia con múltiples tradiciones, es en Occidente y en los países que han adoptado el modo de vida occidental donde importa difundirlo primero, porque esas son las sociedades que hacen correr a la humanidad los riesgos que ponen en peligro su supervivencia.

En concreto, ese enfoque requiere la transición ecológica, que es la traducción en el terreno económico, social y político del proyecto de la Ilustración en la edad de lo viviente. Intelectualmente, ese proyecto descansa sobre una fenomenología del habitar en la Tierra que articula la ecología y la existencia y está en condiciones de salvar el racionalismo, cuya suerte condiciona la de la Ilustración. Esta filosofía es, además, indisociable de un humanismo de la alteridad y de la diversidad,[2] que no remite a la violencia propia de aquel humanismo antiguo del que

---

2 Aunque hemos utilizado a menudo la expresión «humanismo de la alteridad y de la diversidad» en nuestros trabajos, analizando todo lo que implica, trato el tema por primera vez en *Éléments pour une éthique de la vulnérabilité. Les hommes, les animaux, la nature*, París, Cerf, 2011, p. 207.

Claude Lévi-Strauss dijo que era la fuente de las peores tragedias del siglo XX:

Se empezó por cortar al hombre de la naturaleza, y por constituirlo en reino soberano; se creyó así borrar su carácter más irrecusable, a saber, que es ante todo un ser vivo. Y, manifestando ceguera hacia esta propiedad común, se ha dejado el campo libre a todos los abusos. Nunca mejor que al término de los últimos cuatro siglos de su historia pudo el hombre occidental comprender que arrogándose el derecho de separar radicalmente la humanidad de la animalidad, otorgando a la una todo lo que le quitaba a la otra, abría un ciclo maldito, y que la misma frontera, constantemente alejada, serviría para apartar a los hombres de otros hombres.[3]

Si el reencuentro de la Ilustración en la edad de lo viviente y del humanismo con la ecología se efectúa por la vertiente de la fenomenología de los alimentos, se debe a que esta permite describir al ser humano según la materialidad de su existencia, en su condición carnal y terrestre, con lo que se proyecta así el camino hacia un universalismo no hegemónico y abierto a múltiples interpretaciones. En lugar de aludir a valores que intentara imponer al declararlos universales, la fenomenología parte de lo existente en su medio, a la vez biológico y social, natural, tecnológico y cultural, y saca a la luz las estructuras de la existencia o existenciales. Ofrece así un marco de referencia para pensar la condición humana y fundar una ética y una política partiendo de principios universalizables que pueden adaptarse a los diferentes contextos culturales.

Al pensar al existente como un ser que vive de aire, agua y alimentos, que depende de los ecosistemas y de las condiciones

---

3 C. Lévi-Strauss, *Anthropologie structurale* II, París, Plon, 1973, p. 53 (trad. cast., *Antropología estructural. Mito, sociedad, humanidades,* Ciudad de México, Siglo XXI, 1984, pp. 43-44).

a la vez ecológicas, biológicas y sociales, la fenomenología de los alimentos y del habitar en la Tierra pone en evidencia el carácter relacional de nuestra existencia a la vez que subraya su dimensión tecnológica. Porque no es solo el dualismo naturaleza/cultura lo que debe ser superado; la técnica también ha de ser pensada como un existencial porque es parte interesada del mundo común y mediatiza nuestra relación con los otros y con el mundo común. En estas condiciones, la protección de la biosfera, la preocupación por las generaciones futuras, la justicia con los animales, el respeto por el patrimonio natural y cultural y la necesidad de desarrollar una cultura de la técnica, orientándola a fines civilizacionales, no son opciones; son la finalidad de la política.

Alejadas del universalismo abstracto y del discurso arrollador de los que adoptan el punto de vista de la nada, pero también del relativismo, la fenomenología y la hermenéutica, que sirven de soporte al racionalismo de la Ilustración en la edad de lo viviente, promueven un universalismo en contexto o asocian verdad e historicidad. Ayudan igualmente a captar el sentido de la herencia europea, que no es propiedad nuestra exclusiva, sino un legado para toda la humanidad. Gracias a ese trabajo reflexivo que consiste en sacar lecciones del pasado y en precisar el sentido que puede tener la Ilustración en el momento actual, se evita tanto el eurocentrismo como el autodesprecio; así se hace posible pensar una influencia que no se parece en nada a una política de poder.

Europa puede aprovechar esta reflexión crítica sobre la herencia de la Ilustración para redefinir su proyecto y darle un contenido político que le permita mantener sus promesas y enfrentarse a los desafíos de nuestro tiempo. Al fundarse en la Ilustración en la edad de lo viviente, puede disponer de recursos intelectuales que la ayuden a hacer de la transición ecológica y solidaria su nuevo *télos,* mostrando que se trata de un proyecto de emancipación individual y colectiva. Al abandonar el Esquema de la dominación y extender la consideración a todos los ámbitos: a la economía, a la relación entre hombres y mujeres, al trabajo, a nuestras interacciones con los animales, a la política internacional y a la acogida de refugiados, puede ejercer una influencia en el mundo sin hacer la guerra ni recurrir a la violencia y conseguir imponerse sin imponer nada.

Si el mensaje de la Ilustración va más allá de las fronteras de nuestro continente es porque se remite a su significado filosófico y coincide con la afirmación del valor inestimable de la libertad de pensar, así como con la resolución de los sujetos de tomar su destino en sus propias manos. Siendo fiel a esta herencia filosófica que, en nuestra opinión, debe conducir a una *epokhé* civilizacional que culmine en la superación de los prejuicios antropocéntricos y dualistas de Occidente, Europa puede apoyarse en una antropología nueva y encarnar un universal no hegemónico. A condición de que asuma plenamente su responsabilidad respecto de su pasado criminal y que combata contra el repliegue sobre sí misma y el nacionalismo, la Unión Europea puede representar una política y una cosmopolítica de la consideración, despertando en los individuos y en los pueblos oprimidos el coraje de emanciparse y el ansia de promover, a su aire, un modelo de desarrollo que ofrezca a todos la oportunidad de realizarse plenamente preservando el mundo común.

De modo que la Ilustración puede ser todavía una fuente de inspiración y quitar la razón a los que, hablando del final de la filosofía, esperan que un dios tenga a bien salvarnos o expresan su complacencia por la clausura del sentido. Conscientes de la realidad del mal y reconociendo las dificultades del momento actual, la Ilustración en la edad de lo viviente abre un horizonte de esperanza. Como decía Heráclito,

La noche solo ha caído para los que se han dejado caer en la noche. Para los que están vivos el sol es nuevo cada día.[4]

---

4 Heráclito, ed. Diels, 22, B 6. Citado por C. Castoriadis, «El fin de la filosofía», en *El mundo fragmentado*, *op. cit.*, p. 166.

Bibliografía

Adorno,T.W., *Minima moralia. Réflexions sur la vie mutilée*, París, Payot, 2003 (trad. cast., *Minima moralia. Reflexiones desde la vida dañada*, Madrid, Akal, 2006).

—, *Dialectique négative*, París, Payot, 2003 (trad. cast., *Dialéctica negativa*, Madrid, Taurus, 1984).

—, *Études sur la personnalité autoritaire*, París, Allia, 2017 (trad. cast., *La personalidad autoritaria*, Buenos Aires, Proyección, 1965).

— y Horkheimer, M., *Dialectique de la raison*, París, Gallimard, 1974 (trad. cast., *Dialéctica de la Ilustración. Fragmentos filosóficos*, Madrid, Trotta, 1998).

Anders, G., *Sur l'âme à l'époque de la deuxième révolution industrielle*, en *L'obsolescence de l'homme*, t. I, París, Éditions de l'Encyclopédie des Nuisances/Ivrea, 2002 (trad. cast., *Sobre el alma en la época de la segunda revolución industrial*, en *La obsolescencia del hombre*, vol. I, Valencia, Pre-Textos, 2011).

—, *Sur la destruction de la vie à l'époque de la troisième révolution industrielle*, en *L'obsolescence de l'homme*, t. II, París, Fario, 2011 (trad. cast., *Sobre la destrucción de la vida en la época de la tercera revolución industrial*, en *La obsolescencia del hombre*, vol. II, Valencia, Pre-Textos, 2011).

—, *Nous, fils d'Eichmann*, París, Rivages Poche, 2003 (trad. cast., *Nosotros, los hijos de Eichmann. Carta abierta a Klaus Eichmann*, Barcelona, Paidós, 2010).

—, *Hiroshima est partout*, París, Seuil, 2008 (trad. cast., *El piloto de Hiroshima. Más allá de los límites de la conciencia. Corresponden-*

cia entre Claude Eatherly y Günther Anders, Barcelona, Paidós, 2003).

—, *Et si je suis désespéré, que voulez-vous que j'y fasse?*, París, Allia, 2010.

Ansart-Dourlen, M., *Freud et les Lumières. Individu, raison, société*, París, Payot, 1985.

Arendt, H., *Les origines du totalitarisme*, París, Gallimard, 2002 (trad. cast., *Los orígenes del totalitarismo*, Madrid, Alianza, 2007).

—, *Qu'est-ce que la politique?*, París, Seuil, 2014 (trad. cast., *¿Qué es la política?*, Ciudad de México/Barcelona, Paidós/ICE de la Universidad Autónoma de Barcelona, 1997).

Audier, S., «Presentación» y comentario, en *Le Colloque Lippmann. Aux origines du néolibéralisme*, Lormont, Le Bord de l'Eau, 2012.

—, *La société écologique et ses ennemis. Pour une histoire alternative de l'émancipation*, París, La Découverte, 2017.

Augagneur, F., «Du pouvoir à l'influence. Réflexions sur la théorie des minorités actives de Serge Moscovici», en G. Hess, C. Pelluchon y J.-P. Pierron (eds.), *Humains, animaux, nature. Quelle éthique des vertus pour le monde qui vient?*, París, Hermann, 2020, pp. 163-174.

Balibar, É., *Nous, citoyens d'Europe? Les frontières, l'État, le peuple*, París, La Découverte, 2001 (trad. cast., *Nosotros, ¿ciudadanos de Europa? Las fronteras, el Estado, el pueblo*, Madrid, Tecnos, 2003).

—, *Droit de cité*, París, Presses Universitaires de France, 2002 (trad. cast., *Derecho de ciudad. Cultura y política en democracia*, Buenos Aires, Nueva Visión, 2004).

—, *L'Europe, l'Amérique, la guerre*, París, La Découverte, 2005.

Barthélémy, J.-H., *Simondon*, París, Les Belles Lettres, 2006.

Beck, U., *Pouvoir et contre-pouvoir à l'ère de la mondialisation*, París, Aubier, 2003 (trad. cast., *Poder y contrapoder en la era global. La nueva economía política mundial*, Barcelona, Paidós, 2004).

—, *Qu'est-ce que le cosmopolitisme?*, París, Aubier, 2006.

—, «Réinventer l'Europe. Une vision cosmopolite», *Cultures & Conflits* 68 (2007), pp. 17-29 (trad. cast., *Reinventar Europa:*

una visió cosmopolita, Barcelona, Centre de Cultura Contemporània de Barcelona, 2006).

Bellah, R. N., *Tokugawa Religion. The Cultural Roots of Modern Japan*, Nueva York, Free Press, 1985.

Benjamin, W., *París, capitale du XIXe siècle. Le Livre des passages*, París, Cerf, 1997 (trad. cast., *Libro de los pasajes*, Madrid, Akal, 2005).

—, «Der Erzähler», en *Erzählen. Schriften zur Theorie der Narration und zur literarischen Prosa*, Frankfurt del Meno, Suhrkamp, 2007, pp. 103-128 (trad. cast., *El narrador*, Madrid, Taurus, 1991 y «El narrador», en *Sujeto y relato. Antología de textos históricos*, Ciudad de México, UNAM, pp. 33-54).

—, *Thèses sur le concept d'histoire*, París, Payot/Rivages, 2013 (trad. cast., *Tesis sobre el concepto de la historia*, Madrid, Taurus, 1973).

Berlin, I., «The Counter-Enlightenment», en P. P. Wiener (ed.), *Dictionary of the History of Ideas*, vol. 2, Nueva York, Charles Scribner's Sons, 1973, pp. 100-112 (trad. cast., *Contra la corriente. Ensayos sobre la historia de las ideas*, Ciudad de México, Fondo de Cultura Económica, 1983).

Bohman, J., «Realizing Deliberative Democracy as a Mode of Inquiry: Pragmatism, Social Facts and Normative Theory», *Journal of Speculative Philosophy* 18/1 (2004), pp. 23-43.

Brunet, P., «Les droits de la nature et la personnalité juridique des entités scientifiques naturelles en Nouvelle-Zélande: un commun qui s'ignore?», *Journal of Constitutional History* 38/2 (2019), pp. 39-53.

Burgat, F., *Une autre existence. La condition animale*, París, Albin Michel, 2012.

Burke, E., *Réflexions sur la Révolution de France*, París, Hachette, 1989 (trad. cast., *Reflexiones sobre la Revolución en Francia*, Madrid, Alianza, 2003).

Butler, J., *Ce qui fait une vie. Essai sur la violence, la guerre, le deuil*, París, Zones, 2010.

Buytendijk, F. J. J., *L'homme et l'animal. Essai de psychologie comparée*, París, Gallimard, 1965 (trad. cast., *El hombre y el animal.*

Ensayo de psicología comparada, Buenos Aires/Ciudad de México, Carlos Lohlé, 1973).

—— y Plessner, H., «L'interprétation de l'expression mimique. Contribution à la théorie de la conscience de l'autre Je», en F. Burgat y C. Sommer (eds.), *Le phénomène du vivant,* Ginebra, Metis Presses, 2016, pp. 114-126.

Camus, A., *L'homme révolté,* París, Gallimard, 1985 (trad. cast., *El hombre rebelde,* Madrid, Alianza, 1986).

——, *L'été,* París, Gallimard, 2006 (trad. cast., *El verano,* Madrid, Alianza, 1996).

Canguilhem, G., *La connaissance et la vie,* París, Vrin, 1998 (trad. cast., *El conocimiento de la vida,* Barcelona, Anagrama, 1976).

——, *Le normal et le pathologique,* París, Presses Universitaires de France, 2013 (trad. cast., *Lo normal y lo patológico,* Ciudad de México, Siglo XXI, 1982).

Carey, D. y Festa, L. (dirs.), *The Postcolonial Enlightenment. Eighteenth-Century Colonialism and Postcolonial Theory,* Oxford, Oxford University Press, 2009.

Cassirer, E., *La philosophie des Lumières,* París, Fayard, 1990 (trad. cast., *Filosofía de la Ilustración,* Ciudad de México, Fondo de Cultura Económica, 1972, 1993).

Castel, R., *Métamorphoses de la question sociale,* París, Fayard, 1995 (trad. cast., *Las metamorfosis de la cuestión social,* Buenos Aires, Paidós, 2004).

Castoriadis, C., *L'institution imaginaire de la société,* París, Seuil, 1975 (trad. cast., *La institución imaginaria de la sociedad,* Barcelona, Tusquets, 2013).

——, *Domaines de l'homme,* en *Les carrefours du labyrinthe,* t. II, París, Seuil, 1999 (trad. cast., *Los dominios del hombre. Las encrucijadas del laberinto,* Barcelona, Gedisa, 2005).

——, *Le monde morcelé,* en *Les carrefours du labyrinthe,* t. III, París, Seuil, 2000 (trad. cast., *El mundo fragmentado,* Buenos Aires/ Montevideo, Altamira/Nordan-Comunidad, 1997).

—, *La cité et les lois. Ce qui fait la Grèce, 2. Séminaires 1983-1984*, París, Seuil, 2008 (trad. cast., *La ciudad y las leyes*, en *Lo que hace a Grecia, 2 [Seminarios 1983-1984, La creación humana III]*, Ciudad de México, Fondo de Cultura Económica, 2014).

Coetzee, J. M., *L'abattoir de verre*, París, Seuil, 2018 (trad. cast., «El matadero de cristal», en *Siete cuentos morales*, Barcelona, Penguin Random House, 2018, pp. 99-123).

Conrad, S., «Enlightenment in Global History. A Historiographical Critique», *American Historical Review* 117/4 (2012), pp. 999-1027.

Cyrulnik, B. y Sansal, B., *France-Algérie. Résilience et réconciliation en Méditerranée*, París, Odile Jacob, 2020.

Darwin, C., *La filiation de l'homme en relation avec la sélection sexuelle*, París, Syllepse, 1999 (trad. cast., *El origen del hombre*, Barcelona, Crítica, 2009).

—, *L'expression des émotions chez l'homme et les animaux*, París, Rivages, 2001 (trad. cast., *La expresión de las emociones en los animales y en el hombre*, Madrid, Alianza, 1984).

—, *L'origine des espèces au moyen de la sélection naturelle ou la préservation des races favorisées dans la lutte pour la vie*, París, Flammarion, 2008 (trad. cast., *El origen de las especies*, Madrid, Prisa Innova, 2009).

Derrida, J., *L'autre cap. Mémoires, réponses et responsabilités*, París, Minuit, 1991 (trad. cast., *El otro cabo. La democracia, para otro día*, Barcelona, Ediciones del Serbal, 1992).

—, *Cosmopolites de tous les pays, encore un effort!*, París, Galilée, 1997.

—, *L'animal que donc je suis*, París, Galilée, 2006 (trad. cast., *El animal que luego estoy si(gui)endo*, Madrid, Trotta, 2008).

Descartes, R., «Lettre à Chanut du 6 juin 1647», en *Œuvres philosophiques*, t. III, París, Garnier, 1998, pp. 738-739.

Dewey, J., «Democracy is radical», en *Later Works (1925-1953)*, vol. 2, Carbonale, Southern Illinois University Press, 1983, pp. 296-299 (trad. cast., «La democracia es radical», en *Liberalismo y acción social y otros ensayos,* Valencia, Alfons el Magnànim, 1996, pp. 171-175).

—, *Logique. La théorie de l'enquête,* París, Presses Universitaires de France, 1993 (trad. cast., *Lógica. Teoría de la investigación,* Ciudad de México/Buenos Aires, Fondo de Cultura Económica, 1950).

—, *How we think,* Mineola, Dover Publications, 1998 (trad. cast., *Cómo pensamos. La relación entre pensamiento reflexivo y proceso educativo,* Barcelona, Paidós, 2007).

—, *Le public et ses problèmes,* París, Gallimard, 2010 (trad. cast., *La opinión pública y sus problemas,* Madrid, Morata, 2004).

—, *L'influence de Darwin sur la philosophie et autres essais de philosophie contemporaine,* París, Gallimard, 2016 (trad. cast., «La influencia del darwinismo en la filosofía», en *La miseria de la epistemología. Ensayos de pragmatismo,* Madrid, Biblioteca Nueva, 2000, pp. 49-60).

Diderot, D., *Supplément au voyage de Bougainville,* Gallimard, «Folio», París, 2002 (trad. cast., *Suplemento al viaje de Bougainville, o Diálogo entre A y B acerca del inconveniente de añadir ideas morales a ciertos actos físicos que no las comportan,* Barcelona, SD, 2013).

—, *Fragments politiques échappés du portefeuille d'un philosophe,* París, Hermann, 2011.

Durand-Gasselin, J.-M., *L'École de Fráncfort,* París, Gallimard, 2012.

Duvignaud, J., *Hérésie et subversion. Essais sur l'anomie,* París, La Découverte, 1986 (trad. cast., *Herejía y subversión. Ensayo sobre la anomia,* Barcelona, Icaria, 1990).

Engels, F. y Marx, K., *Manifeste du parti communiste,* París, Flammarion, 1999 (trad. cast., *El manifiesto comunista [1848],* Madrid, Ayuso, 1974).

Faucheux, C. y Moscovici, S., «Le style de comportement d'une minorité et son influence sur les réponses d'une majorité», en C. Faucheux y S. Moscovici (eds.), *Psychologie sociale théo-*

rique et expérimentale. Recueil de textes choisis et présentés, cap. XXIII, París/La Haya, Mouton, 1971, pp. 343-372.

Feenberg, A., *Pour une théorie critique de la technique,* Quebec, Lux, 2014.

Ferry, J.-M., *La question de l'État européen,* París, Gallimard, 2000.

Flax, J., «Postmodernism and Gender Relations in Feminist Theory», *Signs* 12/4 (1987), pp. 621-643.

Foucault, M., «Qu'est-ce que les Lumières?», en *Dits et écrits,* t. IV, París, Gallimard, 1984, pp. 562-578 (trad. cast., «¿Qué es la Ilustración?», en *Sobre la Ilustración,* Madrid, Tecnos, 2006).

—, *Naissance de la biopolitique. Cours au Collège de France (1978-1979),* París, EHESS / Seuil / Gallimard, 2004 (trad. cast., *Nacimiento de la biopolítica. Curso del Collège de France [1978-1979],* Madrid, Akal, 2011).

—, *Le gouvernement de soi et des autres. Cours au collège de France (1982-1983),* París, EHESS/Seuil/Gallimard, 2008 (trad. cast., *El gobierno de sí y de los otros. Curso del Collège de France [1982-1983],* Madrid, Akal, 2011).

Fraisse, G., *La sexuation du monde. Réflexions sur l'émancipation,* París, Presses de la Fondation Nationale des Sciences Politiques, 2016.

Freud, S., «Pulsions et destins des pulsions», en *Métapsychologie,* París, Gallimard, 2006, pp. 11-43 (trad. cast., «Los instintos y sus destinos», *Metapsicología,* en *Obras completas,* vol. I, Madrid, Biblioteca Nueva, 1968, pp. 1035-1045).

—, «Refoulement», en *Métapsychologie,* París, Gallimard, 2006, pp. 45-63 (trad. cast., «La represión», en *Obras completas,* vol. I, Madrid, Biblioteca Nueva, 1968, pp. 1045-1051).

—, «Une difficulté de la psychanalyse», en *Écrits philosophiques et littéraires,* París, Seuil, 2015, pp. 1163-1173 (trad. cast., «Una dificultad del psicoanálisis», en *Obras completas,* vol. II, Madrid, Biblioteca Nueva, 1968, pp. 1108-1112).

—, «Au-delà du principe de plaisir», en *Écrits philosophiques et littéraires,* París, Seuil, 2015, pp. 1225-1284 (trad. cast., «Más allá del principio de placer», en *Obras completas,* vol. I, Madrid, Biblioteca Nueva, 1968, pp. 1027-1125).

—, «Le malaise dans la civilisation», en *Écrits philosophiques et littéraires,* París, Seuil, 2015, pp. 1459-1534 (trad. cast., «El malestar en la cultura», en *Obras completas,* vol. I, Madrid, Biblioteca Nueva, 1968, pp. 1-65).

— y Einstein, A., *Pourquoi la guerre?,* París, Payot/Rivages, 2005 (trad. cast., *¿Por qué la guerra? Einstein y Freud,* 1933 [1932], en *Obras completas,* vol. XXII, Buenos Aires, Amorrortu, 2013).

Ganascia, J.-G., *Le mythe de la singularité. Faut-il craindre l'intelligence artificielle?,* París, Seuil, 2017.

Gauchet, M., *La démocratie contre elle-même,* París, Gallimard, 2002 (trad. cast., *La democracia contra sí misma,* Buenos Aires, Homo Sapiens, 2004).

Goggi, G., «Diderot et le concept de civilisation», *Dix-huitième Siècle* 29 (1997), pp. 353-373.

Gordon, D. (ed.), *Postmodernism and the Enlightenment,* Londres, Routledge, 2001.

Gorz, A., *Éloge du suffisant,* París, Presses Universitaires de France, 2019.

Graeber, D., *Bullshit Jobs,* París, Les Liens qui Libèrent, 2018 (trad. cast., *Trabajos de mierda. Una teoría,* Barcelona, Ariel, 2018).

Habermas J., *Eine Art Schadensabwicklung,* Frankfurt del Meno, Suhrkamp, 1987.

—, *Le discours philosophique de la modernité,* París, Gallimard, 1988 (trad. cast., *El discurso filosófico de la modernidad,* Buenos Aires, Katz, 2008).

—, *La constitution de l'Europe,* París, Gallimard, 2012 (trad. cast., *La constitución de Europa,* Madrid, Trotta, 2012).

Harcourt, B., *La société d'exposition. Désir et obéissance à l'ère numérique,* París, Seuil, 2020.

Hazard, P., *La crise de la conscience européenne, 1680-1715,* París, Le Livre de Poche, 1994 (trad. cast., *La crisis de la conciencia europea [1680-1715],* Madrid, Alianza, 1988).

Heidegger, M., «La question de la technique», en *Essais et conférences*, París, Gallimard, 1958, pp. 7-48 (trad. cast., «La pregunta por la técnica», en *Conferencias y artículos*, Barcelona, Ediciones del Serbal, 2001).

—, *Le principe de raison*, París, Gallimard, 1962 (trad. cast., «El principio de razón», en *¿Qué es filosofía?*, Madrid, Bitácora, 1978, pp. 69-93).

—, *Être et temps*, París, Authentica, 1985 (trad. cast., *Ser y tiempo*, Santiago de Chile, Editorial Universitaria, 2002).

—, *Concepts fondamentaux de la métaphysique. Monde, finitude, solitude, cours de l'année 1929-1930*, París, Gallimard, 1992 (trad. cast., *Los conceptos fundamentales de la metafísica. Mundo, finitud, soledad*, Madrid, Alianza, 2007).

—, «L'Université allemande envers et contre tout elle-même», en *Écrits politiques, 1933-1966*, París, Gallimard, 1995, pp. 97-110.

Horkheimer, M., *Théorie critique. Essais*, París, Payot, 2009 (trad. cast., *Teoría crítica*, Buenos Aires/Madrid, Amorrortu, 2003; Barcelona, Barral, 1973).

—, *Eclipse of Reason*, Londres, Bloomsbury, 2013 (trad. cast., *Crítica de la razón instrumental*, Madrid, Trotta, 2010).

Huglo, C. y Picod, F. (eds.), *Déclaration universelle des droits de l'humanité. Commentaire article par article*, Bruselas, Bruylant, 2018.

Husserl, E., *La crise des sciences européennes et la phénoménologie transcendantale*, París, Gallimard, 1976 (trad. cast., *La crisis de las ciencias europeas y la fenomenología trascendental*, Barcelona, Crítica, 1991).

—, *Méditations cartésiennes. Introduction à la phénoménologie*, París, Vrin, 1980 (trad. cast., *Meditaciones cartesianas. Introducción a la fenomenología*, Buenos aires/Madrid, Fondo de Cultura Económica, 1985).

—, «Le monde et nous. Le monde environnant des hommes et des bêtes», *Husserliana* 15/10, La Haya, M. Nijhoff, 1973, pp. 174-185, *Alter* 3 (1995), pp. 189-203.

—, «Phénoménologie statique et phénoménologie génétique. Le monde familiar la compréhension de l'étranger. La compréhension des bêtes», Husserliana 15/10, La Haya, M. Nijhoff, 1973, pp. 613-627 ; *Alter* 3 (1995), pp. 205-219.

Israël, J., *Une révolution des esprits. Les Lumières radicales et les origines intellectuelles de la démocratie moderne,* Marsella, Agone, 2017.

James, W., *Le pragmatisme. Un nouveau nom pour d'anciennes manières de penser,* París, Flammarion, 2011 (trad. cast., *Pragmatismo. Un nuevo nombre para algunos antiguos modos de pensar,* Barcelona, Folio, 1999).

Kagan, R., *La puissance et la faiblesse. Les États-Unis et l'Europe dans le nouvel ordre mondial,* París, Hachette, 2004 (trad. cast., *Poder y debilidad. Europa y Estados Unidos en el nuevo orden mundial,* Madrid, Taurus, 2003).

Kant, I., *Œuvres philosophiques,* 3 vols., París «Bibliothèque de la Pléiade», París, 1980-1985.

—, *Contestación a la pregunta: ¿Qué es la Ilustración?,* Madrid, Taurus, 2015.

Kosík, K., *La crise des temps modernes. Dialectique de la morale,* París, Les Éditions de la Passion, 2003.

Kurzweil, R., *Humanité 2.0. La Bible du changement,* París, M21, 2007.

Lacroix, J. y Pranchère, J.-Y., *Le procès des droits de l'homme. Généalogie du scepticisme démocratique,* París, Seuil, 2016.

Laignel-Lavastine, A., *Esprits d'Europe. Autour de Czeslaw Milosz, Jan Patočka, István Bibó. Essai sur les intellectuels d'Europe centrale au xxe siècle,* París, Gallimard, 2010.

Laval, C., *Foucault, Bourdieu et la question néolibérale,* París, La Découverte, 2018 (trad. cast., *Foucault, Bourdieu y la cuestión neoliberal,* Barcelona, Gedisa, 2020).

Le Dévédec, N., «De l'humanisme au post-humanisme: les mutations de la perfectibilité», *Journal du Mauss,* 1 de diciembre de 2008.

Lefort, C., *L'invention démocratique. Les limites de la domination totalitaire*, París, Fayard, 1994 (trad. cast., *La invención democrática*, Buenos Aires, Nueva Visión, 1990).

Leibniz, G.W., *La Monadologie*, París, Delagrave, 1983 (trad. cast., *Monadología*, Oviedo, Pentalfa, 2008).

Leopold, A., *Almanach d'un comté des sables*, París, Flammarion, 2000 [trad. cast. parcial: *Una ética de la tierra*, Madrid, Los Libros de la Catarata, 2017).

Leroi-Gourhan, A., *Évolution et techniques*, vol. I: *L'homme et la matière* y vol. II: *Milieu et techniques*, París, Albin Michel, 1943 y 1945 (trad. cast., *Evolución y técnica*, vol. I: *El hombre y la materia* y vol. II: *El medio y la técnica*, Madrid, Taurus, 1988-1989).

Lévi-Strauss, C., *Anthropologie structurale II*, París, Plon, 1973 (trad. cast., *Antropología estructural. Mito, sociedad, humanidades*, Ciudad de México, Siglo XXI, 1984).

Lévinas, E., *De Dieu qui vient à l'idée*, París, Vrin, 1982 (trad. cast., *De Dios que viene a la idea*, Madrid, Caparrós/Fundación Emmanuel Mounier, 2001).

—, *L'au-delà du verset*, París, Minuit, 1982 (trad. cast., *Más allá del versículo. Lecturas y discursos talmúdicos*, Buenos aires, Lilmod, 2006).

—, *En découvrant l'existence avec Husserl et Heidegger*, París, Vrin, 1988 (trad. cast., *Descubriendo la existencia con Husserl y Heidegger*, Madrid, Síntesis, 2005).

—, *Totalité et infini. Essai sur l'extériorité*, París, Le Livre de Poche, 1994 (trad. cast., *Totalidad e infinito*, Salamanca, Sígueme, 2002).

—, «Les droits de l'homme et les droits d'autrui», en *Hors sujet*, París, Le Livre de Poche, 1997, pp. 157-170 (trad. cast., «Los derechos humanos y los derechos del otro», en *Fuera del sujeto*, Madrid, Caparrós, 1997, pp. 131-139).

Lilti, A., *L'héritage des Lumières. Ambivalences de la modernité*, París, EHESS/Gallimard/Seuil, 2019.

Lincoln, A., «Discours de Gettysburg», en *Le Pouvoir des mots. Lettres et discours*, París, L'Archipel, 2009, p. 209 (trad. cast., *El discurso de Gettysburg y otros escritos sobre la Unión,* Madrid, Tecnos, 2005).

MacIntyre, A., *Après la vertu. Étude de théorie morale,* París, Presses Universitaires de France, 2013 (trad. cast., *Tras la virtud,* Barcelona, Crítica, 2013).

MacMahon, D., *Ennemies of the Enlightenment. The French Counter-Enlightenment and the Making of Modernity,* Oxford, Oxford University Press, 2001.

Maldiney, H., *Regard, parole, espace,* París, Cerf, 2012.

Manent, P., *La raison des nations,* París, Gallimard, 2006 (trad. cast., *La razón de las naciones,* Madrid, Escolar y Mayo, 2009).

Marcuse, H., *L'homme unidimensionnel,* París, Minuit, 1968 (trad. cast., *El hombre unidimensional. Ensayo sobre la ideología de la sociedad industrial avanzada,* Barcelona, Ariel, 2005).

Merleau-Ponty, M., *Phénoménologie de la perception,* París, Gallimard, 1969 (trad. cast., *Fenomenología de la percepción,* Barcelona, Península, 1975).

—, *La nature. Notes de cours. Collège de France, cours de 1956-1960,* París, Seuil, 1995.

—, *Causeries 1948,* París, Seuil, 2012.

—, *Structure du comportement,* París, Presses Universitaires de France, 2018 (trad. cast., *La estructura del comportamiento,* Buenos Aires, Hachette, 1957).

—, *L'œil et l'esprit,* París, Gallimard, 2019 (trad. cast., *El ojo y el espíritu,* Barcelona, Paidós, 1986).

Mill, J. S., *De la liberté,* París, Gallimard, 2005 (trad. cast., *Sobre la libertad,* Madrid, Alianza, 2004).

Monod, J.-C., *L'art de ne pas être trop gouverné,* París, Seuil, 2019.

Montaigne, M. de, *Essais,* 3 vols., París, Presses Universitaires de France, 1992 (trad. cast., *Ensayos completos,* Madrid, Cátedra 2003).

Morin, E., *La méthode,* t. I: *La nature de la nature,* París, Seuil, 1977 (trad. cast., *El método,* vol. I: *La naturaleza de la naturaleza,* Madrid, Cátedra, 2001).

—, *Introduction à la pensée complexe,* París, Seuil, 2005 (trad. cast., *Introducción al pensamiento complejo,* Barcelona, Gedisa, 2007).

Moscovici, S., *Psychologie des minorités actives,* París, Presses Universitaires de France, 1979 (trad. cast., *Psicología de las minorías activas,* Madrid, Morata, 1996).

—, *La machine à faire des dieux,* París, Fayard, 1988.

—, «Influence consciente et influence inconsciente», en *Psychologie sociale des relations à autrui,* París, Nathan, 1994, pp. 141-160.

Müller, J.-W., *Qu'est-ce que le populisme?,* París, Gallimard, 2018 (trad. cast., *¿Qué es el populismo?,* Ciudad de México, Grano de Sal, 2017).

Muthu, S., *Enlightenment against Empire,* Princeton, Princeton University Press, 2003.

Ophuls, W., *Requiem for Modern Politics: The Tragedy of the Enlightenment and the Challenge of the New Millennium,* Medford, Tufts University, 1998.

Oster Hammel, J., *Die Entzauberung Asiens. Europa und die asiatischen Reiche im 18. Jahrhundert,* Múnich, C. H. Beck, 1998.

Pateman, C., *Le contrat sexuel,* París, La Découverte, 2010 (trad. cast., *El contrato sexual,* Barcelona/Ciudad de México, Anthropos/Universidad Autónoma Metropolitana Unidad Iztapalapa, 1995).

Patočka, J., *Essais hérétiques. Sur la philosophie de l'histoire,* Lagrasse, Verdier, 1981 (trad. cast., *Ensayos heréticos sobre la filosofía de la historia,* Barcelona, Península, 1988).

—, *Platon et l'Europe. Séminaire privé du semestre d'été 1973,* Lagrasse, Verdier, 1983 (trad. cast., *Platón y Europa,* Barcelona, Península, 1991).

—, *L'Europe après l'Europe,* Lagrasse, Verdier, 2007.

Peirce, C. S., *Œuvres I. Pragmatisme et pragmaticisme,* París, Cerf, 2002.

Pelluchon, C., *Leo Strauss, une autre raison, d'autres Lumières. Essai sur la crise de la rationalité contemporaine,* París, Vrin, 2005.

—, *Éléments pour une éthique de la vulnérabilité. Les hommes, les animaux, la nature,* París, Cerf, 2011 (trad. cast., *Elementos para una ética de la vulnerabilidad. Los hombres, los animales, la naturaleza,* Bogotá, Editorial Pontificia Universidad Javeriana/Universidad El Bosque, 2015).

——, *Manifeste animaliste. Politiser la cause animale,* París, Alma, 2017 (trad. cast., *Manifiesto animalista. Politizar la causa animal,* Barcelona, Reservoir Books, 2018).

——, *Éthique de la considération,* París, Seuil, 2018.

——, *Les nourritures. Philosophie du corps politique,* París, Seuil, 2020.

——, *Pour comprendre Lévinas. Un philosophe pour notre temps,* París, Seuil, 2020.

——, *Réparons le monde. Humains, animaux, nature,* París, Rivages Poche, 2020 (trad. cast., *Reparemos el mundo. Humanos, animales, naturaleza,* Barcelona, NED, 2022).

Pettit, P., *Républicanisme,* París, Gallimard, 2004.

Platón, «Phèdre», en *Œuvres complètes,* París, Gallimard, 1950 (trad. cast., «Fedro», en *Diálogos* III, Madrid, Gredos, 1997, pp. 389-413).

——, *Protagoras,* París, Flammarion, 1967 (trad. cast., «Protágoras», en *Diálogos* I, Madrid, Gredos, 1997, pp. 502-589).

Apologie de Socrate, París, Flammarion, 1997 (trad. cast., «Apología de Sócrates», en *Diálogos* I, Madrid, Gredos, 1997, pp. 139-186).

Portmann, A., *La forme animale,* París, La Bibliothèque, 2013.

Rabinovitch, G., *Somnambules et terminators. Sur une crise civilisationnelle,* París, Le Bord de l'Eau, 2016.

Rasmussen, D., «Contemporary Political Theory as an Anti-Enlightenment Project», en G. Boucher y H. M. Lloyd (eds.), *Rethinking the Enlightenment: Between History, Philosophy, and Politics,* Langham, Lexington Books, 2017, pp. 39-59.

Renault, M., *L'Amérique de John Locke. L'expansion coloniale de la philosophie européenne,* París, Amsterdam, 2014.

Ricœur, P., *Soi-même comme un autre,* París, Seuil, 1990 (trad. cast., *Sí mismo como otro,* Ciudad de México, Siglo XXI, 1996).

——, «Quel *éthos* nouveau pour l'Europe?», en P. Koslowski (ed.), *Imaginer l'Europe. Le marché intérieur européen, tâche culturelle et économique,* París, Cerf, 1992, pp. 107-116.

——, *Lectures 2. La contrée des philosophes,* París, Seuil, 1999.

Rosanvallon, P., «Penser le populisme», en C. Colliot-Hélène y F. Guénard (eds.), *Peuples et populisme,* París, Presses Universitaires de France, 2014, pp. 27-42.

Rosenzweig, F., *L'étoile de la rédemption,* París, Seuil, 2003 (trad. cast., *La estrella de la redención,* Salamanca, Sígueme, 1997).

Rousseau, J.-J., *Discours sur l'origine et les fondements de l'inégalité parmi les hommes,* París, Flammarion, 1992 (trad. cast., *Discurso sobre el origen de la desigualdad entre los hombres,* Madrid, Biblioteca Nueva, 2014).

——, *Du contrat social,* París, Flammarion, 2001 (trad. cast., *El contrato social,* Madrid, Istmo, 2004).

——, *Émile ou De l'éducation,* París, Flammarion, 2009 (trad. cast., *Emilio o de la educación,* Madrid, Alianza, 2011).

Rousset, D. *L'univers concentrationnaire,* París, Fayard, 2011 (trad. cast., *El universo concentracionario,* Barcelona, Anthropos, 2004).

Ruggie, G., *Constructing the World Polity,* Londres, Routledge, 2000.

Said, E., *Culture and Imperialism,* Nueva York, Vintage, 1993.

Schuman, R., «Discours de l'horloge au ministère des Affaires étrangères», 9 de mayo de 1950, en J. Charbonneaux (ed.), *Les Grands Textes qui ont inspiré l'Europe,* París, Les Petits Matins, 2019, pp. 94-99.

Simmel, G., *Philosophie de l'argent,* París, Presses Universitaires de France, 1987 (trad. cast., *Filosofía del dinero,* Madrid, Instituto de Estudios Políticos, 1977).

Simondon, G., *L'individuation à la lumière des notions de forme et d'information,* Grenoble, Jérôme Million, 2005 (trad. cast., *La individuación a la luz de las nociones de forma y de información,* Buenos Aires, Cactus, 2015).

——, *Du mode d'existence des objets techniques,* París, Aubier, 2012 (trad. cast., *El modo de existencia de los objetos técnicos,* Buenos Aires, Prometeo, 2007).

Spector, C., «Civiliser la violence? L'Europe comme "médiation évanouissante"», *Rue Descartes* 85-86 (2015), pp. 36-48.

Spengler, O., *Le déclin de l'Occident,* 2 vols., París, Gallimard, 1948 (trad. cast., *La decadencia de Occidente. Bosquejo de una morfología de la historia universal,* 2 vols., Madrid, Espasa, 2009-2013).

Spinoza, B., *Traité théologico-politique,* París, Flammarion, 1984 (trad. cast., «Tratado teológico-político», en *Obras completas,* 5 vols., Buenos Aires, Acervo Cultural, 1997 y *Tratado teológico-político,* Madrid, Alianza, 1997).

Spivak, G. C., *A Critique of Postcolonial Reason: Toward a History of the Vanishing Present,* Cambridge, Harvard University Press, 1999.

Sternhell, Z., *Les anti-Lumières. Du XVIIIe siècle à la guerre froide,* París, Le livre de Poche, 2010.

Stiegler, B., «*Il faut s'adapter*». *Sur un nouvel impératif politique,* París, Gallimard, 2019.

Stiegler, B., *La technique et le temps,* 3 vols., París, Fayard, 1994-2001, p. 53 (trad. cast., *La técnica y el tiempo I. El pecado de Epimeteo,* Hondarribia, Hiru, 2002-2004).

—, «Individuation et grammatisation. Quand la technique fait sens», *Documentaliste. Sciences de l'information* 42/6 (2005), pp. 354-360.

—, *Pour une nouvelle économie politique,* París, Galilée, 2006 (trad. cast., *Para una nueva crítica de la economía política,* Buenos Aires, Capital Intelectual, 2016).

—, *La société automatique I. L'avenir du travail,* París, Fayard, 2015.

Straus, E., *Du sens des sens,* Grenoble, Jérôme Millon, 2000.

Strauss, L., «Kurt Riezler», en *Qu'est-ce que la philosophie politique?,* París, Presses Universitaires de France, 1992, pp. 225-250 (trad. cast., *¿Qué es filosofía política?,* Madrid, Guadarrama, 1970).

—, «Le nihilisme allemand», en *Nihilisme et politique,* París, Payot, 2001, pp. 31-76.

—, «Cohen et Maïmonide», *Revue de Métaphysique et de Morale* 2 (2003), pp. 239-275.

—, *La cité et l'homme,* París, Le Livre de Poche, 2005 (trad. cast., *La ciudad y el hombre,* Buenos Aires, Katz, 2006).

—, «The Re-education of Axis Countries Concerning the Jews», conferencia pronunciada en la New York School for Social Research el 7 de noviembre de 1943, *Review of Politics* 69/4 (2007), pp. 530-538.

Swaton, S., *Pour un revenu de transition écologique,* París, Presses Universitaires de France, 2018.

Tarragoni, F., «L'émancipation dans la pensée sociologique: un point aveugle?», *Revue du Mauss* 48/2 (2016), pp. 117-134.

—, «Émancipation», entrada en *Dictionnaire des inégalités et de la justice sociale,* París, Presses Universitaires de France, 2018, pp. 441-453.

Tassin, É., «La signification politique des droits de l'homme. Lectures de Hannah Arendt», en L. Couloubaritsis y M. Legros (eds.), *L'énigme de l'humanité en l'homme. Hommage à Robert Legros,* Bruselas, Ousia, 2015, pp. 129-145.

Taylan, F., *Mésopolitique. Connaître, théoriser et gouverner les milieux de vie (1750-1900),* París, Éditions de la Sorbonne, 2018.

Uexküll, J. von, *Mondes animaux et monde humain,* París, Denoël, 1968.

Weill, N., *Heidegger et les cahiers noirs. Mystique du ressentiment,* París, CNRS, 2018.

Wokler, R., «Isaiah Berlin's Enlightenment and Counter-Enlightenment», en J. Mali y R. Wokler (eds.), *Isaiah Berlin's Counter-Enlightenment,* Filadelfia, American Philosophical Society, 2003, pp. 13-31.

Zask, J., *La démocratie aux champs. Du jardin d'Éden aux jardins partagés, comment l'agriculture cultive les valeurs démocratiques,* París, La Découverte, 2016.

Índice de nombres

Emancipación, 16, 18-29, 34, 36, 38, 46-48, 51, 54, 61, 88, 109, 117-121, 127, 129, 133-135, 138, 144, 146, 151-154, 159, 177, 190, 192, 194, 215, 217, 241, 245, 295, 305, 306, 309, 314, 316, 320

Emoción, 317

Especismo, 193

Esperanza, 13, 18, 29, 32, 46, 47, 138, 172, 192, 214, 246, 274, 283, 290, 295, 299, 302, 321

Esquema, 36, 37, 106-109, 111, 130-133, 136, 146, 148, 149, 152-159, 163, 170, 180, 190, 205, 206, 210-212, 218, 219, 222, 223, 228-241, 245, 266-269, 282, 283, 290-293, 298, 299, 311-318

Éthos, 15, 186, 212, 266, 278, 284-286, 288, 292, 297, 301, 313

Eurocentrismo, 53, 298, 320

Europa, 17, 19, 20, 23, 24, 30, 32, 35, 38, 121, 265-274, 277, 278, 280, 282, 284-293, 295-302, 320, 321

Explotación, 24, 43, 47, 49, 52, 61, 65, 70, 96, 107, 126, 155, 170, 209, 240, 279, 291, 308

Extinción, 38, 124, 231, 250, 278, 307, 311

Fanatismo, 39, 141, 185, 303, 306

Feenberg, Andrew, 100

Feminismo, 28, 30, 129, 134-137, 152

Feminista, 20, 28, 30, 118, 136

Fenomenología, 37, 60, 75, 77-82, 84-88, 91, 95, 105, 109, 215, 265, 272, 274, 277, 278, 318-320

Ferry, Jean-Marc, 285

Festa, Lynn, 20

Finitud, 34, 71, 90, 153, 159, 175, 310

Flax, Jane, 30

Foucault, Michel, 15, 17, 22, 203, 204

Fraisse, Geneviève, 136, 147

Fraternidad, 62, 283

Freud, Sigmund, 31, 142, 143

Ganascia, Jean-Gabriel, 218, 223, 241, 242

Gauchet, Marcel, 116

Género (teoría del), 28, 32, 54, 135, 136, 214, 242, 245, 266, 284, 294

Gestell, 90, 98, 106, 226

Globalización, 38, 123, 132, 150, 180, 194, 196, 247, 284, 286, 293

Gnosis, 242

Goggi, Gianluigi, 307

Gordon, Daniel, 29

Gorz, André, 129, 130

Graeber, David, 168

Gubernamentalidad, 37, 188, 211, 288, 313

Guerra, 16, 23, 28, 29, 31, 61, 63, 73, 114, 117, 121, 143, 153, 161, 206, 212, 213, 217, 232-239, 245, 254, 267, 276, 278, 282, 284-295, 300, 303, 311-313, 321